跨境电商财务

从小白入门到精通

许艳芳——著

中国铁道出版社有限公司

CHINA RAILWAY PUBLISHING HOUSE CO., LTD.

图书在版编目（CIP）数据

跨境电商财务从小白入门到精通 / 许艳芳著.—北京：中国
铁道出版社有限公司，2024.1（2025.5重印）
ISBN 978-7-113-30430-0

Ⅰ.①跨… Ⅱ.①许… Ⅲ.①电子商务-财务管理 Ⅳ.①F713.36

中国国家版本馆CIP数据核字（2023）第155391号

书　　名：跨境电商财务从小白入门到精通
　　　　　KUAJING DIANSHANG CAIWU CONG XIAOBAI RUMEN DAO JINGTONG
作　　者：许艳芳

责任编辑：王　佩　　编辑部电话：（010）51873022　　电子邮箱：505733396@qq. com
封面设计：宿　萌
责任校对：安海燕
责任印制：赵星辰

出版发行：中国铁道出版社有限公司（100054，北京市西城区右安门西街8号）
网　　址：https://www.tdpress.com
印　　刷：北京盛通印刷股份有限公司
版　　次：2024年1月第1版　2025年5月第3次印刷
开　　本：710 mm×1 000 mm　1/16　印张：18　字数：276千
书　　号：ISBN 978-7-113-30430-0
定　　价：79.80元

___

提起国内电商，相信大家应该并不陌生，脑海中会想到淘宝、京东、拼多多等平台，而提起跨境电商，对于大部分小伙伴来说可能还比较陌生，对跨境电商平台也是一知半解。因为跨境电子商务在国内发展时间不过短短十几年，远不如国内电子商务影响深远。

跨境电商行业对财务人员的综合要求比其他行业更高，除了需要具备基础会计账务及税务能力外，还需要了解跨境电商平台规则、国内外税务、跨境资金回款、收入成本确认及处理出口退税等事项，对英文水平也有一定的要求。

由于跨境电商行业在国内发展时间并不长，且对财务人员综合要求较高，因此，跨境电商行业的财务人员缺口比其他行业要大，这对于财务人员来说还有一定的红利期。当然，这是一个行业发展的必经过程，任何一个行业的发展都是由自由生长期到规范成长期再到成熟稳定期的。财务人员的增长也是一样的，虽然早期跨境电商行业财务人员紧缺，但随着行业发展越来越成熟规范，市场规模越来越大，人才培养会越来越完善，财务人员的红利期将会过渡到竞争期。

要做好跨境电商行业的财务岗位工作，并不是一件容易的事情，但是别担心，为了更好地帮助大家胜任跨境电商财务岗位的工作，本书会为大家详细介绍跨境电商的行业模式、物流通关、国内外税收环境及政策、资金管控、库存管理、收入成本确认及财报分析等内容。书中的内容对我们做好跨境电商财务工作来说是必须要了解的基本常识。除了本书之外，我们还为大家准备了跨境电商财务学习大礼包，里面有一百多份的跨境电商财务学习资料，可添加多米微信号：Duomi34188 获取。

希望此刻正在学习的你，可以把本书作为跨境电商行业财税入门的指导书，将书中理论与实践结合起来学习，多思考总结，使本书的知识点融入自己的知识库，融会贯通，形成自己的思维，实现从小白到精通的进阶。

本书适合已从事跨境电商行业的财务人员，以及想要转行到跨境电商行业的财务人员、跨境电商企业主、跨境电商企业管理者阅读学习。

由于笔者水平有限，疏漏之处在所难免，希望广大读者朋友们予以监督、指导。如对本书有疑问，可通过"多米跨境财税"公众号 / 抖音 / 视频号或电子邮箱"xuduomiella@foxmail.com"联系我，您的意见对我很重要，期待与您共同进步。

许艳芳

2023 年 8 月

目　录

第1章　认识跨境电商

第 2 章　跨境电商企业如何合规收款

第 3 章　跨境电商行业物流及通关

第6章 亚马逊后台数据报告管理及企业资金管理

第 7 章　跨境电商财务账务实操

　　跨境电子商务是指分属不同关境的交易主体，通过电子商务平台达成交易、进行电子支付结算，并通过跨境电商物流及异地仓储送达商品，从而完成交易的一种国际商业活动。其配送过程如图 1-1 所示。

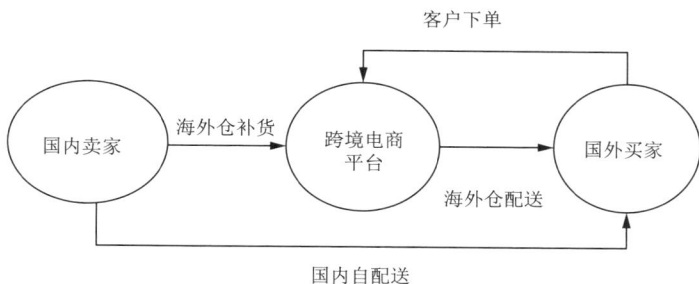

图 1-1　跨境电商物流配送流程

　　据中国海关统计，2022 年，我国跨境电商进出口规模为 2.1 万亿元人民币，比 2021 年增长 7.1%，占我国货物贸易进出口总值的 4.9%，占比与 2021 年基本持平。主要呈现以下四个特点。

　　一是进出口规模再创新高。2022 年，我国跨境电商进出口规模首次突破 2 万亿元关口。其中，出口 1.53 万亿元，增长 10.1%，占我国出口总值的 6.4%；进口 5 278 亿元，下降 0.8%，占我国进口总值的 2.9%。跨境电商为我国外贸发展注入新动能。

　　二是贸易伙伴更趋多元。从出口目的地看，美国市场占 34.3%，英国占 6.5%，德国占 4.6%，马来西亚占 3.9%，俄罗斯占 2.9%，此外还有新加坡、日本、加拿大、法国，以及泰国、菲律宾、巴西、越南等新兴市场国家。从进口来源地看，日本占我国跨境电商进口总额的 21.7%，美国占 17.9%，澳大利亚占 10.5%，法国占 7.5%，来自韩国、荷兰、德国、新西兰、瑞士、加拿大、英国、印度尼西亚、泰国、越南等贸易伙伴的货物，也通过跨境电商进入中国大市场。

三是消费品占比进一步提升。出口商品中，消费品占 92.8%，增加 1 个百分点。其中，服饰鞋包占 33.1%、手机等电子产品占 17.1%、家居家纺用品占 7.8%。进口商品中，消费品占 98.3%，增加 1.7%。其中，美妆及洗护用品占 28.4%、食品生鲜占 14.7%、医药及医疗器械占 13.9%、奶粉占 12.9%。全球越来越多的消费者享受到跨境电商带来的更多选择和便利。

四是业态发展头部效应明显。广东、浙江、福建、江苏跨境电商业态发展较为活跃。其中，广东占跨境电商进出口总值的 43.4%、浙江占 13.5%、福建占 6.4%、江苏占 5.4%，合计占比近七成。海关企业调查显示，超七成企业对 2023 年跨境电商进出口预期平稳或增长。

而 2023 年，我国跨境电商进出口规模是 2.37 万亿元人民币，比 2022 年（下同）增长 15.3%，占同期我国货物贸易进出口总值的 5.7%，比重提升 0.8 个百分点。其中，出口约 1.84 万亿元，增长 20.2%，占同期我国出口总值的 7.7%；进口约 5335.2 亿元，增长 1.1%，占同期我国进口总值的 3%（详见表 1-1）。

表 1-1　2018 年至 2023 年跨境电商进出口总体情况表

年份	金额（亿元）			同比（%）			出口进口比例
	进出口	出口	进口	进出口	出口	进口	
2018 年	10557	6116	4441	-	-	-	1.4
2019 年	12903	7981	4922	22.2	30.5	10.8	1.6
2020 年	16220	10850	5370	25.7	39.2	9.1	2
2021 年	19237	13918	5319	18.6	28.3	-0.9	2.6
2022 年	20599	15321	5278	7.1	10.1	-0.8	2.9
2023 年	23744	18409	5335	15.3	20.2	1.1	3.5

从出口目的地看，美国（37.4%）、英国（8.7%）、德国（4.7%）、俄罗斯（4.6%）、法国（3.7%），合计占出口总额近 6 成。泰国（2.5%）、越南（2.4%）、马来西亚（2.4%）、澳大利亚（2.1%）等新兴市场活跃。美国（15.6%）、日本（13.5%）、澳大利亚（11.2%）、法国（7.9%）、韩国（7.2%）、新西兰（7%）、德国（6.4%）、意大利（3.6%）、英国（3.4%）、荷兰（3.3%）是主要进口来源地。

跨境电商出口商品中，消费品占 97.3%，主要为服饰鞋包及珠宝配饰、家居家纺及厨房用具、手机等各类数码产品及配件、家用办公电器及配件等。进口消费品占 97%，主要为美容化妆及洗护产品、食品生鲜、医药保健品及医疗器具、奶粉、服饰鞋包及珠宝配饰等。

跨境电商出口货物主要来自广东、浙江、福建及江苏。进口货物的消费地集中在广东、江苏、浙江、上海和北京。

外贸进出口分传统外贸进出口和跨境电商进出口。2019—2023 年我国跨境电商进出口总值从 1.29 万亿元增长至 2.37 万亿元，增长幅度为 83.7%，其中跨境出口数据从 2019 年的 0.8 万亿元增长至 1.84 万亿元，增长幅度为 130%，跨境进口数据从 0.49 万亿元增长至 0.534 亿元，增长幅度为 9%。

以上数据来源于中华人民共和国海关总署，为跨境电商全口径全业态进出口数据。数据统计范围为在线成交的进出口货物，包括并不限于海关监管方式 1210（全称保税跨境贸易电子商务）、1239（全称保税跨境贸易电子商务 A）、9610（全称跨境贸易电子商务）、9710（全称跨境电商 B2B 直接出口）及 9810（全称跨境电商 B2B 出口海外仓）项下进出口货物。

跨境电商分为跨境进口电商和跨境出口电商。在我国，跨境出口规模大概是跨境进口规模的两倍多，因此，我国跨境电商发展主要是出口为主，进口为辅。

1.1　进口电商

进口电商，顾名思义，就是将国外的货物进口到国内，交易发生后，再从国内将商品配送到消费者手上的商业行为。

进口电商分为 B2B 和 B2C 两种模式，B2B 是企业对企业模式，将国外的货物进口到国内进行销售；B2C 是企业对消费者模式，国内买家通过跨境电子商务平台下单商品，然后国外卖家通过跨境物流运输商品到国内客户手上。

B2C 模式也称"跨境电商零售进口"，主要平台有洋码头、考拉、天猫国际等，海关代码主要分为保税进口模式（1210）和直邮进口模式（9610）两种。

保税是一种国际通行的海关制度，可以理解为境内企业进口了货物存放在海关特殊监管区域或保税监管场所，可以在这些指定的场所进行储存、加工、装配，并暂缓缴纳进口税费。根据跨境电子商务零售进口税收政策的规定，在限值以内进口的跨境电子商务零售进口商品，关税税率为0；进口环节增值税、消费税按法定应纳税额的70%征收。

1.1.1　保税进口模式（1210）

"12"是保税；"10"是一般贸易。因此，1210代码也可称之为保税一般贸易进口，是境内个人或企业在海关认可的电子商务平台实现跨境交易，并通过海关特殊监管区域或保税监管场所进出的电子商务零售进出境商品。

也就是说，跨境电商进口企业将跨境电商进口货物备货在海关特殊监管区域或保税监管场所。境内消费者下单购买生成订单后，订单等相关信息会实时传输到海关监管部门，海关监管部门完成申报、征税、查验等通关环节后，跨境电商进口企业通过国内物流派送到境内消费者手上。

1.1.2　海关特殊监管区域

海关特殊监管区域是经国务院批准，以海关为主，实行具有加工制造、国际贸易、物流分拨、保税仓储、检测维修、研发设计、商品展示等功能的封闭监管的特定经济区域，总共分为六大类：保税区、出口加工区、保税物流园区、跨境工业区、保税港区、综合保税区等。

《国务院办公厅关于印发加快海关特殊监管区域整合优化方案的通知》（国办发〔2015〕66号）要求，逐步将现有出口加工区、保税物流园区、跨境工业区、保税港区及符合条件的保税区整合为综合保税区，新设立的海关特殊监管区域统一命名为综合保税区，并在此基础上进一步整合功能、政策和管理。

截至2024年7月，全国共有海关特殊监管区域172个，其中综合保税区有 165 个。

综合保税区内的企业可以依法开展以下业务：

①研发、加工、制造、再制造；

②检测、维修；

③货物存储；

④物流分拨；

⑤融资租赁；

⑥商品展示；

⑦国际转口贸易；

⑧国际中转；

⑨港口作业；

⑩期货保税交割；

⑪国家规定的其他业务。

不可开展的业务：国家禁止进出口的货物。

限制进境物品包括：

①无线电收发信机、通信保密机；

②烟、酒；

③濒危的和珍贵的动物、植物（均含标本）及其种子和繁殖材料；

④国家货币；

⑤海关限制进境的其他物品。

限制出境的物品包括：

①金银等贵重金属及其制品；

②国家货币；

③外币及其有价证券；

④无线电收发信机、通信保密机；

⑤贵重中药材；

⑥一般文物；

⑦海关限制出境的其他物品。

具体详情请参考《中华人民共和国海关综合保税区管理办法》（海关总署令第 256 号）。

1.1.3　保税监管场所

保税监管场所是由海关批准设立由海关实施保税监管的特定场所，属于海关事权。保税监管场所分为三类：保税仓库、出口监管仓库、保税物流中心。

1．保税仓库

保税仓库是指经海关批准设立的专门存放保税货物及其他未办结海关手续货物的仓库。

保税仓库分为公用型、自用型和专用型。公用型从字面意思可以理解为大家都在用，先由主营仓储业务的境内企业承包这一片仓库，然后提供给其他企业存储保税货物，这种是公用型。

自用型是指境内企业承包了这一片仓库，只用来存放自己公司的货物，不给其他企业提供存储服务。

专用型是针对特定用途或特殊商品存放的专用仓库，分为四大类仓库：液体危险品保税仓库、备料保税仓库、寄售维修保税仓库和其他专用型保税仓库。

保税仓库可以存放的货物范围如下：

①加工贸易进口货物；

②转口货物；

③供应国际航行船舶和航空器的油料、物料和维修用零部件；

④供维修外国产品所进口零售的零配件；

⑤外商暂存货物；

⑥未办结海关手续的一般贸易货物；

⑦经海关批准的其他未办结海关手续的货物。

保税仓库不可存放的货物如下：

①国家禁止进境货物；

②不得存放未经批准的影响公共安全、公共卫生或健康、公共道德或秩序的国家限制进境货物；

③其他国家禁止的货物。

具体详情请参考《中华人民共和国海关对保税仓库及所存货物的管理

规定》（海关总署令第 105 号）。

2. 出口监管仓库

出口监管仓库是经海关批准设立的，对已办结海关出口手续的货物进行存储、保税物流配送、提供流通性增值服务的海关专用监管仓库，又分为出口配送型仓库和国内结转型仓库。出口配送型仓库存储以实际离境为目的的出口货物；国内结转型仓库是指存储用于国内结转的出口货物。

出口监管仓库可以存入下列货物：

①一般贸易出口货物；

②加工贸易出口货物；

③从其他海关特殊监管区域、场所转入的出口货物；

④出口配送型仓库可以存放为拼装出口货物而进口的货物，以及为改换出口监管仓库货物包装而进口的包装物料；

⑤其他已办结海关出口手续的货物。

出口监管仓库不得存放下列货物：

①国家禁止进出境货物；

②未经批准的国家限制进出境货物；

③海关规定不得存放的其他货物。

具体详情请参考《中华人民共和国海关对出口监管仓库及所存货物的管理办法》（海关总署令第 133 号）。

3. 保税物流中心

保税物流中心分为 A 型和 B 型。A 型是经海关批准，由中国境内企业法人经营，专门从事保税仓储物流业务的海关监管场所，按服务范围分为公用型物流中心和自用型物流中心。

保税物流中心 A 型可存放以下货物：

①国内出口货物；

②转口货物和国际中转货物；

③外商暂存货物；

④加工贸易进出口货物；

⑤供应国际航行船舶和航空器的物料、维修用零部件；

⑥供维修外国产品所进口寄售的零配件；

⑦未办结海关手续的一般贸易进口货物；

⑧其他未办结海关手续的货物。

不可存放的货物为国家禁止进出境货物。

保税物流中心 B 型是经海关批准的，由中国境内一家企业法人经营，多家企业进入并从事保税仓储物流业务的海关集中监管场所。

保税物流中心 B 型可存放下列货物：

①国内出口货物；

②转口货物和国际中转货物；

③外商暂存货物；

④加工贸易进出口货物；

⑤供应国际航行船舶和航空器的物料、维修用零部件；

⑥供维修外国产品所进口寄售的零配件；

⑦未办结海关手续的一般贸易进口货物；

⑧其他未办结海关手续的货物。

不可存放的货物为国家禁止进出境货物。

A 型与 B 型的区别可以理解为：A 型是由境内企业法人主体经营的；B 型类似于物流园，有很多企业入驻，共同经营。

具体详情请参考《中华人民共和国海关对保税物流中心（A 型）的暂行管理办法》（海关总署令第 129 号）、《中华人民共和国海关对保税物流中心（B 型）的暂行管理办法》（海关总署令第 130 号）。

1.1.4　直邮进口模式（9610）

"96"是跨境电商；"10"是一般贸易。9610 直邮进口模式也可称之为跨境电商一般贸易。

消费者在跨境电商平台下单后，企业通过跨境电子商务全国统一版进行申报，并向海关推送订单信息、支付信息、物流信息等，系统完成确认后，商品在海外仓打包完毕以个人包裹形式入境。包裹会通过海关的检验检疫、通关、查验、征税等环节，完成后通过国内物流将货物送到消费者手上。

直邮进口模式（9610）的整个流程如下：

①消费者在跨境电商平台下单；

②企业将相关信息上传到海关；

③海关通关监管；

④国内物流配送；

⑤消费者签收。

不管是 1210 保税进口模式还是 9610 直邮进口模式，其进口的品类都受跨境电子商务零售进口商品清单限制，不涉及危害口岸公共卫生安全、生物安全、进口食品和商品安全、侵犯知识产权的商品以及其他禁止商品。所有订单均须进行主动申报，缴纳相关税费后才能进行境内配送。

跨境电子商务零售进口商品清单，又称海淘免税"白名单"。

白名单的意思是消费者可免税购买大部分跨境电商零售进口商品（白名单内）。消费者个人年度限额是 26 000 元，单次交易限额是 5 000 元，在限额内的关税税率为 0；进口环节增值税、消费税按法定应纳税额的 70% 征收。超过单次限额的按照货物税率全额征收关税、进口增值税、消费税，交易总额计入年度交易总额，如交易总额超过年度总限额 26 000 元，则按一般贸易管理。

2020 年 1 月 28 日，财政部等八部门发布公告，自 2022 年 3 月 1 日起，优化调整跨境电子商务零售进口商品清单。名单在 2019 年版的基础上，增加了滑雪用具、家用洗碟机、番茄汁等 29 项近年来消费需求旺盛的商品；同时，调整了部分商品的税则号列，优化了部分清单商品备注。

此举有利于促进跨境进口电子商务业态发展，丰富国内市场供给，并更好地满足人民美好生活的需要，与世界共享市场机遇。

具体详情请参考《关于调整跨境电子商务零售进口商品清单的公告》（2022 年第 7 号）。

1.2　出口电商

出口电商很好理解，就是国内商家将货物通过直接或间接的方式销售到境外的商业行为。直接销售是指传统外贸模式，国内商家直接将货物销售给境外商家，然后报关后通过国际物流将货物运送至境外客户手上；间接销售是指"企业对消费者模式"，国内商家通过跨境电商平台将货物销售给境外消费者，境外消费者在跨境电商平台下单付款后，卖家通过海外仓或国内自发货形式将货物运送至消费者手上。

我国的出口规模大于进口规模。根据 2019—2023 年我国跨境进出口数据可以看出，跨境出口和跨境进口数据的比重在逐步拉大，2019 年出口是进口的 1.62 倍，2020 年是 2.02 倍，2021 年是 2.62 倍，2022 年是 2.9 倍，2023 年是 3.5 倍。

我国跨境电商出口一直保持正增长，2019—2023 年增长幅度为 130.7%，成为我国外贸出口的重要力量。

跨境电商出口主要分为 B2B、B2C 和 DTC 三种模式。

B2B 是 business-to-business 的缩写，指企业与企业之间开展交易活动的商业模式，终端消费者是企业，比如经销商、零售商等。

B2C 是 business-to-customer 的缩写，指电子商务的一种模式，也是直接面向消费者销售产品和服务的商业零售模式，终端消费者是个人。

DTC 是 direct to customer 的缩写，是直连消费者的意思，指企业自建站直接面对消费者销售产品和提供服务的商业零售模式，终端消费者是个人。

1.2.1　B2B 平台——阿里巴巴国际站

阿里巴巴国际站成立于 1999 年，是阿里巴巴旗下的国际贸易平台，它的定位是全国中小企业的网上贸易市场，服务对象是海外用户。阿里巴巴国际站为境外买家和国内卖家提供了沟通的平台，买家通过搜索可以找到卖家所发布的公司及产品信息然后发起询盘，卖家也可以搜索到买家的采购信息。

目前阿里巴巴国际站已经覆盖全球 200 多个国家和地区，有超过 2 600 万的活跃企业卖家，是全球最大的 B2B 跨境电商平台之一。

平台费用主要有会员年费和其他付费产品费用。

会员分为基础会员和高级会员，截至 2022 年 8 月，基础会员 29 800 元 / 年，高级会员 80 000 元 / 年，这两者之间的区别是高级会员可以享受的服务内容更多，流量导入也较多。

其他付费产品有直通车、橱窗、定展等项目。另外，平台不收保证金和销售佣金。

更多平台政策见阿里巴巴国际站官网。

1.2.2　B2B 平台——敦煌网

敦煌网成立于 2004 年，总部位于北京，也是为国内中小企业提供 B2B 网上交易的平台。目前敦煌网已覆盖全球 233 个国家及地区，累计注册供应商 230 万以上，累计注册买家 3 640 万家，年均在线产品数量超过 2 500 万种，并且敦煌网还拥有 100 多条物流线路和 10 多个海外仓以及 71 种币种支付能力，在北美、拉美、欧洲等国家设有全球办事机构。

敦煌网和阿里巴巴国际站的不同是，敦煌网采取佣金制而不是会员收费模式，只有当卖家成功交易后才收取费用，并且支持买家线上小额批发采购，买家既可以选择直接大批量采购，也可以选择先小量采购样品，合适再大量采购，打破了传统 B2B 外贸大批量交易的模式。

艾瑞咨询报告显示，在中国消费品采购方面，敦煌网是全球第二大中国跨境出口 B2B 电商平台，敦煌网也是美国最大的中国跨境出口小额 B2B 消费品电商平台。

更多平台政策见敦煌网官网。

1.2.3　B2B 平台——中国制造网

中国制造网成立于 1998 年，是国内成立最早的 B2B 跨境电商平台。平台分内贸站和国际站，目前国际站支持 11 种语言，有超过 3 800 多种产品类别，注册供应商会员超过 600 多万个，注册买家会员 1 400 多万个，2003—2006 年连续 4 年被《互联网周刊》评为中国最具商业价值百强网站之一。

中国制造网和阿里巴巴国际站一样都是会员制，按年收费，不收佣金，但是询盘机制不同，个人认为阿里巴巴采用群发询盘机制，询盘质量较差；中国制造网采用一对一询盘的机制，询盘质量较高。

平台费用有店铺入驻费用和平台广告费用。

入驻费用分以下三种。

①免费会员：免费注册；

②金牌会员：31 100 元 / 年；

③钻石会员：59 800 元 / 年。

金牌会员和钻石会员的区别，主要是钻石会员可以享受更高级别的会员服务，以及卖方企业和产品能得到平台多渠道的曝光。

广告费用主要有：展台、橱窗等费用。

更多平台政策可见中国制造网官网。

1.2.4   B2B 平台——环球资源网

环球资源网也称 global sources，美国纳斯达克上市公司，被福布斯杂志评选为亚洲区前 200 家企业之一。环球资源网是比较传统的 B2B 多渠道国际贸易平台，服务 240 个国家及地区，平台累计超过 150 万名国际买家，包括 94 家全球百强零售商。平台主要将线下贸易展会和线上网站结合，再配合杂志等多渠道宣传，以此促进买卖双方贸易往来。

环球资源网平台的定位是大中型 B 端企业，对中小型企业来说成本和要求都会比较高。

环球资源网入驻门槛高，一个是年费贵，另一个是入驻条件高。

入驻条件：要么是知名品牌，要么是销售额比较高的商家，要么工厂规模比较大，并且支持原产地发货，商家入驻前必须满足其中之一。

更多平台政策见环球资源网官网。

1.2.5   B2C 平台——亚马逊

亚马逊是贝佐斯于 1995 年 7 月份成立，是全球最早开始经营电子商务的公司。亚马逊最开始是在网上销售书籍，后面慢慢扩大了品类，目前零售商品覆盖了图书、音像制品、软件、消费电子、家用电器、厨具、食品、玩具、母婴、化妆品、日化用品、运动用具、服装鞋帽、首饰等类目。亚马逊作为全球最大的电子商务公司，行业地位至今难以撼动。2020 年福布斯全球品牌价值榜，亚马逊排名第 4 名，2022 年《财富》美国 500 强排行榜，亚马逊位列第 2 名。

亚马逊是跨境卖家一定不错过的一个平台，它不仅全球知名度最高，而且平台流量巨大，机会很多，平台 60% 以上是中国卖家。

亚马逊目前已开通北美及拉美站、欧洲站、日本站、澳洲站、印度站、中东站、新加坡站等 19 个海外站点。

1. 北美及拉美站：美国站、加拿大站、墨西哥站、巴西站；

2. 欧洲站：英国站、法国站、德国站、意大利站、西班牙站、荷兰站、瑞典站、波兰站、比利时站；

3. 日本站：日本站；

4. 澳洲站：澳大利亚站；

5. 印度站：印度站；

6. 中东站：沙特站、阿联酋站；

7. 新加坡站：新加坡站。

根据相关数据统计，亚马逊的全球用户有 5 亿多，其中将近 50% 是主要的（prime）会员，他们平均每年在亚马逊上的花费超过 1 400 美元，非 prime 会员平均花费 700 美元，而且亚马逊用户的年龄层 35 岁以上的占了一半以上，这一群人的特点就是：中年，有钱。这个年龄层的人已经通过前期的事业打拼有了一定的物质基础，付费能力较强，转化率比较高；并且亚马逊轻售前重售后，因此售前沟通成本比较小，可以很高效地完成交易。

要成为 prime 会员需要每年向亚马逊缴纳会员费，不同站点收费不同。以美国亚马逊为例，美国亚马逊 prime 会员费为 14.99 美元 / 月，139 美元 / 年。

prime 会员的优势是可以享受免运费配送以及可以根据自身需要选择物流当日达、次日达、两日达，并且可以享受很多优惠券，这对消费者来说非常有吸引力，而且这群人对于这个平台的忠诚度相当高。在国内我们要买东西首先想到的就是上淘宝、天猫、京东搜搜看，而外国人想买东西则第一时间就会想到上亚马逊搜索，所以外国人对亚马逊的认可度非常高，这也是很多国内卖家选择做亚马逊的原因。

亚马逊平台费用有：平台月租、广告费、佣金、物流配送费、退货 /

退款管理费、亚马逊物流服务（FBA）仓储费等。

①亚马逊平台月租：亚马逊店铺月租每个站点收费不一样，以美国站为例，美国站店铺月租为39.9美元。

②亚马逊广告费：亚马逊站内按点击付费（CPC）广告费是指投放了CPC广告所产生的费用，卖家可以通过站内CPC广告投放推广自己的产品，也可以选择不投放，按次点击量收费。

③亚马逊佣金：佣金就是每销售一件产品，需要向亚马逊支付佣金。不同产品类目的佣金不一样，大部分在8%～15%。

④亚马逊物流配送费：亚马逊物流配送费是基于产品的性质及体积大小来计算的，区分危险品和非危险品，大件和小件。

⑤退货/退款管理费：当有买家退货，或者你想给买家退款时，亚马逊会在返回你的佣金时收取20%左右管理费。

⑥FBA仓储费：FBA仓储费是按照商品的实际占用空间来核算的，分为月度仓储费和长期仓储费。

月度仓储费=应收取的6个月长期仓储费的商品数量 × 单位商品体积 × 对应月份每立方米仓储费，十月到十二月旺季期间，仓储费会比平时高1～2倍；

长期仓储费=应收取时间段长期仓储费的商品数量 × 单位商品体积 × 对应时间段长期仓储费的每立方收费。

关于FBA仓储费用标准详见第3.1.4节亚马逊自营物流模式。

⑦优质服务费，这是给亚马逊经理的费用。

更多平台政策见亚马逊网站。

1.2.6　B2C平台——速卖通

速卖通（AliExpress）是阿里巴巴旗下面向国际市场打造的跨境电商平台，被称为国际版淘宝。全球速卖通主要面向海外买家客户，通过支付宝国际账户进行担保交易，并使用国际物流渠道运输发货，是全球第三大英文在线购物网站。

速卖通有三种类型的商店，即官方店铺、专卖店和专营店。官方店铺是指速卖通以自己的品牌或独家授权（商标是 R）设立的店铺；专卖店是指已有自己品牌（商标是 R 或 TM）的商人开设的商店，或经他人品牌授权开设的店铺；专营店是指经营一个或多个其他人或自己品牌（商标名称 R 或 TM）的店铺。

速卖通店铺主要有三类费用：店铺年费、类目佣金、商标注册费。

①店铺年费。速卖通是按类目收费的，不同商品类目的收费也不同，手机类别 3 万元，真人发类别 5 万元，其他类别 1 万元（年费能够依据不同的店铺类型和销售额停止返还或 50% 返还）。

②类目佣金。对于商店销售的每一种商品，速卖通都需要从订单的销售额中扣除一定比例的金额，佣金的百分比因类别而异，一般为 5% ~ 8%；

③商标（R 标或者 TM 标）注册费。如果卖方具有经该品牌授权的商标或者申请所涉类别未经商标授权也可以出售，则不会被收取商标注册费，可以直接使用该商标；如果是需要商标的类别，但卖方没有商标或者未经商标授权，则应当缴纳商标注册费。

更多平台政策见速卖通官网。

1.2.7　B2C 平台——亿贝（eBay）

亿贝（eBay）成立于 1995 年，创始人是皮埃尔·奥米迪亚。eBay 也称美国版淘宝，是一个可让全球民众上网买卖物品的线上拍卖及购物网站平台，比较注重买方，以 B2C 垂直销售模式为主。

eBay 平台费用主要有：店铺订阅费、listing[①] 刊登费、月租费、佣金等。

店铺订阅费：eBay 主要有非店铺卖家和店铺卖家，其中店铺卖家需要缴纳一定的店铺订阅费，订阅费主要有五个档次，如图 1-2 所示，年度订阅最低收费标准为 4.95 美元 / 月，最高为 2 999.95 美元 / 月。

listing 刊登费：eBay 刊登费是按 listing、按类别收取的，一般每个月商家会获得 50 条免刊登费用的 listing，用完免费的后，每个 listing 费用 0.35 美元。成交费用是总销售额的 10%，最高费用为 750 美元。

---

① listing 即一个产品一个页面，一件商品一个页面。

月租费：月租费根据店铺级别收取，大概是 15.95 ～ 299.05 美元 / 月。

订单佣金：产品销售成功之后 eBay 平台会收取订单佣金，是按照销售额的一定比例来收取，不同类目的产品收取的佣金比率不一样，平均下来是 10%；账号等级也会影响佣金比例，例如账号跌入不合格（below standard）级别后，成交费会增加 4%。

店铺类型	每月店铺订用费	
	每月续订	每年续订
入门	7.95 美元	4.95 美元
普通	27.95 美元	21.95 美元
精品	74.95 美元	59.95 美元
超级	349.95 美元	299.95 美元
企业	目前不可用	2 999.95 美元

图 1-2　eBay 店铺订阅费

更多平台政策见 Ebay 官网。

1.2.8　B2C 平台——欧众（Ozon）

Ozon 是俄罗斯最大的综合性电商平台之一，成立于 1998 年，早期以在线书店起家，现已发展为覆盖电子产品、家居、服装、食品等全品类的"俄罗斯亚马逊"。是俄罗斯最大型且最受欢迎的电商平台之一。

从 2025 年 2 月 11 日起，新卖家在 Ozon 平台注册时，不再需要支付保证金。

平台佣金取决于商品类目：服装和鞋类、电子产品、家居用品等等，介于 0.6% 至 24% 之间。最新品类佣金比例以官网公布的为准。

更多平台政策见 Ozon。

1.2.9　B2C 平台——海外拼多多（TEMU）

Temu 是拼多多跨境电商平台，总部位于中国广州 。定位偏中端用户，于 2022 年 9 月 1 日上线。旨在满足全球消费者多样化、高品质商品的需求。

Temu 平台的特点是低价、流量大、入驻门槛低，并且费用结构比较简单。

Temu 平台对于入账商家实行零费用入驻，实际产生销售后会有 5%-10% 的平台服务费，以及收取保证金（不同店铺类型保证金不同）。

Temu 平台结算周期为客户签收后的 15 天左右。

值得注意的是，Temu 平台分全托管和半托管模式，全托管是指平台包圆了卖家的物流运输和平台销售运营等等工作，卖家只需要在国内交货就好。半托管则是只包了平台运营销售，不包含头程物流，需要卖家自行发货到海外仓。

更多平台政策见 Temu 官网。

1.2.10　B2C 平台——海外抖音（TikTok）

TikTok 是抖音海外版，由中国的字节跳动公司（ByteDance）研发的应用，目前已是一款风靡全球的短视频社交平台，TikTok 以其创新的内容形式、丰富的社区互动和智能推荐算法，成为了当下最受欢迎的社交媒体之一。

TikTok 平台的特点是社交属性强、去中心化、国际化，并且和亚马逊强强联合，流量巨大。

TikTok 自运营（POP）模式和托管模式，自运营由商家自主经营，灵活玩转商品、内容、服务、营销，实现品效合一；托管模式商家将物流、客服等模块委托给平台运营，专注备好货物即可。

TikTok 自运营保证金不同国家收费不同，比如美国店铺收费 500 美金 / 个，英国店铺收费 400 英镑 / 个；平台佣金 =(订单用户支付金额 + 营销补差金额 - 用户退款金额 -VAT 金额)× 佣金费率，佣金费率会随着业务发展随时变动，交易手续费不同国家扣费也不一样，具体以平台扣费为准。

TikTok 全托管店铺保证金为 1 000 元人民币，全托管模式本质上属于内销不属于外贸，因为企业货物在进内交给平台方境内仓库，不涉及货物出境。

不同国家店铺结算周期不同，比如美国店铺结算账期分为普通账期、加速账期、短账期、长账期 4 类；分别为订单送达后 8 天、5 天、1 天、31 天；泰国：订单 1 号下单，10 号送达，17 号售后期结束，18 号启动结算；马来西亚 / 越南 / 菲律宾：订单 1 号下单，10 号送达，16 号售后期结束，17 号启动结算。

更多平台政策见 TikTok 官网。

1.2.11　B2C 平台——虾皮（Shopee）

Shopee 成立于 2015 年，总部设在新加坡，Shopee 是东南亚的电商平台，目前主要站点：新加坡站、马来西亚站、印尼站、泰国站、越南站和菲律宾站等，被称为东南亚小淘宝。

Shopee 开店没有店铺押金和月租费，前三个月免交手续费，三个月后平台会收 3% ~ 5% 的订单手续费。

更多平台政策见 Shopee 官网。

1.2.12　DTC 模式（独立站）

独立站（direct-to-consumer，DTC）指不依赖渠道商直连消费者模式，砍掉了第三方平台的中间商成本和对店铺的规则限制。以亚马逊为例，亚马逊平台不允许卖家以任何营销或促销目的联系买家，包括通过电子邮件、信函、电话或其他方式，只有在处理订单或回复客户服务咨询时，卖家才能联系亚马逊买家。2021 年亚马逊封店潮就是因为有些卖家违反平台规则直接联系买家获取好评引发的，给买家带来巨大损失。

独立站模式则没有上述的问题，规则自己说了算，不存在封店风险，有利于企业更灵活地进行用户精准营销，深度链接用户。

独立站最核心的就是"独立"。

1. 规则"独立"

独立站可以拥有属于自己的域名、品牌、页面等，并且自己是平台规则的制定者，不受第三方平台规则的条条框框限制，无封店风险；经营更加安全，也利于推动国际品牌的影响力以及避免平台价格战和佣金费用上升带来的影响。

2. 资源"独立"

独立站是属于自己的跨境电商销售平台，卖家既可以直接联系客户；又可以通过业务数据做相应数据分析，易于及时调整营销战略，提高客户留存率及转化率，持续积累客户，掌握客户第一手资料，使后续营销方式更加丰富和灵活，逐步摆脱平台流量依赖问题，形成自己的品牌流量圈，帮助企业实现长期品牌价值积累。

目前，越来越多的跨境卖家在做第三平台的同时也在积极布局独立站，例如希音（Shein）、棒谷、安克（Anker）、通拓、兰亭集势等。

1.3 跨境电商和传统外贸的区别

1.3.1 传统外贸行业特点

传统外贸是指国内企业将货物销售给境外企业的模式，通常中间需要经过 1 ～ 3 个中间商，甚至更多，货物经中间商层层流转后才到境外消费者手上，具体流程如图 1-3 所示。

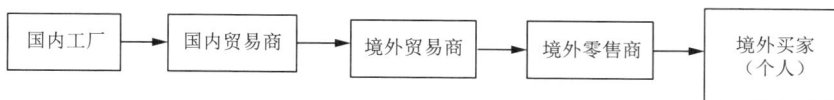

图 1-3 传统外贸流程图

传统外贸行业的特点如下。

1. 订单大批量、低频次

传统外贸主要是做企业订单，以批发为主，对接企业客户一般都是大订单，大批量订单的优势是给企业带来的现金流更好，劣势是大订单不常有，常常一年半载才能有一个，外贸业务员圈子流传着这样一句话"一年不开单，开单吃一年"，这种现象也说明传统外贸订单的特点是低频次、大批量。

2. 交易程序多

传统外贸完成一单业务中间需要经过询盘、报价、样品确认、签订合同、支付定金、安排生产、报关发货、银行结汇、申请退税等流程，这已经是简化的流程了，如果涉及新产品开发，还需要生产样品，工厂开模，生产周期也更长。

3. 通关资料多

传统外贸通关走一般贸易出口模式（代码 0110），报关需要提供的单证比较多，一般有：①报关委托书；②装货单或运单；③商业发票；④检验检疫证明；⑤提单、装箱单；⑥其他海关要求的资料。

4.　中间商多，消费者成本高

传统外贸普遍存在买卖双方信息不对称的特点，买方需要花费很多工夫才能找到合适的卖方谈妥订单，卖方也需要花费很大的力气去宣传推广让买方能更加精准地定位到自己，且这个买方并不是终端消费者，而是中间商，一般传统外贸企业至少有 1 ～ 3 个中间商。工厂生产出产品卖给国内贸易商，国内贸易商将货物销售给境外贸易商，境外贸易商再将货物销售给境外零售商，最后境外零售商将商品销售给终端消费者。商品每经过一个环节都要留下利润，因此中间商环节越多，商品售价越高，消费者需要支付的成本也越高。

1.3.2　跨境电商行业特点

跨境电商模式是指国内商家通过第三方跨境电商平台或者独立站的形式将货物直接销售给境外终端消费者，具体流程如图 1-4 所示。

图 1-4　跨境电商流程图

跨境电商行业的特点如下。

1.　订单小批量、多批次

跨境电商主要以第三方平台和独立站的形式运营，国内企业直接对接终端个人消费者，个人消费者的需求特点是即时、小批量、多批次，尤其日常生活必需品的采购频次是很高的。虽然跨境电商模式无法做到一个单就带来很多的收益，但少量多批次的优势也很明显，不管是第三方平台还是独立站，平台流量巨大，尤其是第三方平台，比如亚马逊，只要你的产品被市场认可，运营思路正确，基本不愁卖不出去。

2.　交易便利化

跨境电商模式没有那么多中间商环节，国内商家直接对接消费者，境外消费者只需要在第三方平台（或独立站）下单，订单就会传输给国内商家，国内商家准备好商品，报关，通过国际物流的形式将货物运送到境外消费者手上；如果是由亚马逊负责发货和售后，即 FBA 物流模式（或有自己的第三方海外仓），那么客户收货会更快，客户平台下单后，亚马逊仓库直接从仓库出库，安排发货。跨境电商模式不仅交易便利，物流快，而且通过第三方平台可以触达全球的客户。

3. 通关便利化

跨境电商模式出口通关可以走 9610、9710、9810 等通关模式，通过简化申报的方式通关，随附单证只需要订单、物流单，9610 模式需要收款信息，并且可以按照 4 位和 6 位的海关编码（即 HS 编码）简化申报，一般贸易则是按 10 位。

4. 没有中间商环节

跨境电商模式没有了中间商环节，也就意味着节约了中间商部分的利润，国内商家可以提高客单价，当然这个客单价通常都比传统外贸模式下层层加码的售价要低，这样国内商家赚到了更多的利润，终端消费者也可以花更少的钱买到优质商品，双赢。

2012 年以前网络还不是很发达，人们的生活节奏也比较慢，整体环境利好发展传统外贸。彼时，传统贸易占我国外贸近九成的市场规模，跨境电子商务贸易不到一成，随着社会的发展，生活节奏的加快，人们的消费习惯也变得更加即时，小批量、多批次的形式广受大家欢迎。我国 2012—2023 年跨境电商行业渗透率逐步增长至近 40.35%！具体如图 1-5 所示。

跨境电商行业迅猛发展进一步挤压国内工厂的生存空间，国内工厂压力日益剧增，大家发现大批量的订单不好接了，甚至接不到订单了，不转型很难生存下去，有部分实力比较强的工厂已开始转型做跨境电商。以前做跨境电商的大多是个人创业，或者贸易商，工厂的入局进一步加剧了跨境电商行业的竞争难度，也让这个市场变得更大。

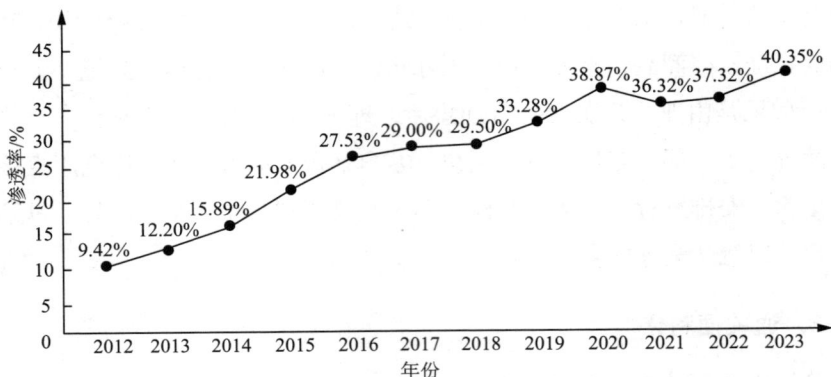

图 1-5   2012—2023 年跨境电商行业渗透率

1.4   跨境电商行业发展前景分析

本节我们分别从宏观环境、政策环境、行业角度三大维度来分析跨境电商行业的发展前景。

1.4.1   第一个维度：宏观环境

1. 不可控因素带来的"危"与"机"

不可控因素对所有人来说都是一起"黑天鹅"事件，它不寻常且难以预测。

2020 年，全球多个国家因不可控因素陆续停工停产，由于全球的生产大部分集中在中国，工厂的订单排期甚至排到了第二年。然而物流拥堵、运费翻倍增长、汇率波动、平台费增长、亚马逊限仓、亚马逊封店等，任何一项对于跨境电商卖家来说都是巨大打击，跨境业务也迎来一波高峰期。突如其来的变化打乱了人们的消费习惯，境外原本习惯线下消费的人们发现由于不可控因素的影响，线下门店不能开门，便只能转为线上消费，因此又给跨境电商行业带来了新一轮的红利期，加速了跨境电商全球化的渗透。

如图 1-6、图 1-7 所示，2019—2023 年，中国跨境电商市场规模增长了 60.50%；全球零售电商销售预计到 2025 年将达到 7.385 万亿美元规模，比

2019 年增长 120.4%。

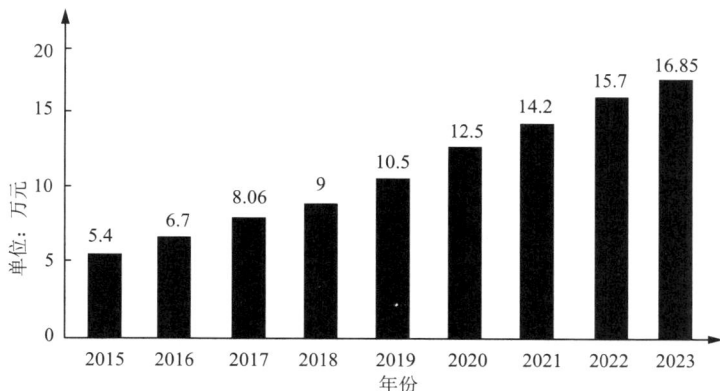

图 1-6　2015—2023 年中国跨境电商行业交易规模

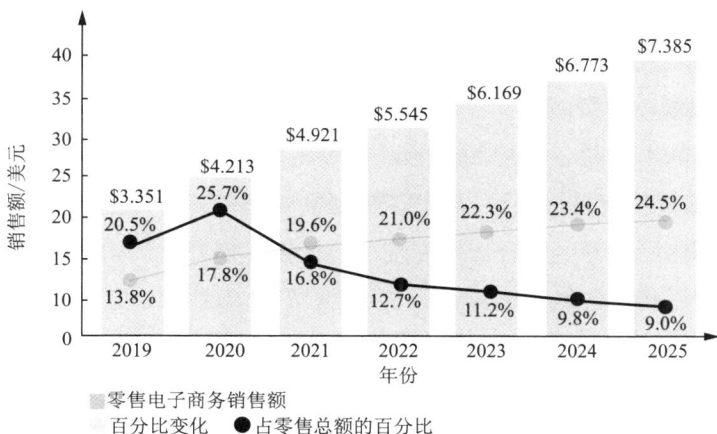

零售电子商务销售额
百分比变化　●占零售总额的百分比

注：包括通过互联网订购的产品或服务，无论付款或履行方式如何；不包括旅游和活动门票、账单支付、税收或转账等付款、餐饮服务和酒吧销售、赌博和其他不良商品销售来源，eMarketer，2021 年 5 月

图 1-7　全球零售电商销售额

未来，跨境电商市场还有极大增长空间！

目前物流、外汇、国际形势等都在不断变化，但这些外在因素是我们无法改变的，我们要做的是从不确定性中寻找确定性。

对于跨境电商卖家而言，我们可以确定的是要努力让自己的企业生存下去，做好内部企业管理，提升团队战斗力，踏踏实实做好产品，打造品牌，这样当外部环境好转后，企业既有活力又有战斗力，那么在外部竞争中将更有优势。经营企业是个长期可持续的过程，活得久、活得好才算成功。

对于我们个人也是一样的，人生路那么长，总会经历一些低谷时期，不要急不要怕，每个人都有自己的成长周期，了解规律，厚积薄发，时刻准备触底反弹！

2. 贸易全球化

自 2001 年我国加入世界贸易组织（WTO）以来，原本以为会对国内制造业造成较大冲击，但这种情况并没有发生，对外开放反而为国内产业带来更多活力，给各行各业带来了巨大机会，仅仅用了 20 年时间，我国已成为世界第二大经济体，这是非常了不起的变化。

紧接着，2012 年我国加入区域全面经济伙伴关系协定（RCEP），该协定 2012 年由东盟发起，前后历经 8 年多。由 15 个成员国（中国、日本、韩国、澳大利亚、新西兰、东盟十国等）制定的区域全面经济伙伴关系协定（RCEP），是覆盖全球 30% 人口和全球 30.7% 国内生产总值（GDP）的全球最大规模自贸区。

RCEP 的本质是各国之间互相减免关税，促进贸易发展，协定生效后90% 以上的货物贸易最终可以实现零关税，有些需要一定时间慢慢降低。据《商务部国际贸易经济合作研究院评估报告》（以下简称《报告》）显示，RCEP 生效后将对区域内 90% 以上的货物贸易实现零关税。全球动态一般均衡模型（GDYN）预测结果显示，2035 年，RCEP 将带动区域整体的实际国内生产总值（GDP）、出口和进口增量分别较基准情景累计增长0.86%、18.3% 和 9.63%，出口和进口累计增量规模将分别达到 8 571 亿美元和 9 837 亿美元，区域投资将累计增长 1.47%，区域经济福利将累计增加 2 503 亿美元。全球层面，到 2035 年，RCEP 将带动世界实际 GDP和进出口贸易分别较基准情景累计增长 0.12% 和 2.91%。

《报告》模拟结果显示，到 2035 年，RCEP 将使中国实际 GDP、出口和进口增量分别较基准情景累计增长 0.35%、7.59% 和 10.55%，出口和进口累计增量将分别达到 3 154 亿美元和 3 068 亿美元，经济福利将累计增加 996 亿美元。

RCEP 协定第十二章对电子商务发展有专门的规定，在电子认证、电子签名国际认证和加强线上个人信息保护方面作出了相关有效保护措施，对推动跨境电子商务更广泛国际化起到积极作用。

《RCEP区域全面经济伙伴关系协定》关于电子商务板块相关规定具体请参见第十二章：

第十二章 电子商务

第一节 一般条款

第一条 定义

就本章而言：

（一）计算设施指用于商业用途的信息处理或存储的计算机服务器和存储设备。

（二）涵盖的人指：

1.第十章第一条（定义）第（一）项定义的"涵盖投资"；

2.第十章第一条（定义）第（五）项定义的"一缔约方的投资者"，但不包括金融机构的投资者或金融服务提供者的投资者；

3.第八章第一条（定义）定义的缔约方的服务提供者，但不包括第八章附件一（金融服务）第一条（定义）定义的"金融机构"、"公共实体"或者"金融服务提供者"。

（三）电子认证指为建立对一电子声明或请求可靠性的信心而对该声明或请求进行核实或检测的过程。

（四）非应邀商业电子信息指出于商业或营销目的，未经接收人同意或者接收人已明确拒绝，仍向其电子地址发送的电子信息。

第二条 原则和目标

一、缔约方认识到电子商务提供的经济增长和机会、建立框架以促进消费者对电子商务信心的重要性，以及便利电子商务发展和使用的重要性。

二、本章的目标为：

（一）促进缔约方之间的电子商务，以及全球范围内电子商务的更广泛使用；

（二）致力于为电子商务的使用创造一个信任和有信心的环境；

（三）加强缔约方在电子商务发展方面的合作。

第三条 范围

一、本章应当适用于一缔约方采取或维持的影响电子商务的措施。

二、本章不得适用于政府采购。

三、本章不得适用于一缔约方持有或处理的信息，或者与此类信息相关的措施，包括与该信息收集相关的措施。

四、第十二章第十四条（计算设施的位置）和第十二章第十五条（电子方式跨境信息传输）不得适用于一缔约方采取的与第八章（服务贸易）或第十章（投资）义务不符的措施，只要该措施的采取或维持是根据下列内容：

（一）第八章第八条（不符措施承诺表）或第十章第八条（保留和不符措施）；

（二）一缔约方依照第八章第六条（最惠国待遇）或第八章第七条（具体承诺表）作出的承诺中所规定的，或者与不受一缔约方上述承诺所限制的部门相关的任何条款、限制、资质和条件；

（三）适用于第八章（服务贸易）或者第十章（投资）义务的任何例外。

五、为进一步明确，影响以电子方式交付所提供服务的措施应遵循以下相关条款所包含的义务：

（一）第八章（服务贸易）；

（二）第十章（投资），包括附件二（服务具体承诺表）、附件三（服务与投资保留及不符措施承诺表），以及适用于此类义务的任何例外。

第四条　合作

一、每一缔约方应当在适当时就以下开展合作：

（一）共同帮助中小企业克服使用电子商务的障碍；

（二）确定缔约方之间有针对性的合作领域，以帮助缔约方实施或者加强其电子商务法律框架，例如研究和培训活动、能力建设，以及提供技术援助；

（三）分享信息、经验和最佳实践，以应对发展和利用电子商务所面临的挑战；

（四）鼓励商业部门开发增强问责和消费者信心的方法和实践，以促进电子商务的使用；

（五）积极参加地区和多边论坛，以促进电子商务的发展。

二、缔约方应当努力采取建立在国际论坛既有合作倡议而非使之重复的合作形式。

第二节 贸易便利化

第五条 无纸化贸易

一、每一缔约方应当：

（一）考虑包括世界海关组织在内的国际组织商定的方法，致力于实施旨在使用无纸化贸易的倡议；

（二）努力接受以电子形式提交的贸易管理文件与纸质版贸易管理文件具有同等法律效力；

（三）努力使电子形式的贸易管理文件可公开获得。

二、缔约方应当在国际层面开展合作，以增强对贸易管理文件电子版本的接受度。

第六条 电子认证和电子签名

一、除非其法律和法规另有规定，一缔约方不得仅以签名为电子方式而否认该签名的法律效力。

二、考虑到电子认证的国际规范，每一缔约方应当：

（一）允许电子交易的参与方就其电子交易确定适当的电子认证技术和实施模式；

（二）不对电子认证技术和电子交易实施模式的认可进行限制；

（三）允许电子交易的参与方有机会证明其进行的电子交易遵守与电子认证相关的法律和法规。

三、尽管有第二款的规定，对于特定种类的电子交易，每一缔约方可以要求认证方法符合某些绩效标准或者由根据法律和法规授权的机构进行认证。

四、缔约方应当鼓励使用可交互操作的电子认证。

第三节 为电子商务创造有利环境

第七条 线上消费者保护

一、缔约方认识到采取和维持透明及有效的电子商务消费者保护措施以及其他有利于发展消费者信心的措施的重要性。

二、每一缔约方应当采取或维持法律或者法规，以保护使用电子商务的消费者免受欺诈和误导行为的损害或潜在损害。

三、缔约方认识到各自负责消费者保护的主管部门间在电子商务相关活动中开展合作，以增强消费者保护的重要性。

四、每一缔约方应当发布其向电子商务用户提供消费者保护的相关信息，包括：

（一）消费者如何寻求救济；

（二）企业如何遵守任何法律要求。

第八条　线上个人信息保护

一、每一缔约方应当采取或维持保证电子商务用户个人信息受到保护的法律框架。

二、在制定保护个人信息的法律框架时，每一缔约方应当考虑相关国际组织或机构的国际标准、原则、指南和准则。

三、每一缔约方应当公布其向电子商务用户提供个人信息保护的相关信息，包括：

（一）个人如何寻求救济；

（二）企业如何遵守任何法律要求。

四、缔约方应当鼓励法人通过互联网等方式公布其与个人信息保护相关的政策和程序。

五、缔约方应当在可能的范围内合作，以保护从一缔约方转移来的个人信息。

第九条　非应邀商业电子信息

一、每一缔约方应当对非应邀商业电子信息采取或维持下列措施：

（一）要求非应邀商业电子信息提供者为接收人提升阻止接收此类信息的能力提供便利；

（二）根据其法律和法规规定，要求获得接收人对于接收商业电子信息的同意；

（三）将非应邀商业电子信息减少到最低程度。

二、每一缔约方应当针对未遵守根据第一款规定而实施措施的非应邀电子信息提供者，提供相关追索权。

三、缔约方应当努力就非应邀商业电子信息的监管，在共同关切的适当案件中进行合作。

第十条　国内监管框架

一、每一缔约方应当在考虑《联合国国际贸易法委员会电子商务示范法（1996 年）》、2005 年 11 月 23 日订于纽约的《联合国国际合同使用电子通信公约》，或其他适用于电子商务的国际公约和示范法基础上，采取或维持监管电子交易的法律框架。

二、每一缔约方应当努力避免对电子交易施加任何不必要的监管负担。

第十一条 海关关税

一、每一缔约方应当维持其目前不对缔约方之间的电子传输征收关税的现行做法。

二、第一款所提及的做法是根据 2017 年 12 月 13 日世贸组织部长会议关于电子商务工作计划的部长决定〔WT/MIN(17)/65〕。

三、每一缔约方可在电子商务工作计划框架下，根据世贸组织部长会议就电子传输关税作出的任何进一步决定而调整第一款所提及的做法。

四、缔约方应当根据世贸组织部长会议关于电子商务工作计划的任何进一步决定对本条款进行审议。

五、为进一步明确，第一款不得阻止缔约方对电子传输征收税费、费用或其他支出，条件是此税费、费用或其他支出应以符合本协定的方式征收。

第十二条 透明度

一、每一缔约方应当尽快公布与本章实施相关或影响本章实施的一般适用的所有相关措施，或如上述情况不可行，以其他方式使公众获悉，包括在可行的情况下在互联网上公布。

二、每一缔约方应当尽快答复另一缔约方关于特定信息的相关请求，该信息是关于该缔约方与本章实施相关或影响本章实施的一般适用的任何措施。

第十三条 网络安全

缔约方认识到下列各项的重要性：

（一）负责计算机安全事件应对的各自主管部门的能力建设，包括通过交流最佳实践；

（二）利用现有合作机制，在与网络安全相关的事项开展合作。

第四节 促进跨境电子商务

第十四条 计算设施的位置

一、缔约方认识到每一缔约方对于计算设施的使用或位置可能有各自的措施，包括寻求保证通信安全和保密的要求。

二、缔约方不得将要求涵盖的人使用该缔约方领土内的计算设施或者将设施置于该缔约方领土之内，作为在该缔约方领土内进行商业行为的条件。

三、本条的任何规定不得阻止一缔约方采取或维持:

(一)任何与第二款不符但该缔约方认为是实现其合法的公共政策目标所必要的措施,只要该措施不以构成任意或不合理的歧视或变相的贸易限制的方式适用;

(二)该缔约方认为对保护其基本安全利益所必要的任何措施。其他缔约方不得对此类措施提出异议。

第十五条　通过电子方式跨境传输信息

一、缔约方认识到每一缔约方对于通过电子方式传输信息可能有各自的监管要求。

二、一缔约方不得阻止涵盖的人为进行商业行为而通过电子方式跨境传输信息。

三、本条的任何规定不得阻止一缔约方采取或维持:

(一)任何与第二款不符但该缔约方认为是其实现合法的公共政策目标所必要的措施,只要该措施不以构成任意或不合理的歧视或变相的贸易限制的方式适用;

(二)该缔约方认为对保护其基本安全利益所必需的任何措施。其他缔约方不得对此类措施提出异议。

第五节　其他条款

第十六条　电子商务对话

一、缔约方认识到对话,包括在适当时与利益相关方对话,对于促进电子商务发展和使用的价值。在进行此类对话时,缔约方应当考虑以下事项:

(一)根据第十二章第四条(合作)进行的合作;

(二)当前和正在显现的问题,如数字产品待遇、源代码、金融服务中跨境数据流动和计算设施的位置;

(三)与电子商务发展和使用相关的其他事项,例如反竞争实践、线上争端解决和电子商务相关技能促进,包括专业人员的跨境临时流动。

二、对话应当依照第十八章第三条(RCEP联合委员会的职能)第一款第十项的规定进行。

三、缔约方应当在根据第二十章第八条(一般性审查)对本协定进行的一般性审议中,考虑第一款所列事项以及根据本条开展的任何对话所产生的任何建议。

第十七条 争端解决

一、如缔约方就本章的解释和适用存在任何分歧，有关缔约方应当首先善意地进行磋商，尽最大努力达成共同满意的解决方案。

二、如第一款所提及的磋商未能解决分歧，参与磋商的任何缔约方可根据第十八章第三条（RCEP联合委员会的职能），将该事项提交至RCEP联合委员会。

三、任何缔约方不得就本章项下产生的任何事项诉诸第十九章（争端解决）的争端解决。作为根据第二十章第八条（一般性审议）对本协定进行的一般性审议的一部分，缔约方应当审议第十九章（争端解决）对本章的适用。审议完成后，第十九章（争端解决）应当在同意其适用于本章的缔约方之间适用。

该协定于2022年1月正式施行，如果说加入WTO给我国经济带来量的进步，那么加入RCEP区域全面经济伙伴关系协定将为我国经济发展带来质的飞跃！

1.4.2 第二个维度：政策环境

近年来，跨境电商发展迅猛，根据国务院要求，财政部、海关总署、国家外汇管理局等部门围绕税收、通关、支付结算、配套服务等问题出台了相关政策予以优化。例如，设立跨境电商综合试验区，试行增值税和消费税无票免税、企业所得税核定征收政策，简化跨境电商出口报关程序，鼓励发展海外仓建设、保险、贷款优惠，以及人才培养等措施。

国家出台的跨境电商行业政策梳理

2014年7月：《关于增列海关监管方式代码的公告》（海关总署公告2014年第57号）

一、增列海关监管方式代码"1210"，全称"保税跨境贸易电子商务"，简称"保税电商"。适用于境内个人或电子商务企业在经海关认可的电子商务平台实现跨境交易，并通过海关特殊监管区域或保税监管场所进出的电子商务零售进出境商品（海关特殊监管区域、保税监管场所与境内区外（场所外）之间通过电子商务平台交易的零售进出口商品不适用该监管方式）。

"1210"监管方式用于进口时仅限经批准开展跨境贸易电子商务进口试点的海关特殊监管区域和保税物流中心（B型）。

二、以"1210"海关监管方式开展跨境贸易电子商务零售进出口业务的电子商务企业、海关特殊监管区域或保税监管场所内跨境贸易电子商务经营企业、支付企业和物流企业应当按照规定向海关备案，并通过电子商务平台实时传送交易、支付、仓储和物流等数据。

上述规定自 2014 年 8 月 1 日起实施。

2016 年 12 月：《关于增列海关监管方式代码的公告》（海关总署公告 2016 年第 75 号）

一、增列海关监管方式代码"1239"，全称"保税跨境贸易电子商务 A"，简称"保税电商 A"。适用于境内电子商务企业通过海关特殊监管区域或保税物流中心（B型）一线进境的跨境电子商务零售进口商品。

二、天津、上海、杭州、宁波、福州、平潭、郑州、广州、深圳、重庆等 10 个城市开展跨境电子商务零售进口业务暂不适用"1239"监管方式。

上述规定自 2016 年 12 月 1 日起实施。

2018 年 6 月：《关于跨境电子商务零售统一版信息化系统企业接入事宜的公告》（海关总署公告 2018 年第 56 号）

为促进跨境电子商务发展，提供便利通关服务，现将跨境电子商务零售统一版信息化系统（以下简称跨境统一版系统）企业接入相关事宜公告如下：

一、支持提供跨境统一版系统清单录入功能。电子商务企业或其代理人可登录"互联网 + 海关"一体化网上办事服务平台使用"跨境电子商务"功能进行清单录入、修改、申报、查询等操作。

二、公开跨境统一版系统企业对接报文标准。参与跨境电子商务业务的企业、第三方平台按照标准自行开发或市场化采购接入服务，相关授权开通等事宜按照海关总署公告〔2016〕16 号和海关总署公告〔2017〕20 号办理。有关报文规范和经过海关验证的传输协议及接入服务产品参见《海关跨境统一版系统企业对接报文规范（试行）》。

　　三、企业对于其向海关所申报及传输的电子数据承担法律责任。电子单证数据使用数字签名技术，其中电子订单、支付单、运单的数字签名实施过渡期自公告执行之日起3个月。具体详情见表1-2、表1-3。

该公告于2018年6月30日起实施。

表1-2　进口业务单证责任主体

序　号	业务单证	责任主体	数字签名
1	进口清单	电商企业或其代理人	是
2	电子订单	电商企业或电商平台或受委托的快件运营人、邮政企业	是
3	支付单	支付企业或受委托的快件运营人、邮政企业	是
4	运单	物流企业	是
5	运单状态	物流企业	是
6	撤销申请单	电商企业或其代理人	是
7	退货申请单	电商企业或其代理人	是
8	入库明细单	海关监管作业场所经营企业	是

表1-3　出口业务单证责任主体

序　号	业务单证	责任主体	数字签名
1	出口清单	电商企业或其代理人	是
2	电子订单	电商企业或电商平台	是
3	收款单	电商企业	是
4	运单	物流企业	是
5	运抵单	海关监管作业场所经营企业	是
6	离境单	物流企业	是
7	清单总分单	电商企业或其代理人	是
8	撤销申请单	电商企业或其代理人	是
9	汇总申请单	电商企业或其代理人	是

2018 年 11 月：《关于实时获取跨境电子商务平台企业支付相关原始数据有关事宜的公告》（海关总署公告 2018 年第 165 号）

为进一步规范跨境电子商务零售进口业务的监管工作，根据《中华人民共和国电子商务法》有关规定，现将海关实时获取跨境电子商务平台企业支付相关原始数据有关事宜公告如下：

一、参与跨境电子商务零售进口业务的跨境电商平台企业应当向海关开放支付相关原始数据，供海关验核。

二、上述开放数据包括订单号、商品名称、交易金额、币制、收款人相关信息、商品展示链接地址、支付交易流水号、验核机构、交易成功时间以及海关认为必要的其他数据。

本公告自 2019 年 1 月 1 日起实施。

海关实时验核跨境电商平台企业支付相关原始数据流程，如图 1-8 所示。

2018 年 11 月：商务部、发展改革委、财政部、海关总署、税务总局、市场监管总局《关于完善跨境电子商务零售进口监管有关工作的通知》（商财发〔2018〕486 号）。

完善跨境电子商务零售进口税收政策有关事项通知如下：

一、将跨境电子商务零售进口商品的单次交易限值由人民币 2 000 元提高至 5 000 元，年度交易限值由人民币 20 000 元提高至 26 000 元。

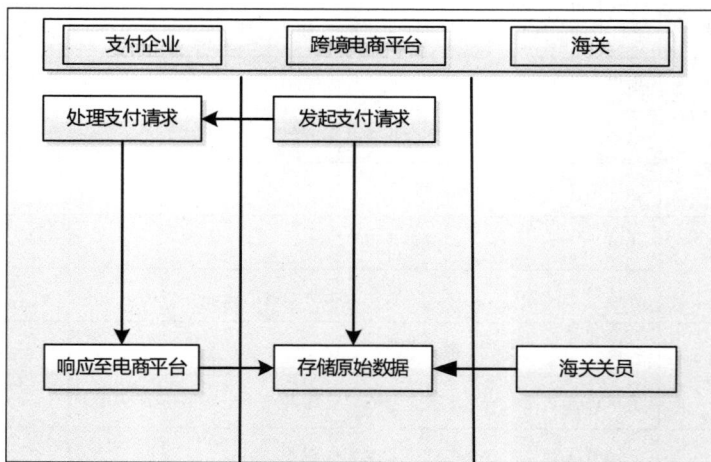

图 1-8　海关实时验核跨境电商平台企业支付相关原始数据流程

二、完税价格超过 5 000 元单次交易限值但低于 26 000 元年度交易限值，且订单下仅一件商品时，可以自跨境电商零售渠道进口，按照货物税率全额征收关税和进口环节增值税、消费税，交易额计入年度交易总额，但年度交易总额超过年度交易限值的，应按一般贸易管理。

三、已经购买的电商进口商品属于消费者个人使用的最终商品，不得进入国内市场再次销售；原则上不允许网购保税进口商品在海关特殊监管区域外开展"网购保税＋线下自提"模式

四、其他事项请继续按照《财政部　海关总署　税务总局关于跨境电子商务零售进口税收政策的通知》（财关税〔2016〕18 号）有关规定执行。

五、为适应跨境电商发展，财政部会同有关部门对《跨境电子商务零售进口商品清单》进行了调整，将另行公布。

该通知自 2019 年 1 月 1 日起实施。

2020 年 3 月：《关于跨境电子商务零售进口商品退货有关监管事宜的公告》（海关总署公告 2020 年第 45 号）

为……优化跨境电子商务零售进口商品退货监管，推动跨境电子商务健康快速发展，根据国家有关跨境电子商务零售进口相关政策规定，现将跨境电子商务零售进口商品退货海关监管事宜公告如下：

一、在跨境电子商务零售进口模式下，跨境电子商务企业境内代理人或其委托的报关企业（以下简称"退货企业"）可向海关申请开展退货业务。跨境电子商务企业及其境内代理人应保证退货商品为原跨境电商零售进口商品，并承担相关法律责任。

二、退货企业可以对原《中华人民共和国海关跨境电子商务零售进口申报清单》（以下简称《申报清单》）内全部或部分商品申请退货。

三、退货企业在《申报清单》放行之日起 30 日内申请退货，并且在《申报清单》放行之日起 45 日内将退货商品运抵原海关监管作业场所、原海关特殊监管区域或保税物流中心（B 型）的，相应税款不予征收，并调整消费者个人年度交易累计金额。

四、退货企业应当向海关如实申报，接受海关监管，并承担相应的法律责任。

该政策于 2020 年 3 月 28 日起实施。

2020 年 6 月：《关于开展跨境电子商务企业对企业出口监管试点的公告》（海关总署公告 2020 年第 75 号）

> 二、增列海关监管方式代码
>
> （一）增列海关监管方式代码"9710"，全称"跨境电子商务企业对企业直接出口"，简称"跨境电商 B2B 直接出口"，适用于跨境电商 B2B 直接出口的货物。
>
> （二）增列海关监管方式代码"9810"，全称"跨境电子商务出口海外仓"，简称"跨境电商出口海外仓"，适用于跨境电商出口海外仓的货物。

该政策于 2020 年 7 月 1 日起实施。

2020 年 8 月：《关于扩大跨境电子商务企业对企业出口监管试点范围的公告》（海关总署公告 2020 年第 92 号）

> 为进一步贯彻落实党中央、国务院关于做好"六稳"工作、落实"六保"任务的部署要求，加快跨境电子商务新业态发展，海关总署决定进一步扩大跨境电子商务企业对企业出口（以下简称"跨境电商 B2B 出口"）监管试点范围。现将有关事项公告如下：
>
> 在现有试点海关基础上，增加上海、福州、青岛、济南、武汉、长沙、拱北、湛江、南宁、重庆、成都、西安等 12 个直属海关开展跨境电商 B2B 出口监管试点，试点工作有关事项按照海关总署公告 2020 年第 75 号执行。

该政策于 2020 年 9 月 1 日起实施。

2021 年 9 月：《关于全面推广跨境电子商务零售进口退货中心仓模式的公告》（海关总署公告 2021 年第 70 号）

> 一、退货中心仓模式是指在跨境电商零售进口模式下，跨境电商企业境内代理人或其委托的海关特殊监管区域内仓储企业（以下简称退货中心仓企业）可在海关特殊监管区域内设置跨境电商零售进口商品退货专用存储地点，将退货商品的接收、分拣等流程在原海关特殊监管区域内开展的海关监管制度。

二、本公告适用于海关特殊监管区域内开展的跨境电子商务网购保税零售进口（监管方式代码1210）商品的退货。

三、申请设置退货中心仓并据此开展退货管理业务的退货中心仓企业，其海关信用等级不得为失信企业。

四、退货中心仓企业开展退货业务时，应划定专门区位，配备与海关联网的视频监控系统，使用计算机仓储管理系统（WMS）对退货中心仓内商品的分拣、理货等作业进行信息化管理，并按照海关规定的方式与海关信息化监管系统联网，向海关报送能够满足监管要求的相关数据，接受海关监管。

五、退货中心仓企业应当建立退货流程监控体系、商品溯源体系和相关管理制度，保证退货商品为原出区域商品，向海关如实申报，接受海关监管，并承担相应法律责任。

六、退货中心仓企业在退货中心仓内完成退货商品分拣后：对于符合退货监管要求的商品，按现行规定向海关信息化监管系统正式申报退货；对于不符合退货监管要求的商品，由退货中心仓企业复运出区域进行相应处置。

七、退货中心仓企业应注重安全生产，做好退货风险防控，从退货揽收、卡口入区域、消费者管理等方面完善管理制度，规范操作，遵守区域管理制度并配合海关强化对退货中心仓内商品的实货监管。

该政策于2021年9月10日起实施。

2022年11月14日，国务院同意在廊坊市等33个城市和地区设立跨境电子商务综合试验区。此次扩围之后，中国跨境电子商务综合试验区数量达到165个，覆盖31个省份。

第一批

2015年3月7日，国务院同意设立中国（杭州）跨境电子商务综合试验区。

第二批

2016年1月6日，国务院常务会议决定，在天津、上海、重庆、合肥、郑州、广州、成都、大连、宁波、青岛、深圳、苏州这12个城市设第二批跨境电子商务综合试验区。

第三批

2018 年 7 月 24 日，国务院同意在北京市、呼和浩特市、沈阳市、长春市、哈尔滨市、南京市、南昌市、武汉市、长沙市、南宁市、海口市、贵阳市、昆明市、西安市、兰州市、厦门市、唐山市、无锡市、威海市、珠海市、东莞市、义乌市等 22 个城市设立跨境电子商务综合试验区。

第四批

2019 年 12 月 15 日，国务院同意在石家庄市、太原市、赤峰市、抚顺市、珲春市、绥芬河市、徐州市、南通市、温州市、绍兴市、芜湖市、福州市、泉州市、赣州市、济南市、烟台市、洛阳市、黄石市、岳阳市、汕头市、佛山市、泸州市、海东市、银川市等 24 个城市设立跨境电子商务综合试验区。

第五批

2020 年 4 月 27 日，国务院同意在雄安新区、大同市、满洲里市、营口市、盘锦市、吉林市、黑河市、常州市、连云港市、淮安市、盐城市、宿迁市、湖州市、嘉兴市、衢州市、台州市、丽水市、安庆市、漳州市、莆田市、龙岩市、九江市、东营市、潍坊市、临沂市、南阳市、宜昌市、湘潭市、郴州市、梅州市、惠州市、中山市、江门市、湛江市、茂名市、肇庆市、崇左市、三亚市、德阳市、绵阳市、遵义市、德宏傣族景颇族自治州、延安市、天水市、西宁市、乌鲁木齐市等 46 个城市和地区设立跨境电子商务综合试验区。

第六批

2022 年 1 月 22 日，国务院同意在鄂尔多斯市、扬州市、镇江市、泰州市、金华市、舟山市、马鞍山市、宣城市、景德镇市、上饶市、淄博市、日照市、襄阳市、韶关市、汕尾市、河源市、阳江市、清远市、潮州市、揭阳市、云浮市、南充市、眉山市、红河哈尼族彝族自治州、宝鸡市、喀什地区、阿拉山口市等 27 个城市和地区设立跨境电子商务综合试验区。

第七批

2022 年 11 月 14 日，国务院同意在廊坊市、沧州市、运城市、包头市、鞍山市、延吉市、同江市、蚌埠市、南平市、宁德市、萍乡市、新余市、宜春市、吉安市、枣庄市、济宁市、泰安市、德州市、聊城市、滨州市、菏泽市、焦作市、许昌市、衡阳市、株洲市、柳州市、贺州市、宜宾市、达州市、铜仁市、大理白族自治州、拉萨市、伊犁哈萨克自治州等 33 个城市和地区设立跨境电子商务综合试验区。

1.4.3 第三个维度：行业角度

1. 资本入局

近几年跨境电商行业表现稳定，不断受到资本青睐。

跨境电商产业链，主要有进口跨境电商企业、出口跨境电商企业和跨境电商服务商企业三种类型。

进口跨境电商：天猫国际、京东国际、淘宝全球购、考拉海购、多多国际、洋码头、洋葱集团、苏宁国际、蜜芽、亚马逊海外购、豌豆公主、行云集团、KK 集团等；

出口跨境电商：阿里巴巴国际站、亚马逊全球开店、eBay、全球速卖通、购物趣、环球资源、敦煌网、希音、安克创新、环球易购、通拓、有棵树、兰亭集势、棒谷、泽宝、傲基、赛维等；

跨境电商服务商：船长 BI、店匠、店小秘、SHOPLINE［商线科技（深圳）有限公司］、纵腾集团、递四方、至美通、PingPong（杭州乒乓智能技术有限公司）、连连支付、派安盈、易宝支付、易仓、领星、通途、欧税通等。

根据相关数据显示，2019 年至今跨境电商行业融资市场火热，从前端卖家到后端服务商都是资本投资的热门对象。

（1）2019 年跨境电商融资事件 29 起，同比下降 34.2%；融资总额达 214.7 亿元，同比增长 127%，增长的原因主要是由于阿里巴巴 20 亿美元收购网易考拉。

（2）2020 年中国跨境电商共发生 33 起融资，同比增长 13.8%；融资总额超 70.9 亿元，同比下降 67%。

（3）2021 年跨境电商融资事件数 77 起，同比增长 133.33%；融资总金额 207 亿元，同比去年同期 70.9 亿元上升 191.96%。

（4）2022 年跨境电商领域共发生融资事件共 44 起，同比下降 44.16%；融资金额总计 62 亿元，同比下降 70.15%。

（5）2023 年跨境电商融资事件共 19 起，同比下降 56.8%；融资约 20.3 亿元，同比下降 67.3%；

（6）2024 年跨境电商融资事件数共 17 起，同比下降 10.53%；融资总金额起超 4 亿元，同比下降 80.3%。

2019—2024 年跨境电商行业部分融资企业见表 1-4。

表 1-4　2019—2024 年上半年跨境电商行业部分融资企业

序号	融资时间	融资方	所属行业	融资轮次	融资金额	投资方
1	2024.11	澳兔跨境全球购	跨境服务商	A 轮	5000 万元	东升资本
2	2024.9	趣佰全球	进口电商	A 轮	未透露	海口金控
3	2024.8	Wook	出口电商	战略投资	未透露	泓诺创投
4	2024.7	豆沙包	跨境服务商	B3 轮	数千万元人民币	服贸基金
5	2024.6	Starmerx 星商	跨境服务商	E 轮	未透露	中金资本 九弦资本
6	2024.6	星秀科技	跨境服务商	战略融资	未透露	誉明创投
7	2024.5	绿森工业品	跨境服务商	Pre-A 轮	数千万元人民币	南京成为创业投资合伙企业（有限合伙）
8	2024.1	Qupital 桥彼道	跨境服务商	B2 轮	未透露	未透露
9	2024.1	数美万物	跨境服务商	A 轮	数千万元	红杉中国 IDG
10	2024.1	同舟互联	跨境服务商	天使轮	未透露	启赋资本深圳市福田资本运营集团有限公司
11	2023.10	绿森工业品	跨境服务商	天使轮	千万元人民币	未透露
12	2023.9	抖金文化	跨境服务商	Pre-A 轮	2000 万港币	博裕资本
13	2023.8	普乐电商	跨境服务商	C 轮	7000 万美元	Beacon Venture Capital Middie East Venture Patners
14	2023.8	WOOK	出口电商	D 轮	未透露	阿里巴巴
15	2023.8	SeaOne	出口电商	天使轮	未透露	未透露
16	2023.7	愚公科技	跨境服务商	Pre-A 轮	近千万元人民币	未透露
17	2023.7	豆沙包	跨境服务商	战略融资	未透露人民币	汇丰银行
18	2023.7	寻汇 SUNRATE	跨境服务商	D+ 轮	未透露	Peak XV Partners 软银亚洲 Prosperity7 Ventures
19	2023.6	寻汇 SUNRATE	跨境服务商	D1 轮	未透露	软银亚洲 Prosperity7 Ventures
20	2023.6	QuickCEP	跨境服务商	战略融资	数千万元人民币	源数创投初心资本复星锐正资本

续上表

序号	融资时间	融资方	所属行业	融资轮次	融资金额	投资方
21	2023.6	及时语	跨境服务商	Pre-A+ 轮	数千万元人民币	源渡创投
22	2023.6	芯宏科技	跨境服务商	Pre-A 轮	数千万元人民币	繸子财富
23	2023.5	EchoTik	跨境服务商	天使轮	数千万元人民币	紫鸟安全浏览器创始人杨金河
24	2023.5	Return Helper	跨境服务商	Pre-A 轮	150 万美元	AVA Fund COLOPL NEXT Cornerstone Ventures
25	2023.5	海图信息	跨境服务商	天使轮	千万级人民币	吾海资本鲲鹏资本
26	2023.4	嘀嗒狗	跨境服务商	Pre-A 轮	数千万人民币	OXYZ Seafirst Capital
27	2023.3	叠溪科技	跨境服务商	种子轮	300 万元人民币	未透露
28	2023.2	跨境魔方	出口电商	天使轮	数千万元人民币	高质行投资蓝海众力资本
29	2023.1	Akulaku	出口电商	战略融资	2 亿美元	三菱日联金融集团（MUFG）
30	2022.11	Egatee	出口电商	A 轮	数千万元人民币	义乌小商品城高榕资本
31	2022.11	鲸绽 Tokowhale	跨境服务商	天使轮	数千万元人民币	白兔控股
32	2022.10	空中云汇	跨境服务商	E2 轮	1 亿美元	Square Peg Salesforce Ventures 红杉中国等
33	2022.9	博鼎国际	跨境服务商	Pre-A 轮	数百万美元	源数创投 汉仁资本
34	2022.9	Voghion	出口电商	A 轮、A+ 轮	千万级美元	焦点科技 东大资本 百咖资本等
35	2022.9	Qpendo	出口电商	战略融资	未透露	唯品会
36	2022.9	CIARRA	出口电商	A 轮	数千万元人民币	Skyline Ventures
37	2022.9	卓志集团	跨境服务商	未透露	未透露	招商资本张家港基金 国家服贸基金
38	2022.8	积加	跨境服务商	A+ 轮	1.32 亿元人民币	复星锐正 环世物流 eGarden Ventures 等
39	2022.8	辰海集团	跨境服务商	C1 轮	数千万美元	易达资本 东方富海 金沙江联合资本

续上表

序号	融资时间	融资方	所属行业	融资轮次	融资金额	投资方
40	2022.8	奥创爱思	跨境服务商	A 轮	5000 万元人民币	联尚德胜资本
41	2022.8	来赞宝	跨境服务商	未透露	数千万美元	未透露
42	2022.8	店小秘	跨境服务商	D 轮	1.1 亿美元	红杉中国 软银愿景基金 老虎环球基金等
43	2022.6	欧税通	跨境服务商	A 轮及 A+ 轮	3 亿元人民币	高成资本 博裕资本
44	2022.4	集采	进口电商	A+ 轮	亿级人民币	未透露
45	2022.3	店小秘	跨境服务商	C 轮	1 亿美元	老虎环球基金 华兴新经济基金 GGV 纪源资本等
46	2022.1	店匠	跨境服务商	C1 轮	1.5 亿美元	软银愿景二期 基金　Chimera Stepatone Group 等
47	2021.8	PatPat	出口电商	D2 轮	1.6 亿美元	软银愿景
48	2021.7	PatPat	出口电商	D 轮	5.1 亿美元	今日资本 泛大西洋资本 SIG 海纳亚洲等
49	2021.9	Cider	出口电商	B 轮	1.3 亿美元	DST Global Greenoaks Capital A16Z
50	2021.6	全量全速	出口电商	A 轮	1 亿美元	今日资本 山行资本 IDG 资本等
51	2021.4	行云集团	进口电商	C+ 轮	6 亿美元	泰康保险 云锋基金 嘉实投资等
52	2021.3	空中云汇	跨境服务商	D++ 轮	1 亿美元	Greenoaks Grok Ventures 等
53	2021.2	船长 BI	跨境服务商	A 轮	1 亿元人民币	钟鼎资本 纵腾集团 同创伟业
54	2021.2	易仓科技	跨境服务商	C+ 轮	4000 万美元	eWTP 五岳资本 创世伙伴等
55	2021.1	马帮	跨境服务商	A 轮	未透露	光云科技

续上表

序号	融资时间	融资方	所属行业	融资轮次	融资金额	投资方
56	2021.1	店小秘	跨境服务商	B 轮	1.5 亿元人民币	GGV 纪源资本 鼎晖投资 昆仑资本
57	2020.10	店匠	跨境服务商	B 轮	千万级美元	红杉资本 云九资本 磐晟资产等
58	2020.10	领星	跨境服务商	A 轮	7000 万元人民币	顺为资本 蓝湖资本 高瓴资本
59	2022.7	小满科技	跨境服务商	D 轮	数亿人民币	阿里巴巴
60	2020.5	ECVV	出口电商	B+ 轮	未透露	长润资本
61	2020.3	易仓科技	跨境服务商	A 轮	千万级美元	五岳资本 真格基金
62	2020.2	澳鹏网络	出口电商	B 轮	1 亿元人民币	凯辉基金
63	2020.2	妃鱼时尚	进口电商	A 轮	数千万美元	五岳资本 经纬中国 君联资本等
64	2019.10	KK 馆	进口电商	D 轮	1 亿美元	eWTP 科技创新基金 五岳资本 经纬中国
65	2019.10	Club Factory	出口电商	D 轮	1 亿美元	启明创投 峰瑞资本等
66	2019.9	网易考拉	进口电商	并购	20 亿美元	阿里巴巴
67	2019.8	行云全球汇	进口电商	B1 轮	1 亿美元	元禾辰坤 信达汉石 蓝图创投等
68	2019.8	执御信息	出口电商	C1 轮	6500 万美元	G42 集团
69	2019.8	Wish	出口电商	H 轮	3 亿美元	General Atlantic 等
70	2019.6	海豚家	进口电商	D 轮	1 亿美元	未透露
71	2019.3	纵腾网络	出口电商	B 轮	7 亿元人民币	凯辉基金 普洛斯 GLP 钟鼎创投
72	2019.3	KK 馆	进口电商	C 轮	4 亿美元	洪泰基金 经纬中国 璀璨资本

虽然2024年融资市场没有前几年火热，但是好的项目依然可以拿到投资，并且行业发展势头依然强劲。跨境电商行业部分上市公司名单见表1-5。

表1-5 跨境电商行业部分上市企业

序号	企业名称	上市时间	上市板块	股票代码
1	傲基科技	2024.11	香港联交所主板	02519.HK
2	绿联科技	2024.7	创业板	301606.SZ
3	泛远国际	2023.12	港交所	02516.HK
4	三态股份	2023.9	创业板	301558.SZ
5	赛维时代	2023.7	创业板	301381.SZ
6	致欧科技	2023.6	创业板	301376.SZ
7	子不语	2022.11	港交所主板	02420.HK
8	安克创新	2020.8	创业板	300866.SZ
9	华凯创意	2017.1	创业板	300592.SZ
10	百事泰	2015.9	新三板	833663.SZ
11	星微股份	2015.6	创业板	300464.SZ
12	兰亭集势	2013.6	美国纽交所	NYSE:LITB
13	华鼎股份	2011.5	主板	601113.SH
14	天泽信息	2011.4	创业板	300209.SZ
15	跨境通	2011.12	中小板	002640.SZ
16	联络互动	2009.8	中小板	002280.SZ
17	广博股份	2007.1	中小板	002103.SZ
18	新维国际	2000.8	港交所创业板	08086.HK

"多米"来总结

1. 我国跨境电商市场规模逐年增长，其中，出口规模远远高于进口规模，因此，我国主要以出口为主，进口为辅。

2. 跨境出口电商主要分B2B平台、B2C平台和独立站模式，B2B平台主要有阿里巴巴国际站、敦煌网、中国制造网、环球资源网等；B2C平台主要有亚马逊、沃尔玛、速卖通、eBay、Wish、Lazada、Newegg、Shopee等。

3. 传统外贸行业特点：①订单大批量、低频次；②交易程序多；③通关资料多；④中间商多，消费者成本高。跨境电商行业特点：①订单小批量、多批次；②交易便利化；③通关便利化；④没有中间商环节。

4. 跨境电商行业经历了前期的野蛮增长时期，目前处于合规成长期，国家在对行业规范作出要求的同时也出台了诸多的行业扶持政策。随着行业扩大、管理规范化，资本也不断涌入，跨境电商行业独角兽企业及上市公司将越来越多！行业增长潜力巨大！

第2章
跨境电商企业如何合规收款

2.1 跨境电商合规回款

2.1.1 财税合规：五流合一

合规回款的前提是企业财务要合规，要做到"五流合一"即，合同流、资金流、发票流、物流、信息流。

"流"：可以理解为一条无形的线，这条线有起点，有终点，在这条线上发生的事情都被记录，且有迹可循，这五条线串联起来，便组成了企业的经营活动网，企业的经营活动脉络便清晰可见了。

合同流

合同流是指买卖双方有贸易往来，已经敲定了合同，合同一般一式两份，甲乙双方签名盖章确认后各持一份存档。

资金流

资金流是指买卖双方合同确认后，接下来就是付钱，先付订金或者以首款尾款的形式，也有的是货到付款或月结；买方通过企业基本户向卖方企业基本户支付采购款。

发票流

发票流是指买卖双方合同确定后或付完款，卖方需要开具增值税发票给买方，发票内容应与所售商品、所提供的应税劳务或应税服务相符。

物流

物流是指买卖双方合同确定后或付完订金，卖方需要按合同约定时间给买方提供货物或者是应税劳务、应税服务，货物销售需要货物出入库信息和物流信息。

信息流

信息流是以上合同流、资金流、发票流、物流的集合，买卖双方的企业资源计划（ERP）系统信息应该一致。

以亚马逊为例，亚马逊五流合一，和传统外贸五流合一的区别见表2-1。

表 2-1　亚马逊五流合一与传统外贸五流合一的区别

五　流	不同之处
合同流	亚马逊作为第三方平台，不会和国内企业签订合同，企业的入驻、商品销售等信息都是无纸化的，所以亚马逊销售没有合同流，但是国内企业采购货物和供应商需要签订合同，前端采购环节有合同流
资金流	除了国内企业采购货物资金流外，还有亚马逊平台销售资金流回款，亚马逊资金回流路径取决于亚马逊店铺持有者是否是国内企业，如果是国内企业，可以直接通过亚马逊全球收款打款至企业基本户；如果店铺持有者不是国内企业，而是境外企业，亚马逊平台回款需要回到境外企业离岸账户，然后通过货物贸易和分红的方式将货款和利润回流至国内企业
发票流	除了国内企业采购货物取得发票外，亚马逊平台产生销售，如果店铺持有者是境内企业，境内企业需要开具"个人"电子普通发票或者五联增值税普通发票；如果店铺持有者是境外企业，境外企业向境内企业采购货物，境内企业需要向境外企业开具电子普通发票或者五联增值税普通发票
物　流	指国内货物采购物流匹配信息及国内仓发货至亚马逊FBA仓和亚马逊FBA接收信息，亚马逊FBA仓配送给终端客户的物流信息等
信息流	是指企业的合同流、资金流、发票流、物流信息与供应商企业和销售平台、客户企业的信息流一致

2.1.2　亚马逊三种回款方式

亚马逊企业卖家回款有三种方式。

第一种：以境内公司为店铺主体，亚马逊店铺资金可以通过亚马逊全球收款或者第三方收款平台将款项转回境内企业基本户，其流程如图2-1所示。

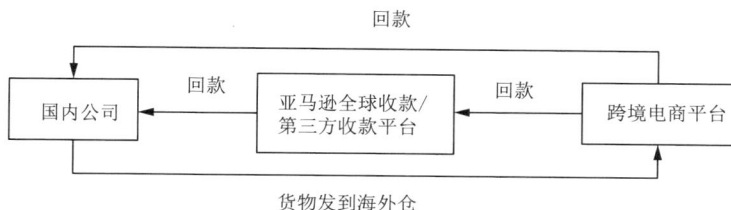

图 2-1　国内公司店铺主体资金回款路径

第二种：本土化店铺运营，店铺收入直接回款到境外企业账户，境外企业账户如和境内企业有贸易往来，可以以付货款的方式回款至国内企业，其流程如图 2-2 所示。

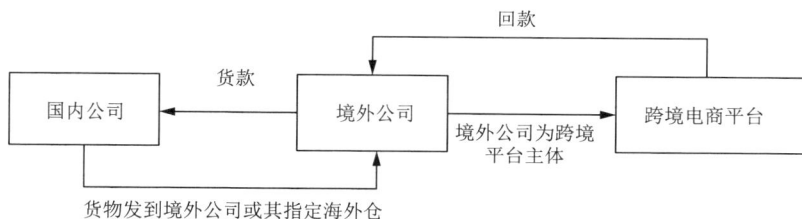

图 2-2　本土化店铺主体资金回款路径

第三种：通过转口贸易的方式，用离岸公司收款，然后以货物贸易往来回款至境内企业基本户，其流程如图 2-3 所示。

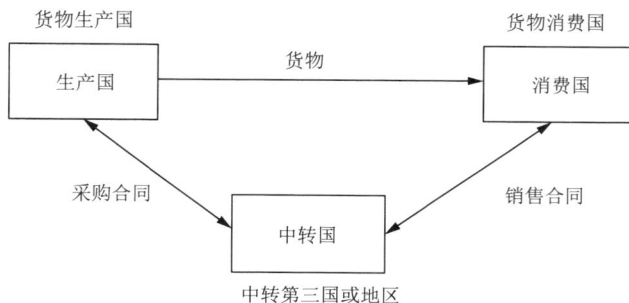

图 2-3　转口贸易模式资金回款路径

2.1.3　转口贸易详解

转口贸易百度百科的解释是：转口贸易又称中转贸易（intermediary trade），指国际贸易中进出口货品的生意，不是在生产国与消费国之间直接进行，而是通过第三国易手进行的买卖，这种贸易对中转国来说即是转口贸易。贸易的货品能够由出口国运往第三国，在第三国不通过加工（转换包装、分类、选择、收拾等不作为加工论）再销往消费国；也能够不通过第三国而直接由生产国运往消费国，但生产国与消费国之间并不发生贸易联系，而是由中转国分别同生产国和消费国发生贸易。

以中国制造的自行车为例，中国制造的自行车须征收额外 48.5% 的反倾销税！

欧洲市场对自行车的需求量很大，国内企业要继续做欧洲市场要么选择产业转移，要么选择转口贸易的形式。比如将产业转移到其他国家和地区进行组装再加工，把自行车的零配件的生产或组装加工放到第三国或地区进行，然后再从第三国直接销售给欧洲国家。像马来西亚、泰国、新加坡、菲律宾等都可以作为产业转移地或转口贸易地。注意需要取得当地的原产地证书、合同、发票，出口报关文件和发票等。

做亚马逊的卖家要先确认自己的商品在所售国家是否有反倾销税。如果有，亚马逊转口贸易的形式也是一样的，可以通过第三国或地区直接和目的国进行交易，比如做欧洲本土化运营的店铺，想要通过亚马逊销售自行车，那么国内企业就可以通过和第三国进行产业转移或转口贸易的方式，在第三国或地区取得原产地证书，由第三国或地区将商品销售至欧洲国家，以避开欧洲国家的高额反倾销税。

欧盟对华反倾销部分清单，见表 2-2。

表 2-2　欧盟对华反倾销部分清单

序　号	内　容
1	瓷砖
2	铝箔
3	钨电极
4	塑料袋
5	胶合板
6	铜版纸
7	铝散热器
8	太阳能玻璃

续上表

序 号	内 容
9	钢丝绳和钢缆
10	自行车、电动自行车
11	光伏、晶体硅光伏组件
12	卡客车轮胎、铝合金轮毂
13	陶瓷餐具、日用陶瓷
14	碳化钨和熔凝碳化钨
15	玻璃纤维网格织物、玻璃纤维长丝、聚酯高强力纱
16	金属及其制品——不锈钢无缝钢管耐腐蚀钢、铸铁产品、可锻铸铁螺纹管和接头、低碳铬铁、无缝钢铁管、硅铁、热轧板材、厚钢板、冷轧钢板、冷轧不锈钢板、钢铁管对焊件、高抗疲劳性能混凝土钢筋、钼丝、钢铁管配件、金属硅、钢铁制紧固件、取向硅电钢、预应力非合金钢丝和钢绞线、有机涂层钢板、活页夹的贱金属附件、铸铁井盖

详细清单可登录中华人民共和国商务部查找。

美国对华反倾销税部分清单见表 2-3。

表 2-3 美国对华反倾销税部分清单

序 号	内 容
1	金属及其制品——钢钉、钢管、碳合金钢丝条、金属硅、金刚石锯片、不锈钢加压管、定尺碳素钢板、石油专用管材、冷轴碳钢、薄壁矩形钢管、熨衣架及部件、螺纹钢筋、弹簧垫圈、非封闭内置弹簧部件、不锈钢拉制深水槽、冷轧钢板、无缝碳钢和合金钢标准管、管线管和压力管、圆锥滚子轴承、铸铁件、金属镁、镀锌板、重锻造手动工具（如斧子/撬杠/锤子/镐头）、钢制高压气瓶
2	化学产品——己内酰胺（又称碳酸锂）、聚对苯二甲酸乙二酯膜片和条、聚乙烯醇、高锰酸钾、三聚氰胺、天然猪鬃油漆刷及刷头
3	杂项制品——眼镜、动物皮毛、木制卧室家具、复合木地板、非晶硅织物、晶体硅光伏电池、小直径石墨电极
4	机械电气设备及部件——滚球轴承、汽车挡风玻璃、刹车鼓与刹车转子
5	纸及纸制品——铜版纸、格记录纸、薄绵纸、折叠礼品盒、皱纹纸、无涂层纸
6	纺织制品——聚酯人造纤维、画布、编织电热毯
7	预制食品与饮料——腌渍蘑菇罐头、柠檬酸与柠檬酸盐、华糖醇、冷冻的和罐装的暖水虾

序　号	内　容
8	塑料与橡胶制品——复合编织袋、聚乙烯手提袋、新充气工程机械轮胎
9	矿石及矿物燃料——钻石锯条及部件
10	家用电器——彩色电视机、家用大型洗衣机
11	车船运输设备及部件——自行车、手推车
12	建材与玻璃制品——铝型材、双轴土工格栅、镁碳砖
13	蔬菜产品——蜂蜜
14	一次性消耗品——胶袋、饭盒
15	笔类——圆珠笔、铅笔
16	金属衣架

更多清单信息可登录美国国际贸易委员会网站查询。

随着跨境电商行业市场规模的扩大，行业越来越规范，企业的经营也越来越规范，近年来拿到投资和上市融资的企业越来越多，比如安克创新科技股份有限公司(以下简称安克创新)就于2020年8月在深圳创业板上市。

我国证券监督委员会（简称证监会）的审查非常严格，企业要上市，企业财税操作就必须规范。此处，以安克创新为例，分析一下该企业合规架构搭建的过程。

2.1.4　安克创新架构解读

安克创新的国内上市主体是安克创新科技股份有限公司（曾用名：湖南海翼电子商务股份有限公司），招股书显示，安克创新拥有5家境内子公司，13家境外子公司，并通过子公司海翼科技作为普通合伙人控制了1家境内企业（海翼远扬），基本情况如下。

上市主体安克创新分别由原始股东和投资人组成，招股书显示：阳萌48.976 6%、赵东平13.326 9%、吴文龙5.615 3%、贺丽4.112 2%、高韬2.770 7%、张山峰1.894 5%、刘晓宇0.142 8%、于勇0.142 8%、黄涵清0.428 5%、欣旺达1.074 0%、苏州维新3.737 3%、上海联时3.580 1%、和谐成长4.198 1%、远景咨询2.701 1%、远见咨询1.985%、远帆咨询1.128 6%、远修咨询 1.329 7%、和谐博时 1.172 3%、中信资本 0.716 1% 等，具体如图 2-4 所示。

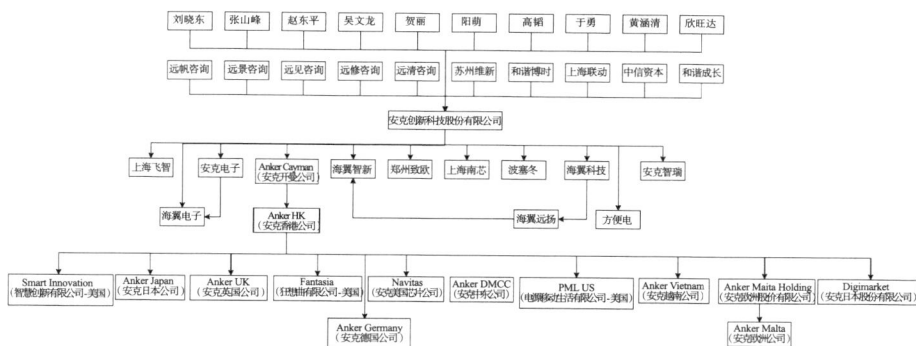

图 2-4 安克创新组织架构图

安克创新科技股份有限公司持股结构如下。

安克电子。 湖南安克电子科技有限公司，2017 年成立，主要从事对安克创新境内供应商的采购业务，安克创新持有安克电子 100% 的股权。

海翼科技。 深圳市海翼翱翔科技有限公司，2014 年成立，主要负责安克创新的电芯采购及销售业务，安克创新持有海翼科技 100% 的股权。

海翼智新。 深圳海翼智新科技有限公司，2014 年成立，智能创新等产品的研发中心，安克创新持有海翼智新 70% 的股份，海翼远扬持有海翼智新 30% 的股权。

海翼远扬。 深圳海翼远扬管理咨询合伙企业（有限合伙），2016 年成立，是海翼智新的员工激励平台，海翼科技作为普通合伙人占股 1%，其他都由员工作为有限合伙人持股。

安克智瑞。 湖南安克智瑞制造有限公司，2019 年成立，暂无实际经营业务，安克创新持有安克智瑞 100% 的股份。

海翼电子。 湖南海翼电子商务有限公司，2019 年成立，主要从事极少量的其他品牌消费电子的线上代运营服务，安克创新持有海翼电子 90% 的股份，安克电子持有海翼电子 10% 股份。

安克开曼公司（Anker Cayman）。Anker Holding Limited，2013 年在开曼群岛成立，是安克创新的境外股权投资平台，安克创新持有 Anker Cayman 100% 的股权。

安克香港公司（Anker HK）。Anker Innovations Limited，2013 年成立，是安克开曼的全资子公司，主要负责产品采购并销售给集团内的终端销售子公司，同时负责东南亚、加拿大、澳大利亚、中东、南美等终端市场的销售。

智慧创新有限公司－美国（Smart Innovation）。Smart Innovation LLC，2017 年成立，主要负责智能创新产品销售团队的境外人力资源管理，Anker HK 持有 Smart Innovation 100% 的股权。

安克日本公司（Anker Japan）。Anker Japan Co.,Ltd，2013 年成立，主要负责日本终端市场的销售，Anker HK 持有 Anker Japan 100% 的股权。

安克英国公司（Anker UK）。Anker Technology（UK）Ltd，2013 年成立，主要负责欧洲终端市场的销售，Anker HK 持有 Anker UK 100% 的股权。

狂想曲有限公司－美国（Fantasia）。Fantasia Trading LLC，2009 年成立，主要负责 Anker、Roav、Nebula 等品牌产品在美国终端市场的销售，Anker HK 持有 Fantasia 100% 的股权。

电源移动生活有限公司－美国（PML US）。Power Mobile Life LLC（US），2015 年于美国成立，主要负责 Eufy 品牌产品在美国终端市场销售，Anker HK 持有 PML US 100% 的股权。

安克德国公司（Anker Germany）。Anker Innovation Deutschland GmbH，2019 年于欧洲成立，主要负责欧盟地区（不含英国）终端市场的销售业务，Anker HK 持有 Anker Germany 100% 的股权。

安克中东公司（Anker DMCC）。Anker Innovations DMCC，2018 年于迪拜成立，主要负责中东市场的开拓和维护，Anker HK 持有 Anker DMCC 100% 的股权。

安克越南公司（Anker Vietnam）。Anker Innovations (Vietnam) Co.,Ltd，2019 年成立，主要负责越南等地的采购业务，Anker HK 持有 Anker Vietnam 100% 的股权。

安克日本股份有限公司（Digimarket）。Digimarket Co.,Ltd，成立于2020 年，主要负责日本地区新产品的市场开拓和销售，Anker HK 持有 Digimarket 100% 的股权。

安克欧洲股份有限公司（Anker Malta Holding）。Anker Malta Holdings

Co.Ltd，2020 年成立，是 Anker Malta 的母公司，作为股权投资平台，Anker HK 持有 Anker Malta Holding 100% 股权。

安克欧洲公司（Anker Malta）。Anker Innovation（Malta）Co.,Ltd，2020 年成立，主要负责欧盟地区的销售，Anker Malta Holding 持有 Anker Malta 100% 的股权。

安克美国芯片公司（Navitas）。Navitas Semiconductor.Inc，2013 年成立，主营半导体集成电路芯片研发，Anker HK 持有 Navitas 2.01% 的股份。

上海飞智。上海飞智电子科技有限公司，2008 年成立，主要业务为游戏手柄等游戏外设软硬件设备的研发、销售，安克创新持有上海飞智 4.29% 的股权。

郑州致欧。郑州致欧网络科技有限公司，2010 年成立，主要业务为家居家纺类产品、户外以及办公类产品的研发和销售，安克创新持有郑州致欧 9.7% 的股权。

上海南芯。上海南芯半导体科技有限公司，2015 年成立，主要业务为集成电路芯片的研发、设计、开发和销售，安克创新持有上海南芯 7% 的股权。

波塞冬。深圳波塞冬网络科技有限公司，2013 年成立，主要业务为户外用品渔具、渔轮、渔线、鱼竿及鱼竿架、渔线钳等渔具配件研发、生产与销售，安克创新持有波塞冬 5% 的股权。

方便电。杭州方便电科技有限公司，2019 年成立，主营海外移动电源租赁业务，安克创新持有方便电 33.33% 的股权。

安克创新也运用了"转口贸易"的形式来进行跨境出口销售。安克创新招股书显示，安克香港作为"中转点"和境外企业进行贸易往来。安克香港主要负责产品采购并销售给集团内的终端销售子公司，同时负责东南亚、加拿大、澳大利亚、中东、南美等终端市场的销售；也就是说安克香港从境内采购了商品然后再将商品销售至各个站点国家或地区的企业，境内企业和本土终端销售子公司并不直接进行贸易往来。

安克创新的架构比较复杂，成本高，仅境外公司的注册成本就是不小的开支了，还有每年的维护成本；但是这样做的好处是有利于品牌的传播，不管是在店铺注册还是平台流量倾斜方面都能得到平台更多的扶持政策。

那么，对于跨境中小卖家来说需要搭建这样的架构吗？不一定，企业根据自身的情况搭建适合自己的架构即可，企业需要综合自身的情况，结合中长期发展来设置适合自己的跨境合规架构。

2.2 亚马逊回款方式

亚马逊回款方式主要通过亚马逊全球收款和第三方收款平台的形式回款。

2.2.1 亚马逊全球收款

亚马逊全球收款是亚马逊推出的跨境收款服务，其在卖家平台内直接设置收款账户，在收款账户填入国内银行账户以人民币接收全球付款。亚马逊下发付款通知后款项自动打出，在 1 ~ 3 个工作日内转入卖家的国内账户。

亚马逊全球收款是亚马逊官方推出的收款服务，无须再额外申请第三方收款账户，支持人民币汇款至国内基本户，无二次汇损，支持 66 个国家地区和 45 种币种的转换，基本上支持在中国合法经营的银行。

亚马逊全球收款按照阶梯定价，费率低至 0.4%。阶梯定价是根据卖家过去连续 12 个月区间内的净销售额的所在阶梯给予相应的优惠费率，并在每月自动更新，净销售额越高，费率就越低。亚马逊全球收款费率如图 2-5 所示。

净销售额是指总销售金额减去在亚马逊上的运营成本，如 FBA 费、站内推广费、销售佣金等后的净额。更多结算政策见亚马逊官网。

阶梯	净销售额区间（单位：美元）	费率
第一阶梯	1,000万（含）以上	0.4%
第二阶梯	100万（含）-1,000万	0.5%
第三阶梯	50万（含）-100万	0.6%
第四阶梯	10万（含）-50万	0.7%
第五阶梯	10万以内	0.9%

图 2-5 亚马逊全球收款费率

2.2.2 派安盈（Payoneer）

派安盈（Payoneer）也称 P 卡，是一个成立时间较久的，老牌第三方跨境收款机构，Payoneer 成立于 2005 年，创始人是 YuvalTal（尤瓦尔），总部设在美国纽约，是万事达卡组织授权的具有发卡资格的机构，于 2021 年 6 月在纳斯达克上市，股票代码 PAYO。

Payoneer 的收款优势如下。

①可以直接人民币、港币或者申请外币入账，提现美元上限，不受 5W 美金换汇限制；

②支持多币种收款和海外业务付款，包括美元、英镑、欧元、日元、加拿大元、澳元等 150 种币种；

③可以免费支付英国、欧洲国家的增值税（VAT）扣款，还可以接受退税；

④可以申请 Payoneer 实体卡，实体卡可用于自动取款机（ATM）取款或者实体店刷卡消费；

⑤提现到账时间快，一般 1～2 个工作日可以到账；

⑥ Payoneer 账户间互转免费，到账时间快，2 小时～2 天即可到账；

⑦能绑定贝宝（PayPal）账户，将 PayPal 账户余额结汇回国内账户。

Payoneer 支持的跨境电商平台有：亚马逊、独立站、Lazada、Wish、CDiscount、Newegg、Shopee、Tophatter、Linio、Jumia、Priceminister、Bellabuy、Mobuy、Ensogo、京东等国内外热门跨境电商平台都可以用 Payoneer 收款。

费率如下。

（1）有卡账户仅限个人申请，年费 29.95 美元；无卡账户企业和个人都可以申请，无须缴纳年费。

（2）Payoneer 入账免费，提现手续费 1.2%，如果入账金额多可以向客户经理申请降低提现费率。

作为一个老牌跨境第三方收款平台，Payoneer 是很多跨境卖家收款的选择。

更多平台政策见 Payoneer 官网。

2.2.3　乒乓（PingPong）

PingPong 隶属于杭州乒乓智能技术有限公司，是一家中国本土的跨多区域收款品牌。PingPong 成立于 2015 年，总部位于浙江杭州，持有香港金钱服务者（money senice operators，MSO）牌照的同时，还持有美国金融中心（FinCEN）签发的货币服务业务（moneyservice business，MSB）牌照、欧洲卢森堡支付机构（payment institutions, PI）牌照、日本牌照。

PingPong 收款的优势：

（1）支持多币种结算；

（2）免费注册 PingPong 账户，提现费 1% 封顶，按照阶梯确定汇率，当入账金额较大时可以联系 PingPong 客户经理调低提现手续费，进一步降低跨境汇款成本；

（3）支持多平台收款：如亚马逊、Shopify、Shopee、Wish、eBay、美客多、Fnac、Cdiscount、OTTO、Rakuten、Etsy、Newegg 等；

（4）提现到账时间快，一般当天即可到账。

作为本土化的第三方收款机构，PingPong 也是中国卖家跨境收款的一个常见选择。

更多平台政策见 PingPong 官网。

2.2.4　万里汇（WorldFirst）

万里汇（WorldFirst）是蚂蚁集团旗下的子品牌，2004 年在英国伦敦成立，曾获得美国邓白氏公司的 3A2 级企业商业资信评级，2019 年 2 月 14 日被蚂蚁金服收购，也是亚马逊重要的收款方式之一。

万里汇 World First 收款的特点如下。

（1）支持多币种结算。支持人民币、港币、美元、欧元、英镑、加元、日元、澳元、新西兰元、新加坡元等。

（2）支持多平台入账。支持亚马逊、eBay、Walmart、日本乐天、Lazada、Opensky、Newegg、Cdiscount、PriceMinister 等全球近百个网上交易平台入账。

（3）入账免费，提现手续费低。每笔仅收取 0.3% 手续费，大客户还有专享费率。

（4）提供 VAT 税缴费服务。WorldFirst 账户余额可以用于向英国税务机构支付 VAT 税款。

（5）支持直接提现至支付宝。

更多平台政策见 WorldFirst 官网。

2.2.5　连连支付

连连支付是浙江省省级高新企业，成立于 2003 年。连连支付拥有中国人民银行颁发的支付业务许可证、中国人民银行核准的跨境人民币结算业务资质、国家外汇管理局浙江省分局颁发的跨境外汇支付业务批复，成为中国（杭州）跨境电子商务综合试验区首批试点企业。

连连支付收款特点如下。

（1）支持多币种收款，支持美元、日元、英镑、欧元、加元、澳元、港币、印尼盾、新加坡币、迪拉姆、兹罗提等 11 种货币收款，满足多样化的付款币种需求；

（2）支持全球超 50 个跨境电商平台及独立站收款，包括亚马逊、速卖通、eBay、Lazada、Shopee、Coupang、京东、Newegg、Wish 等，满足多平台收款需求；

（3）入账免费，提现的费率一般是 0.7%，无汇损，人民币一般都是在 2 小时内到账。

更多平台政策见连连官网。

2.2.6　贝宝（PayPal）

PayPal（纳斯达克股票代码：PYPL）于 1998 年 12 月由彼得·蒂尔（Peter Thiel）及马克斯·列夫齐恩（Max Levchin）建立，是一个总部在美国加利福尼亚州圣荷塞市的在线支付服务商。

PayPal 作为跨境贸易的主要收款方式之一，支持多平台收款，但是，不支持亚马逊收款。倒不是 PayPal 不想接入亚马逊平台，而是亚马逊平台拒绝和 PayPal 合作。亚马逊副总裁帕特里克·高蒂尔表示："这很简单，亚马逊以消费者的需求为出发点。如果我们的客户要求添加这一服务，那么它早已经在亚马逊上了。"

PayPal 手续费主要有：交易手续费、提现手续费和货币兑换手续费。

交易手续费的标准如下。

① 3 000 美元及以下的交易，PayPal 收取 4.4%+0.3 美元；

② 3 000 ～ 10 000 美元，PayPal 收取 3.9%+0.3 美元；

③ 10 000 ～ 100 000 美元，PayPal 收取 3.7%+0.3 美元；

④ 100 000 以上美元，PayPal 收取 3.4%+0.3 美元。

提现手续费的标准如下。

①提现至中国大陆地区或美国的银行，美元出款，每笔手续费 35 美元；

②提现至中国香港地区账户，港币出款，1 000 港币以下每笔收取 3.5 港币手续费，1 000 港币以上免费；

③美元支票提现，每笔收取 5 美元手续费；

货币兑换手续费的标准为：在账户里转换币种，一般按照 2.5% 收取。

例如，PayPal 美元户需要把 100 美元兑换成港币，假设汇率 7.85，那就可以兑换成 785 港币，还需要扣 2.5% 货币兑换手续费，所以实际港币户到账 765.375 港币（实际扣费标准以平台最新发布为准）。

注：更多平台政策见 Paypal 官网。

2.3　我国资金监管政策

随着行业不断发展成熟，行业监管也越来越完善，企业合规经营方能健康可持续发展，其中，收款合规便是企业合规经营中的重要一环。

我国对于资金监管是非常严格的，尤其是对大额资金交易、私人卡资金监控等，要做到合规收款，企业首先要知道如何合规收款、合规收款有哪些好处、我国对于资金管控的政策如何，并且还需要了解不合规收款会有哪些风险。

2.3.1　大额资金管控政策

为了规范金融机构大额交易和可疑交易报告行为，中国人民银行根据《中华人民共和国反洗钱法》《中华人民共和国中国人民银行法》《中华人民共和国反恐怖主义法》等有关法律法规，制定了《金融机构大额交易和可疑交易报告管理办法》（中国人民银行令〔2016〕第3号，以下简称《管理办法》）。

《管理办法》规定金融机构应当报告下列大额交易。

（1）当日单笔或者累计交易人民币5万元以上（含5万元）、外币等值1万美元以上（含1万美元）的现金缴存、现金支取、现金结售汇、现钞兑换、现金汇款、现金票据解付及其他形式的现金收支。

（2）非自然人客户银行账户与其他的银行账户发生当日单笔或者累计交易人民币200万元以上（含200万元）、外币等值20万美元以上（含20万美元）的款项划转。

（3）自然人客户银行账户与其他的银行账户发生当日单笔或者累计交易人民币50万元以上（含50万元）、外币等值10万美元以上（含10万美元）的境内款项划转。

（4）自然人客户银行账户与其他的银行账户发生当日单笔或者累计交易人民币20万元以上（含20万元）、外币等值1万美元以上（含1万美元）的跨境款项划转。

如违反上述资金交易规定，银行会将相关信息向中国反洗钱监测分析中心报送大额交易和可疑交易报告，接受中国人民银行及其分支机构的监督、检查。

除此之外，由于现金具有不记名、不可追踪等特点，大额现金容易为贪污腐败、偷逃税等洗钱犯罪行为和地下经济活动提供便利，可能危及国家经济金融秩序和安全。为深入贯彻落实党中央、国务院决策部署，推进大额现金管理工作，依据《中华人民共和国中国人民银行法》《现金管理暂行条例》等法律法规，人民银行决定在河北省、浙江省、深圳市开展大额现金管理试点。试点为期2年，先在河北省开展，再推广至浙江省、深圳市。

具体文件详见中国人民银行银发〔2020〕年第 105 号文件《关于开展大额现金管理试点的通知》以下简称《通知》。

《通知》规定了要明确大额现金存取业务管理范围、规范大额取现预约业务、建立大额存取现登记制度、建立大额现金业务风险防范制度、建立大额现金分析报告制度、建立大额现金业务监督检查制度、特定行业企业大额现金交易记录及报告、特定行业企业大额取现及用现管理、个人账户大额用现管理、个人现金收入报告、大额现金出入境监测等一系列举措。

大额现金存取业务管理范围如下。

经试点行调研分析，各地对公账户管理金额起点均为 50 万元。

对私账户管理金额起点分别是：河北省 10 万元、浙江省 30 万元、深圳市 20 万元。

大额现金管理体系，包括反洗钱框架下的交易报告、出入境申报等。同时，为了降低社会成本、打击地下经济、增加税收、打击恐怖融资等问题，各国也采取了一系列措施，引导社会公众减少不合理的大额现金使用，预防和遏制非法大额现金使用。

为什么选在这三个城市呢？

主要考量是：河北省是银行业金融机构大额现金业务管理比较突出的省份；浙江省是全国住户存款金额最大的省份，也是全国现金投放重点区域；深圳市是跨境电商卖家聚集最多的城市，现金流动频繁，个人账户大额用现情况突出，深港之间人民币现钞跨境流动普遍。

不管是大额交易管理规定，还是大额现金管理规定都体现出我国对于大额资金流动的管理是非常全面、系统的。作为老板和财务人员，一定要重视企业资金的管理安全，规避不必要的风险。

2.3.2 私账收款有哪些风险

1. 交易频繁，流水过高，存在大额交易监控风险

自然人账户单日单笔累计超过 5 万元人民币，或 1 万美元现金交易；与其他的银行账户发生当日单笔或者累计交易 50 万元人民币以上（含 50 万元）、10 万美元以上（含 10 万美元）的境内款项划转；或其他的

银行账户发生当日单笔或者累计交易 20 万元人民币以上（含 20 万元）、1 万美元以上（含 1 万美元）的跨境款项划转都违反大额交易管理。还有一点需要注意，深圳作为大额现金管理试点城市之一，深圳对私账户管理金额是 20 万元，若私人账户资金流动无法说明具体原因，容易被银行监控后上报至反洗钱中心，严重时账户可能被冻结，影响资金使用计划。

2. 隐匿收入，容易引起税务稽查风险

企业的收入没有进入公账，本质上就是隐匿收入的行为，属于偷税，因为该报收入的没有报收入，该交税的没有交税。

《中华人民共和国税收征收管理法》第六十三条第一款关于偷税的定义：

纳税人伪造、变造、隐匿、擅自销毁账簿、记账凭证，或者在账簿上多列支出或者不列、少列收入，或者经税务机关通知申报而拒不申报或者进行虚假的纳税申报，不缴或者少缴应纳税款的，是偷税。

对纳税人偷税的，由税务机关追缴其不缴或者少缴的税款、滞纳金，滞纳金计算从未缴税日算起每日万分之五的滞纳金，并处 0.5 ~ 5 倍的罚款，构成犯罪的，依法追究刑事责任。

3. 公私不分，对债务承担连带责任风险

企业的收入长期不入公账，进入法人或股东私账，不仅使公司存在税务稽查风险，对法人和股东也非常不利。当企业出现债务的时候，法人和股东需要以个人财产和家庭财产对企业债务承担连带责任。

例如，A 和 B 一起成立了一个有限责任公司（简称 C 公司），注册资本 100 万元人民币，A 是法人，A 和 B 的出资比例是 6:4。C 公司从事批发零售业务，企业收入和成本支出均通过 A 的私人账户进出，没有通过企业对公账户。一年以后，由于经营不善 C 公司对外负债 300 万元人民币。

如果 C 公司经营业务数据清晰，没有公私不分，C 企业仅需要以企业的利润及注册资本为限对外承担债务，假设 C 企业利润有 100 万元人民币，那么 C 企业最多仅需要对外承担 200 万元债务。

若公私不分，企业资金和法人股东个人资金分不清，就无法核算利润，企业需要对外承担 300 万元债务。

《中华人民共和国公司法》第二十条第一款、第二款、第三款规定：

公司股东应当遵守法律、行政法规和公司章程，依法行使股东权利，不得滥用股东权利损害公司或者其他股东的利益；不得滥用公司法人独立地位和股东有限责任损害公司债权人的利益。公司股东滥用股东权利给公司或者其他股东造成损失的，应当依法承担赔偿责任。公司股东滥用公司法人独立地位和股东有限责任，逃避债务，严重损害公司债权人利益的，应当对公司债务承担连带责任。

4. 账目不透明，引发合伙人信任危机

如果是合伙经营企业，企业收入进入股东私人账户，等于进入了股东的个人"小金库"。公司账目不清晰透明，长此以往合伙人之间容易产生信任危机。合伙人的关注点不在发展业务上，而在公司管理内耗上，这对企业长期经营发展来说是非常不利的。

由于企业账目不透明而散伙的案例比比皆是，严重的甚至引来牢狱之灾。最典型的案例就是真功夫。

2.3.3　真功夫案例

真功夫的前身是潘宇海成立的一家甜品店，经营得不错。后来潘宇海的姐姐潘敏峰和姐夫蔡达标入伙一起投资成立了餐饮公司，股权结构是潘宇海 50%，潘敏峰和蔡达标各占 25%。小店经过运作生意越做越大，发展成了中式餐饮的品牌——真功夫。

事业蒸蒸日上，然而感情却出了问题。妻子潘敏峰提出离婚。潘敏峰为了得到两个孩子的抚养权将自己 25% 的股份作为交换转给了蔡达标。自此，真功夫的股权结构变成蔡达标和潘宇海各占 50% 的局面，两人谁也不服谁，为了争夺公司控制权，开始明里暗里做各种"小动作"。

2007 年，真功夫由于良好的商业模式和业绩，受到资本的青睐，今日资本和中山联动两家私募股权投资基金投资真功夫。真功夫估值高达 50 亿元，两家各投 1.5 亿元，各占 3% 股权，真功夫的股权结构变为蔡达标、潘宇海各占 47%（包含双种子各占 5.26%），今日资本和中山联动各占 3%。本来两人都没有绝对控制权和相对控制权，也算一种谁也不服谁

的平衡局面，然而随着资本的进入打破了这一平衡。由于资本更加偏重公司管理能力较强的蔡达标，在董事会上更支持蔡达标，使得潘宇海非常被动，加上为了上市蔡达标去家族化的一系列举措相当于架空了潘宇海，公司的日常管理事务及财务都不让他插手，两人矛盾进一步激化。

后来蔡达标秘密收购中山联动资本的3%股份，从公司挪用大量资金，而这些操作其他股东均不知情。蔡达标不让潘宇海接触真功夫的管理和财务账务，潘宇海将真功夫告上法庭，要求履行公司股东知情权，并请求法院查封该公司2007年7月—2008年12月的财务报告、财务账册以及会计凭证，法院予以支持。

潘宇海通过这起知情权官司，在审计真功夫公司台账时发现了蔡达标涉嫌侵占、挪用公司巨额资金的罪证等，因此，民事案件变成了刑事案件。2011年4月，蔡达标因涉嫌经济犯罪被捕。2013年12月12日，广州市天河区法院认定蔡达标职务侵占和挪用资金两项罪名成立，判处有期徒刑14年。

蔡达标原本一手好牌，被打得稀烂。原本好好的上市之路被断送，结局令人唏嘘。究其原因，主要是因为蔡达标对婚姻不忠以及股权分配问题导致曾经的亲人反目成仇人。虽然背后的原因是蔡达标的人品问题以及股权设置问题引起，但是将蔡达标进监狱的主要原因是职务侵占罪和挪用资金罪。

关于职务侵占罪，《中华人民共和国刑法》第二百七十一条第一款规定：公司、企业或者其他单位的工作人员，利用职务上的便利，将本单位财物非法占为己有，数额较大的，处三年以下有期徒刑或者拘役，并处罚金；数额巨大的，处三年以上十年以下有期徒刑，并处罚金；数额特别巨大的，处十年以上有期徒刑或者无期徒刑，并处罚金。

关于挪用资金罪，《中华人民共和国刑法》第二百七十二条第一款规定：公司、企业或者其他单位的工作人员，利用职务上的便利，挪用本单位资金归个人使用或者借贷给他人，数额较大、超过三个月未还的，或者虽未超过三个月，但数额较大、进行营利活动的，或者进行非法活动的，处三年以下有期徒刑或者拘役；挪用本单位资金数额巨大的，处三年以上七年以下有期徒刑；数额特别巨大的，处七年以上有期徒刑。

　　由此可见，企业法人或股东公私不分，将原本是企业的资金占为己有，或挪用公司资产长期不归还，公司账目不透明等，轻则补税、罚款，重则面临牢狱之灾！

　　想更深入地了解我国的资金监管政策，读者可参考中国人民银行令〔2016〕第3号和银发〔2022〕105号两份文件及《大额现金管理先行先试方案》。

"多米"来总结

　　1.　企业合规回款的前提是要做到财务合规，财务合规要做好"五流合一"，分别是：合同流、资金流、发票流、物流、信息流。

　　2.　跨境电商企业合规回款的三种方式：①通过亚马逊全球收款或第三方平台回到基本户；②通过本土化企业贸易转回；③通过转口贸易方式。

　　3.　亚马逊回款方式有亚马逊全球收款和第三方收款平台。第三方收款平台：Payoneer、PingPong、WorldFirst、连连支付、PayPal。

　　4.　《金融机构大额交易和可疑交易管理办法》对大额资金交易规定：

　　①当日单笔或者累计交易人民币5万元以上（含5万元）、外币等值1万美元以上（含1万美元）的现金缴存、现金支取、现金结售汇、现钞兑换、现金汇款、现金票据解付及其他形式的现金收支；

　　②非自然人客户银行账户与其他的银行账户发生当日单笔或者累计交易人民币200万元以上（含200万元）、外币等值20万美元以上（含20万美元）的款项划转；

　　③自然人客户银行账户与其他的银行账户发生当日单笔或者累计交易人民币50万元以上（含50万元）、外币等值10万美元以上（含10万美元）的境内款项划转；

　　④自然人客户银行账户与其他的银行账户发生当日单笔或者累计交易人民币20万元以上（含20万元）、外币等值1万美元以上（含1万美元）的跨境款项划转。

　　5.　大额现金管理试点规定：各地对公账户管理金额起点为50万元，

对私账户管理金额起点分别是河北省 10 万元、浙江省 30 万元、深圳市 20 万元。

6. 私账收款风险：①交易频繁，流水过高，存在大额交易监控风险；②隐匿收入，容易引起税务稽查风险；③公私不分，对债务承担连带责任风险；④账目不透明，引发合伙人信任危机。

第3章

跨境电商行业物流及通关

3.1 跨境电商行业物流模式

3.1.1 什么是跨境物流

跨境物流可以理解为跨国境物流，即通过国际物流的形式将一个商品从一个国家运往另一个国家，并通过当地物流将商品配送至终端客户的手上，以此完成跨境贸易的整个交易闭环。

跨境物流在跨境电商运营中是非常重要的一环，跨境物流与国内物流不同，区别主要体现在成本、时效，以及通关方面。跨境物流是跨国境配送，中间涉及出口国和进口国的报关清关以及终端运输等流程，配送周期长、流程多、费用高；国内物流则简单很多，属于境内物流配送，不涉及报关清关等问题，成本低，时效快。

3.1.2 头程物流有哪些选择

头程物流指的是从国内运送货物至 FBA 海外仓或第三方海外仓的这段运输段，FBA 海外仓或第三方海外仓给境外客户配送的运输段则称为二程物流。

头程物流一般有国际空运、国际海运、国际快递和国际小包等几种形式。

1. 国际空运

国际空运就是以机场对机场的方式将货物运送到境外机场，然后境外再进行物流配送将货物送至终端消费者的手上。国际空运具有安全、时效快、成本高等特点，是国际贸易中的主流物流方式之一，主要用于运送比较贵重、紧急的货物。非贵重且紧急的货物通常会选择海运物流方式，主要原因为海运更便宜，海运成本和空运成本的比率约为1:10。

空运一般是按公斤收费，价格组成有：空运（airfreight）费、燃油附加费（fuel sur charge）、安检费、机场操作费、终端费用、航空主单费等。

2. 国际海运

国际海运是指以船舶作为运载工具，将商品从一个国家港口运送至另一个国家港口，然后再通过境外物流将商品配送至终端消费者手上。

海运具有运量大、成本低等特点，但是容易受自然条件和气候的影响，运输途中货物受损的不确定性较大，运输周期也较长。海运的运输时效预计需要 35 ～ 60 天，还不包括因不可抗力造成的延误。因此，国际海运比较适合大批量、运输周期不紧急的货物，用其他物流方式比较贵，用海运能节约成本。由于海运价格优势明显，是国际贸易中物流运输的主要方式，占我国国际贸易物流 2/3 的市场份额。

海运运输包括整箱运输和拼箱运输两种，整箱运输指只有一个发货人，由发货人来负责装箱、计数、积载并加以铅封的货运；拼箱则是指发货人托运的货物不足箱，是小票货，需要通过代理人或承运人分类整理货物，将发往同一目的地的货物集中到一定数量拼装入箱。整箱发货和拼箱发货计费方式也不一样。

整箱海运费 = 基本海运费 + 海运附加费。

基本海运费由船公司制定，单位基本运费 × 整箱数为基本海运费总和；海运附加费主要为燃油附加费、港口拥挤附加费等，单位港口附加费 × 整箱数为海运附加费总和。

拼箱的收费方式分为两种，一种是按体积，一种是按重量，取大值计费。

①按体积计算 = 单位基本运费 × 总体积；

②按重量计算 = 单位基本运费 × 总毛重。

集装箱常见尺寸有以下七种。

① 20 尺标准集装箱。

尺寸参考：内容积为 5.69 米 ×2.13 米 ×2.18 米，配货毛重一般为 17.5 吨，体积为 24 ～ 26 立方米。

② 20 尺开顶集装箱。

尺寸参考：内容积为 5.89 米 ×2.32 米 ×2.31 米，配货毛重 20 吨，体积 31.5 立方米。

③ 40 尺标准集装箱。

尺寸参考：内容积为 11.8 米 ×2.13 米 ×2.18 米，配货毛重一般为 22 吨，体积为 54 立方米。

④ 40 尺高柜。

尺寸参考：内容积为 11.8 米 ×2.13 米 ×2.72 米 .配货毛重一般为 22 吨，体积为 68 立方米。

⑤ 40 尺开顶集装箱。

尺寸参考：内容积为 12.01 米 ×2.33 米 ×2.15 米，配货毛重 30.4 吨，体积 65 立方米。

⑥ 40 尺平底货柜。

尺寸参考：内容积 12.05 米 ×2.12 米 ×1.96 米，配货毛重 36 吨，体积 50 立方米。

⑦ 45 尺高柜。

尺寸参考：内容积为 13.58 米 ×2.34 米 ×2.71 米，配货毛重一般为 29 吨，体积为 86 立方米。

3. 国际快递

国际快递是指通过国家与国家之间的边境口岸和海关对快件进行检验放行的运送方式，商品到达另一国后再安排物流配送至终端客户的手上。国际快递的特点是：时效快，一般 3 ～ 7 天到货；安全性高，物流追踪信息完善、费用也非常高。国际快递包裹重量分实际重量和体积重量两种，按两者之中的大值作为计费依据，适合邮寄体积小，重量轻，比较贵重、紧急的商品。

从事国际快递业务的服务渠道主要有：邮政特快专递（express mail service，EMS）、敦豪航空货运公司（DHL Express，DHL）、美国航空包裹运送服务公司（United Parcel Service，UPS）、联邦快递（FedEx）、荷兰 TNT 快递公司（TNT Post Group N.V.TPG，TNT）等。

4. 国际小包

国际小包也称国际小包裹，指重量在 2 千克以内，长宽高之和小于 90 厘米，且最长边小于 60 厘米的小包裹。国际小包分为普通空邮和挂号两种，普通空邮不提供跟踪查询服务，费用较低；挂号提供跟踪查询服务，费用较高。国际小包的特点是：时效较慢，预计要 15 ～ 30 天，但是对比国际快递，费用要便宜不少，比较适合体积小，重量轻，不太贵重，不紧急的商品，通常做自发货卖家用得比较多。

从事国际小包的服务渠道有：中国邮政小包、新加坡邮政小包等。

亚马逊卖家物流模式分三种：卖家自发货模式（fulfillment by merchants，FBM）、亚马逊自营物流模式（FBA）、第三方海外仓模式，卖家可以根据自身情况自由选择。

3.1.3　卖家自发货模式

FBM 是由卖家自己配送商品，即当买家下订单后，卖家准备好商品通过国际物流的形式直接发送到买家手上。卖家可以掌握整个贸易的过程，也就意味着卖家需要自行负责商品的库存管理、包装、配送、用户咨询、退换货等全流程。商品不经过亚马逊仓库，直接将货物配送至终端客户手上，简称卖家自配送。

FBM 模式的特点如下。

①客户下单后再发货，成本投资灵活，比较适合创业初期；

②无须提前压货海外仓，资金周转压力小且没有商品滞销风险；

③物流费用较高，单件商品邮寄费用折算下来比大批量发货要贵不少；

④物流周期较长，不管是走国际快递还是国际小包裹，物流时间都会比海外仓直接发货要慢，客户体验感较差；

⑤使用 FBM 的产品将不符合 prime 的标准，影响亚马逊黄金购物车（buy box）竞争，从而影响销售；

⑥买家退换货比较麻烦，增加售后服务难度。

3.1.4 亚马逊自营物流模式

亚马逊物流（FBA）全称为 fulfillment by Amazon，是指卖家将商品批量发到亚马逊运营中心之后，货物储存在亚马逊的仓库，当客户在亚马逊下单后，由亚马逊完成订单分拣、包装和配送，并为这些商品提供买家咨询、退货等客户服务。

简而言之，就是亚马逊卖家先将货物发到亚马逊仓库，客户下单后由亚马逊完成后续的配送及售后服务。

FBA 物流模式的特点如下：

①物流配送速度快，客户体验感更佳，从而能够促成更多销售；

②客户退换货便捷，售后服务好，可以减少客户负面反馈，提升店铺绩效；

③大批量发货物流费更便宜，可以降低物流成本，增加利润；

④商品信息将显示有亚马逊 prime 徽标，在亚马逊 buy box 竞争中更容易促成买家下单；

⑤需要提前备货至海外仓，资金投入大，影响资金周转速度；

⑥市场趋势变化快，若选品不对，容易导致货物滞销海外仓。

亚马逊物流（FBA）费用由仓储费、配送费和其他费用组成，每个站点收费标准不同，以美国站为例。

仓储费：仓储费用根据商品存放时间长短分为月度仓储费和长期仓储费。

月度仓储费用：月度仓储费用通常在次月的 7 ～ 15 日之间收取上个月的月度仓储费，淡季和旺季的收费标准不一样，每年的第四季度是亚马逊销售旺季，1 ～ 3 季度则是淡季，尤其是 6、7、8 月是淡季中的淡季；危险品和非危险品的收费标准也不一样。

非危险品——

1 ～ 9 月标准尺寸按每立方英尺 0.83 美元计算，大件按每立方英尺 0.53 美元计算；

10 ～ 12 月标准尺寸按每立方英尺 2.4 美元计算，大件按每立方英尺 1.2 美元计算。

危险品——

1～9月标准尺寸按每立方英尺 0.99 美元计算，大件按每立方英尺 0.78 美元计算；

10～12月标准尺寸按每立方英尺 3.63 美元计算，大件按每立方英尺 2.43 美元计算；

注意：可通过亚马逊销售的危险品是指含有易燃、压缩、腐蚀性或其他任何有害物质，在储存、处理或运输中对人身健康有害的物质或材料。比如带锂电池的商品——移动电源、相机、手机、电池充电器等。

长期仓储费用（long-term storage fee，LTSF）：在亚马逊仓库储存时间 271～365 天的商品和储存超过 365 天的商品，将收取长期仓储费用。每月 15 日亚马逊会进行库存清点，所有存放时间在 271～365 天和超过 365 天的商品，按照体积或按件收取。271～365 天商品：按每立方英尺 1.5 美元收取长期仓储费；超过 365 天商品：按每立方英尺 6.9 美元或每件商品 0.15 美元的标准（取较大值）收取长期仓储费。另外，有库存限制且超量存储的，超量部分将收取仓储超量费。仓储超量费是指如果货物超出了仓储限制，那么超出部分除去月度仓储费和长期仓储费之外还需要支付库存仓储超量费，超量费根据超出仓储限制天数计算，每个站点收费标准不同，例如美国站按照每立方英尺 10 美元收取。

配送费：亚马逊物流配送费是按件收取的，具体收取标准取决于商品的尺寸和重量。危险品和非危险品的配送标准不一样，非危险品中服饰与配饰类和其他品类的配送费也不一样，具体配送标准如下。

①非危险品配送。

"服饰与配饰"分类中的商品配送费包括小号标准尺寸和大号标准尺寸两种。

小号标准尺寸——

发货重量不超 6 盎司，配送费为 3.43 美元；

发货重量 6～12 盎司，配送费为 3.6 美元；

发货重量 12～16 盎司，配送费为 4.15 美元。

大号标准尺寸——

发货重量不超过 6 盎司，配送费为 4.43 美元；

发货重量 6 ～ 12 盎司，配送费为 4.62 美元；

发货重量 12 ～ 16 盎司，配送费为 5.32 美元；

发货重量 1 ～ 2 磅，配送费为 6.1 美元；

发货重量 2 ～ 3 磅，配送费为 6.83 美元；

发货重量 3 ～ 20 磅，配送费为 7.01+0.32 美元 / 磅（超出首重 3 磅的部分）。

非"服饰与配饰"分类中的商品配送费包括大号标准尺寸和大件商品两种。

发货重量不超 6 盎司，配送费为 3.07 美元；

发货重量 6 ～ 12 盎司，配送费为 3.22 美元；

发货重量 12 ～ 16 盎司，配送费为 3.77 美元；

大号标准尺寸——

发货重量不超过 6 盎司，配送费为 3.72 美元；

发货重量 6 ～ 12 盎司，配送费为 3.96 美元；

发货重量 12 ～ 16 盎司，配送费为 4.75 美元；

发货重量 1 ～ 2 磅，配送费为 5.4 美元；

发货重量 2 ～ 3 磅，配送费为 6.08 美元；

发货重量 3 ～ 20 磅，配送费为 6.44+0.32 美元 / 磅（超出首重 3 磅的部分）。

大件商品尺寸——

小号大件的商品，不超过 70 磅，配送费为 9.39+0.4 美元 / 磅（超出首磅的部分）；

中号大件的商品，不超过 150 磅，配送费为 13.37+0.46 美元 / 磅（超出首磅的部分）；

大号大件的商品，不超过 150 磅，配送费为 86.71+0.83 美元 / 磅（超出首重 90 磅的部分）；

特殊大件商品，超过 150 磅，配送费为 158.49+0.83 美元 / 磅（超出首重 90 磅的部分）。

②危险品配送。

小号标准尺寸：

发货重量不超过 6 盎司，配送费为 4.04 美元；

发货重量 6 ～ 12 盎司，配送费为 4.28 美元；

发货重量 12 ～ 16 盎司，配送费为 4.37 美元。

大号标准尺寸：

发货重量不超过 6 盎司，配送费为 4.5 美元；

发货重量 6 ～ 12 盎司，配送费为 4.75 美元；

发货重量 12 ～ 16 盎司，配送费为 5.34 美元；

发货重量 1 ～ 2 磅，配送费为 6 美元；

发货重量 2 ～ 3 磅，配送费为 6.54 美元；

发货重量 3 ～ 20 磅，配送费为 6.9+0.32 美元 / 磅（超出首重 3 磅的部分）。

小号大件的商品，发货重量不超过 70 磅，配送费为 10.14+0.4 美元 / 磅（超出首磅的部分）；

中号大件的商品，发货重量不超过 150 磅，配送费为 14.24+0.46 美元 / 磅（超出首磅的部分）；

大号大件的商品，发货重量不超过 150 磅，配送费为 98.64+0.83 美元 / 磅（超出首重 90 磅的部分）；

特殊大件的商品，发货重量超过 150 磅，配送费为 179.28+0.83 美元 / 磅（超出首重 90 磅的部分）。

其他费用：其他费用为计划外费用，按具体情况收费。例如订单移除费 / 弃置费、退货处理费、其他计划外服务费等；

订单移除费：订单移除费是指将货物从亚马逊仓库移除出去给亚马逊支付的服务费，一般从处理移除订单到货件离开运营中心可能需要 90 天或更长时间，移除费按已移除的商品件数收取，收费标准如下。

标准尺寸：

发货重量 0 ～ 0.5 磅，移除费用 0.52 美元；

发货重量 0.5 ～ 1 磅，移除费用 0.75 美元；

发货重量 1 ～ 2 磅，移除费用 1.14 美元；

发货重量超过 2 磅，移除费用 1.51+0.63 美元 / 磅（超出 2 磅的部分）。

大件商品和需要进行特殊处理的商品如下。

发货重量 0 ～ 1 磅，移除费用 1.5 美元；

发货重量 1 ～ 2 磅，移除费用 1.96 美元；

发货重量 2 ～ 4 磅，移除费用 2.89 美元；

发货重量 4 ～ 10 磅，移除费用 5.05 美元；

发货重量超过 10 磅，移除费用 7.25+0.63 美元 / 磅（超出 10 磅的部分）。

具体明细可查看移除订单详情报告。

下载路径：数据报告（reports）——库存和销售报告（fulfillment）——销售（sales）——所有订单（all orders）。

订单弃置费。订单弃置费是指将货物从亚马逊仓库弃置出去给亚马逊支付的服务费，弃置成功后按商品件数收取弃置费。亚马逊弃置费用和移除费用收费标准是一样的。

标准尺寸：

发货重量 0 ～ 0.5 磅，弃置费用 0.52 美元；

发货重量 0.5 ～ 1 磅，弃置费用 0.75 美元；

发货重量 1 ～ 2 磅，弃置费用 1.14 美元；

发货重量超过 2 磅，弃置费用 1.51+0.63 美元 / 磅（超出 2 磅的部分）。

大件商品和需要进行特殊处理的商品：

发货重量 0 ～ 1 磅，弃置费用 1.5 美元；

发货重量 1 ～ 2 磅，弃置费用 1.96 美元；

发货重量 2 ～ 4 磅，弃置费用 2.89 美元；

发货重量 4 ～ 10 磅，弃置费用 5.05 美元；

发货重量超过 10 磅，弃置费用 7.25+0.63 美元 / 磅（超出 10 磅的部分）。

具体明细查看移除订单详情报告。

退货处理费：指买家退货回亚马逊，亚马逊收到货物后需要向卖家收取退货处理费，但不是所有商品都收退货处理费的，有的品类商品收，有的不收。以美国站为例，服装和鞋靴分类中退货的商品，亚马逊会按件收取退货处理费；钟表、珠宝首饰、箱包、手提包和太阳镜类退货的商品则不收取退货处理费。

收费标准如下：

小号标准尺寸——

发货重量不超过 6 盎司，配送费为 2.12 美元；

发货重量 6 ～ 12 盎司，配送费为 2.23 美元；

发货重量 12 ～ 16 盎司，配送费为 2.32 美元。

大号标准尺寸——

发货重量不超过 6 盎司，配送费为 2.4 美元；

发货重量 6 ～ 12 盎司，配送费为 2.76 美元；

发货重量 12 ～ 16 盎司，配送费为 2.85 美元；

发货重量 1 ～ 2 磅，配送费为 2.96 美元；

发货重量 2 ～ 3 磅，配送费为 3.41 美元；

发货重量 3 ～ 20 磅，配送费为 3.41+0.2 美元 / 磅（超出首重 3 磅的部分）；

小号大件的商品，发货重量不超过 70 磅，配送费为 4.19+0.2 美元 / 磅（超出首磅的部分）；

中号大件的商品，发货重量不超过 150 磅，配送费为 10.57+0.25 美元 / 磅（超出首磅的部分）；

大号大件的商品，发货重量不超过 150 磅，配送费为 43.7+0.25 美元 / 磅（超出首重 90 磅的部分）；

特殊大件的商品，发货重量超过 150 磅，配送费为 75.08+0.25 美元 / 磅（超出首重 90 磅的部分）。

以下是不能使用 FBA 物流模式进行配送的情况。

①商品品类限制，FBA 不予配送；

②商品体积 / 重量过大，超出 FBA 的最大尺寸 / 重量限制；

③配送范围限制，所开站点还没有建立亚马逊运营中心，没有开通 FBA；

④其他亚马逊平台限制。

具体 FBA 仓储配送政策以亚马逊官网网站发布为准。

3.1.5　第三方海外仓模式

第三方海外仓是指建立在境外的一个仓库，由具备海外仓建立资质的企业注册成立并进行管理。第三方海外仓可以给跨境电商卖家提供货物在境外的仓储、分拣、包装、派送等服务，模式和 FBA 仓差不多，都是提前备货至海外仓，实现销售后，海外仓直接进行配送。亚马逊 FBA 物流模式和第三方海外仓物流模式各有特色。

第三方海外仓与亚马逊 FBA 相较有以下特点。

①服务和亚马逊 FBA 物流模式差不多，综合费用更低，可以降低仓储物流成本，提升利润；

②海外仓对接入平台没有限制，所有平台的订单都可以从第三方海外仓发货，很方便；

③可以作为海外中转仓库，便于从事中转贸易或及时给 FBA 仓补充货物，可以减少亚马逊缺货风险；

④亚马逊 FBA 仓对产品的重量、体积和品类有一定的限制，而第三方海外仓限制较少，也适用于重量、体积较大的商品；

⑤亚马逊 FBA 物流服务可以加持平台的流量，促进销售，第三方海外仓模式则没有这种功能；

⑥第三方海外仓可以为卖家提供清关服务，亚马逊 FBA 仓则没有这个服务；

⑦需要提前备货至海外仓，增加资金压力和商品滞销风险。

亚马逊 FBA 仓和第三方海外仓模式可以选择其中之一做仓储物流服务，也可以结合使用，两者相辅相成，就是成本会比较高，一般体量较大的卖家会这样操作。

3.2　货物出口通关流程及通关模式

跨境货物出口绕不开两个环节，那就是出口国出口报关和进口国进口清关，如图 3-1 所示。

那出口国报关和进口国清关跨境电商企业要做些什么呢？我们一起来

了解一下。

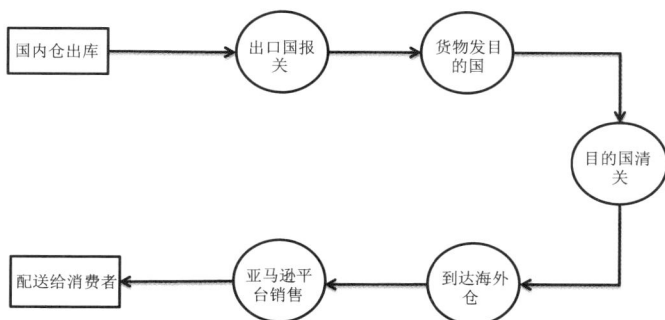

图 3-1　跨境货物通关流程图

3.2.1　出口国报关

进出口报关是指进出口货物收发货人或其代理人，按照海关规定对其进出境货物向海关办理相关通关手续，并获得相应海关报关单的过程。

在海关办理货物出境报关手续是我国对外贸易货物进出境的基本规则，也是货物收发货人及其代理人应尽的义务。报关对我国对外贸易活动具有非常重要的意义，它既是海关监管、征税、统计以及开展稽查和调查的重要依据，也是加工贸易进出口货物核销、出口退税和外汇管理的重要凭证。

通关的基本流程为申报、查验、征税和放行。

申报：出口货物的发货人根据出口合同的规定，将货物准备好之后，向海关办理报关手续，或者委托专业的报关公司代办理报关手续。

报关需准备以下资料。

1. 出口货物报关单

报关单是进出口企业向海关申报进出口货物内容的重要证据，也是企业办理出口退税的重要凭据，报关人员将其作为报关数据的来源录入依据。申报数据的完整、合理、准确，单据与单据之间数据一致，这些是海关审单的重点，也是放行的依据。数据由企业提供给货物代理人，所以企业要承担由此错误带来的未通关的全部后果并承担责任。

2. 装货单或托运单

在装货单或托运单中要准确落实以下信息：货物的件、重、尺，报关方式、报关分合票情况以及报关派车的方式；此外，还应明确注明箱型、箱量，运输条款、起运港、卸货港、准确的装运日期以及由哪个货物代理人负责安排装运。如装运货物涉及多家工厂也要写明工厂地址、联系人、联系方式等信息。如果为冷藏或冷冻货物要写明温度要求。对于拼箱货物为保证承运人与委托人的利益，委托人可以提出拍照的要求，需要拍照的一是运输委托，二是运输合同的组成部分。

3. 商业发票

商业发票是出口方向进口方开列发货价目清单，是买卖双方记账的依据，也是进出口报关交税的总说明。商业发票是一笔业务的全面反映，内容包括商品的名称、规格、价格、数量、金额、包装等，同时也是进口商办理进口报关不可缺少的文件，因此商业发票是全套出口单据的核心，在单据制作过程中，其余单据均需参照商业发票缮制。

4. 出口收汇核销单

出口收汇核销单是由外汇局制发、出口单位凭以向海关出口报关、向外汇指定银行办理出口收汇、向外汇局办理出口收汇核销、向税务机关办理出口退税申报的有统一编号及使用期限的凭证。

5. 代理报关委托协议（代理报关需要）

托运人委托承运人或其代理人办理报关等通关事宜，明确双方责任和义务的书面证明。

6. 出口贸易合同

境内企业和境外企业签订的合同，合同内的货物品名、规格、数量、金额等应与申报单一致，要注意写明币种。

7. 其他证明材料

检验检疫证书、原产地证书等。

查验：查验是指海关在接受报关单位的申报并已经审核后，通过对出口货物进行实际核查，以确定其报关出口的货物与报关申报的货物内容一致并符合监管方式。海关查验货物时，申报人应协助海关查验，如实回答查验人员的询问及提供必要的资料。

征税：根据《中华人民共和国海关法》有关规定，进出口的货物除国家另有规定外，均应征收关税。关税由海关依照海关进出口税则征收。

我国对出口的大部分商品都是免征关税的，但也有些不免。现行税法则对108项商品计征出口关税，主要是鳗鱼苗、部分有色金属矿砂及其精矿、生锑、磷、氟钽酸钾、苯、山羊板皮、部分铁合金、钢铁废碎料、铜和铝原料及其制品、镍锭、锌锭、锑锭。

放行：对于一般出口货物，在发货人或其代理人如实向海关申报，并如数缴纳应缴纳款和有关税费后，海关在出口装货单上盖"海关放行章"，出口货物的发货人即可安排装船起运出境。

3.2.2　进口国清关

货物到达进口国后，进口国海关需要先进行清关，才能安排境外物流配送商品。

1. 美国

美国清关必须要提前购买 Bond 和办理 POA，才能清关。

Bond（custom bond）是美国联邦海事委员会推行的海关保证金，是美国海关和政府强制规定美国进口商必须要购买的，用于当进口商因贸易纠纷等原因不领取货物且不支付货物费用时，美国海关可以在 Bond 里扣钱。

Bond 分为年 Bond 和单次 Bond，年 Bonn（annual bond）进口商只需要购买一次即可在一年内使用，适用于经常进口货物的进口商，每次按照申报货值的千分之五扣除；单次 Bond（single transaction bond）是每报一票买一次的一次性 Bond，每次按照申报货值的千分之八扣除。

根据美国海关 CBP（U.S.customs and border protection，海关边境保护局）相关法规，Bond 使用者需同意下列条款：

①同意及时支付关税、税款和相关费用；

②同意提供单据和证明；

③同意重运输商品；

④同意纠正任何不符合通关条款规定之处；

⑤同意检查商品。

没有买 Bond 等于在美国海关没有备案，即使有发送进口安全申报（ISF）也是无法在美国清关进口，货物抵港会被海关拒收甚至罚款，所以在发货前要确认清楚是否有 Bond。

美国海关的客户授权委托书（power of attorney，POA），指境外卖家将 POA 授权委托亚马逊指定的清关行代理清关行为，和国内的报关报检授权委托书一个意思。卖家可以通过清关行代理办理 POA 和购买 Bond。

清关有两种方式，一种是以美国人收货（consignee）的名义清关，一种是以境内发货人（shipper）的名义清关。

以美国人收货人（consignee）名义清关，需要由美国收货人提供 POA 和 Bond 给清关代理人。以境内发货人（shipper）的名义清关，需要境内发货人提供 POA 给货物代理人，货物代理人再转给美国清关代理人，同时需要境内发货人购买一个 Bond 提供给清关代理人，还需要在美国办理进口商海关登记号（importer of record number）。

不管以美国收货人（consignee）名义清关还是境内发货人名义（shipper）清关，都需要提供美国收货人的税号 Tax ID（IRS number），Tax ID（IRS number）是美国个人或机构在美国国税局的税号，类似于国内的企业纳税识别号。

出口美国商品清关时 Bond 和 Tax ID 缺一不可，否则无法清关。境内收货人发货之前一定要确认清楚，以避免不必要的损失。

2. 欧盟和英国

出口货物至欧盟和英国的货物清关必须要有 VAT 号和 EORI 号。

VAT 号（value added tax）是欧洲国家使用的增值税，跨境出口货物清关需要向欧洲和英国的海关缴纳进口增值税，VAT 号就是缴纳时的纳税识别号，类似于国内的企业纳税识别号。进口缴纳了进口增值税，货物销售出去后可以根据税号的进口清关信息申请进口增值税抵扣或退税。

EORI 号（econominc operatiors registration and identi-fication）是 在 欧盟和英国境内进行贸易活动的商户必备登记号，进口清关时使用，欧盟的商户在欧盟任一国家海关申请均可，全欧盟清关都是通用的；英国脱欧后 VAT 号和 EORI 号都要单独申请，仅英国可用。

货物进入境外目的国并清关后，即配送至亚马逊运营中心或第三方海外仓，亚马逊运营中心或第三方海外仓进行入库操作，当亚马逊平台产生销售后，亚马逊仓库或第三方海外仓直接配送至终端消费者手上。

跨境电子商务企业出口报关，可以自行向海关申报，也可以委托报关企业向海关申报。企业货物出口前应先做好海关进出口收发货人备案、对外贸易经营者备案以及电子口岸和外汇备案等相关登记，需要检验检疫的还需要做好相应报检资质备案。

报关货物需确认是否属于许可证管理目录范围，如果属于还需要办理出口许可证。2022 年实行许可证管理的出口货物有 43 种，具体货物目录可查看出口许可证管理货物目录（2022 年）。企业可向商务部或者商务部委托的地方商务主管部门申请取得中华人民共和国出口许可证，凭出口许可证向海关办理通关验放手续。

目前跨境电商出口通关模式主流的有四种，对应四种海关监管代码，监管方式是以国际贸易中进出口货物的交易方式为基础，结合海关对进出口货物的征税、统计及监管条件综合设定的海关对进出口货物的管理方式。海关监管代码由四位数字构成，前两位是按照海关监管要求和计算机管理划分的分类代码，后两位是参照国际标准编制的贸易方式代码。监管代码按照海关规定的监管方式代码表来填报，一份报关单只能填报一种监管方法。

跨境电商出口通关常用模式分别是一般贸易（海关代码 0110）、跨境贸易电子商务（海关代码 9610）、跨境电子商务企业对企业直接出口（海关代码 9710）和跨境电子商务出口海外仓（海关代码 9810）。

中华人民共和国海关出口货物报关单如图 3-2 所示。

中华人民共和国海关出口货物报关单

预录入编号：		海关编号：	

出口口岸		备案号		出口日期	申报日期
经营单位		运输方式	运输工具名称	提运单号	
发货单位		贸易方式	征免性质	结汇方式	
许可证号	运抵国（地区）	指运港	境内货源地		
批准文号	成交方式	运费	保费	杂费	
合同协议号	件数	包装种类	毛重（公斤）	净重（公斤）	
集装箱号	随附单据	生产厂家			
标记唛码及备注					

项号	商品编号	商品名称、规格型号	数量及单位	最终目的国（地区）	单价	总价	币制	征免

税费征收情况

录入员	录入单位	兹声明以上申报无讹并承担法律责任	海关审单批注及放行日期(签章)	
报关员			审单	审价
单位地址		申报单位（签章）	征税	统计
邮编	电话	填制日期	查验	放行

图 3-2 中华人民共和国海关出口货物报关单

3.2.3 0110 通关模式

0110 海关监管代码的意思是一般贸易，一般贸易的定义是：单边输入关境或单边输出关境的进出口贸易方式，其交易的货物是企业单边售定的正常贸易的进出口货物。一般贸易进出口货物是海关监管货物的一种。《中

华人民共和国海关法》规定，货物或运输工具进出境时，其收发货人或其
代理人必须向进出境口岸海关请求申报，交验规定的证件和单据，接受海
关人员对其所报货物和运输工具的查验，依法缴纳海关关税和其他由海关
代征的税款，然后才能由海关批准货物和运输工具的放行。

简而言之，0110 通关模式是境内企业与境外企业进行贸易往来，将货
物以 0110 模式通关的一种传统贸易申报方式，比如境内外贸型企业或工厂
将货物销售至境外的企业，我们称之为一般贸易。0110 通关模式是传统外
贸 B2B 出口的主流通关方式，流程成熟，通关审核资料也较多，随附单证
需要：报关委托书、合同、发票、提单、装箱单等，没有快捷通道。

3.2.4　9610 通关模式

9610 海关监管代码对应的是跨境电商零售出口，是海关总署 2014 年
第 12 号文件公布的新增海关代码，全称"跨境贸易电子商务"，简称电子
商务，是跨境电商零售出口，也称为跨境电商企业对个人（B2C）出口。
从事跨境电子商务零售进出口业务的企业应向海关实时传输真实的业务相
关电子数据和电子信息，并开放物流实时跟踪等信息共享接口，加强对海
关风险防控方面的信息和数据支持，配合海关进行有效管理。

9610 模式业务流程：境外个人客户在跨境电商平台购买商品，跨境电
商企业或电商平台将电子订单、支付凭证、电子运单等信息传输给海关，
然后跨境电商企业或其代理人向海关提交申报清单，采取"清单核放、汇
总申报"方式办理报关手续；跨境电子商务综合试验区内符合条件的跨境
电子商务企业零售商品出口，可以采取"清单核放、汇总统计"方式办理
报关手续。

跨境电子商务零售商品出口后，跨境电子商务企业或其代理人应当于
每月 15 日前，将上月结关的申报清单依据清单表头同一收发货人、同一运
输方式、同一生产销售单位、同一运抵国、同一出境关别，以及清单表体
同一最终目的国、同一 10 位海关商品编码、同一币制的规则进行归并，汇
总形成中华人民共和国海关出口货物报关单向海关申报。

允许以"清单核放、汇总统计"方式办理报关手续的，不再汇总形成

中华人民共和国海关出口货物报关单，且单票价值不超过 5,000 元人民币，不涉及税、不涉证、不涉检的出口商品也适用于"清单申报、汇总统计"模式。

9610 模式比较适合做自发货的跨境卖家，对于国内自发货的卖家来说采用快递、小包裹方式出口，如果按 0110 模式一件一件报关、退税，将需要大量人力物力去完成，不现实且低效，因此，国家出台了 9610 通关模式的政策，正好解决了自发货卖家货物通关和退税等难题。企业只需要选择 9610 通关模式，并将三单信息（商品信息、物流信息、支付信息）上传到单一窗口，海关审核查验后即可通关，无须企业一件一件申报，不仅效率高，而且还为企业降低了通关成本。

需要注意的是，9610 申报模式，走专线快递报关出口可以申请退税，但是邮政小包一般不能退税。

《关于增列海关监管方式代码的公告》（中华人民共和国海关总署公告 2014 年第 12 号）全文内容如下：

为促进跨境贸易电子商务零售进出口业务发展，方便企业通关，规范海关管理，实现贸易统计，决定增列海关监管方式代码，现将有关事项公告如下：

一、增列海关监管方式代码"9610"，全称"跨境贸易电子商务"，简称"电子商务"，适用于境内个人或电子商务企业通过电子商务交易平台实现交易，并采用"清单核放、汇总申报"模式办理通关手续的电子商务零售进出口商品（通过海关特殊监管区域或保税监管场所一线的电子商务零售进出口商品除外）。

二、以"9610"海关监管方式开展电子商务零售进出口业务的电子商务企业、监管场所经营企业、支付企业和物流企业应当按照规定向海关备案，并通过电子商务通关服务平台实时向电子商务通关管理平台传送交易、支付、仓储和物流等数据。

上述规定自 2014 年 2 月 10 日起实施。

特此公告

中华人民共和国海关总署

2014 年 1 月 24 日

3.2.5　9710 通关模式

9710 全称"跨境电子商务企业对企业直接出口"，简称"跨境电商 B2B 直接出口"，境内企业通过跨境电商平台与境外企业达成交易后，通过跨境物流将货物直接出口至境外企业，并向海关传输相关电子数据。

9710 模式比较适合做海外仓（包含 FBA 海外仓、第三方海外仓和自建海外仓）模式的卖家，其业务模式和退税流程有点类似 0110 模式，都是跨境 B2B 交易，不同之处是 9710 可简化申报，境内企业在海关通过出口统一版申报，单票金额 5,000 元人民币以内，且不涉税、不涉检、不涉证的商品可以按 6 位海关编码（HS 编码）简化申报，并且可以安排优先查验，让企业出口申报更加高效、便捷。

要走 9710 模式，企业需要在所在地海关办理备案，并在跨境电商企业类型中勾选相应企业类别，后续通过国际贸易"单一窗口"或"互联网 + 海关"向海关提交申报数据、传输电子信息、并对数据真实性承担相应法律责任。

3.2.6　9810 通关模式

9810 模式全称"跨境电子商务企业对企业出口海外仓"，简称"跨境电商 B2B 出口海外仓"，是指境内跨境电商企业先将货物通过跨境物流出口至海外仓，跨境电商平台实现销售后由海外仓直接配送至消费者。

开展 9810 出口海外仓业务的跨境电商企业，企业信用等级应为一般信用及以上的企业，并在企业注册地海关填写"跨境电商海外仓出口企业备案登记表"及"跨境电商海外仓信息登记表"，提供海外仓所有权文件（自有海外仓）、海外仓租赁协议（租赁海外仓）、其他可证明海外仓使用的相关资料（如海外仓入库信息截图、海外仓货物境外线上销售相关信息）及其他海关认为需要的材料等。

9810 模式比较适合走海外仓模式（FBA 海外仓、第三方海外仓和自建海外仓）的卖家。9810 模式的特点是国内可略去转口贸易步骤，直接将货物出口至海外仓（包括 FBA 海外仓、第三方海外仓和自建海外仓），并且，企业满足退税条件可以申请退税。但值得注意的是，关于跨境销售收入的确认，国内将货物发到海外仓仅仅是仓库货物的转移，并不是交易实际发生，只有当境外消费者在跨境电商平台下单，海外仓配送货物，才算实际产生销售。退税流程可参考 0110 一般贸易模式退税流程。

《关于开展跨境电子商务企业对企业出口监管试点的公告》（中华人民共和国海关总署公告 2020 年第 75 号）全文内容如下：

为贯彻落实党中央国务院关于加快跨境电子商务（以下简称"跨境电商"）新业态发展的部署要求，充分发挥跨境电商稳外贸保就业等积极作用，进一步促进跨境电商健康快速发展，现就跨境电商企业对企业出口（以下简称"跨境电商 B2B 出口"）试点有关监管事宜公告如下：

一、适用范围

（一）境内企业通过跨境电商平台与境外企业达成交易后，通过跨境物流将货物直接出口送达境外企业（以下简称"跨境电商 B2B 直接出口"）；或境内企业将出口货物通过跨境物流送达海外仓，通过跨境电商平台实现交易后从海外仓送达购买者（以下简称"跨境电商出口海外仓"）；并根据海关要求传输相关电子数据的，按照本公告接受海关监管。

二、增列海关监管方式代码

（二）增列海关监管方式代码"9710"，全称"跨境电子商务企业对企业直接出口"，简称"跨境电商 B2B 直接出口"，适用于跨境电商 B2B 直接出口的货物。

（三）增列海关监管方式代码"9810"，全称"跨境电子商务出口海外仓"，简称"跨境电商出口海外仓"，适用于跨境电商出口海外仓的货物。

三、企业管理

（四）跨境电商企业、跨境电商平台企业、物流企业等参与跨境电商 B2B 出口业务的境内企业，应当依据海关报关单位注册登记管理有关规定，向所在地海关办理注册登记。

开展出口海外仓业务的跨境电商企业，还应当在海关开展出口海外仓业务模式备案。

四、通关管理

（五）跨境电商企业或其委托的代理报关企业、境内跨境电商平台企业、物流企业应当通过国际贸易"单一窗口"或"互联网＋海关"向海关提交申报数据、传输电子信息，并对数据真实性承担相应法律责任。

（六）跨境电商B2B出口货物应当符合检验检疫相关规定。

（七）海关实施查验时，跨境电商企业或其代理人、监管作业场所经营人应当按照有关规定配合海关查验。海关按规定实施查验，对跨境电商B2B出口货物可优先安排查验。

（八）跨境电商B2B出口货物适用全国通关一体化，也可采用"跨境电商"模式进行转关。

五、其他事项

（九）本公告有关用语的含义：

"跨境电商B2B出口"是指境内企业通过跨境物流将货物运送至境外企业或海外仓，并通过跨境电商平台完成交易的贸易形式。

"跨境电商平台"是指为交易双方提供网页空间、虚拟经营场所、交易规则、信息发布等服务，设立供交易双方独立开展交易活动的信息网络系统。包括自营平台和第三方平台，境内平台和境外平台。

（十）在北京海关、天津海关、南京海关、杭州海关、宁波海关、厦门海关、郑州海关、广州海关、深圳海关、黄埔海关开展跨境电商B2B出口监管试点。根据试点情况及时在全国海关复制推广。

（十一）本公告自2020年7月1日起施行，未尽事宜按海关有关规定办理。

特此公告。

中华人民共和国海关总署
2020年6月12日

在对外贸易活动中，不得有下列行为：

①伪造、变造进出口货物原产地标记，伪造、变造或者买卖进出口货物原产地证书、进出口许可证、进出口配额证明或者其他进出口证明文件；

②骗取出口退税；

③走私；

④逃避法律、行政法规规定的认证、检验、检疫；

⑤违反法律、行政法规规定的其他行为。

3.2.7　1039 通关模式

"1039"是一个海关出口代码，全称叫市场采购贸易方式。是指在经认定的市场集聚区采购商品，由符合条件的经营者办理出口通关手续的贸易方式，市场采购贸易方式单票报关单的货值最高限额为 15 万美元，折合人民币 100 万元左右。

该模式可以理解为不具备进出口资质的卖家委托符合条件的经营者采购商品，并以 1039 模式报关出口的行为，个人也可以委托符合条件经营者采购商品出口销售，没有增值税，不要求有进项发票，当然也就不能退税，只需要缴纳个人经营所得税。并且通关便利、支持人民币结汇。适合无法取得进项采购发票、无出口报关资质、结汇困难的卖家。

1039 和一般贸易的区别是，一般贸易按普通外贸流程来进行，而 1039 市场采购贸易方式是指在经认定的市场集聚区采购商品，由符合条件的经营者办理出口通关手续的贸易方式。市场采购贸易方式单票报关单的货值最高限额为 15 万美元。市场采购贸易出口商品应当在采购地海关申报，对于转关运输的市场采购贸易出口商品，由出境地海关负责转关运输的途中监管。

想要从事 1039 市场采购贸易，须在市场集聚区所在市（区）商务主管部门办理市场采购贸易经营者备案登记，并按照海关相关规定在海关办理进出口货物收发货人备案。对外贸易经营者需要对其申报商品的真实性、合法性承担责任。

并不是所有的商品都可以走 1039 模式，如果是国家禁止或限制出口的商品、未经市场采购商品认定体系却认定的商品是不能走 1039 出口模式的，比如：

① 禁止出口货物目录

② 出口许可证管理货物目录

③ 两用物项和技术出口许可证管理目录

④ 进出口野生动植物种商品目录

⑤ 精神药品品种目录

⑥ 麻醉药品品种目录

⑦ 进出口农药管理目录

⑧ 兴奋剂目录

⑨ 黄金及其制品进出口管理商品目录

⑩ 中国严格限制进出口的有毒化学品目录

⑪ 新型冠状病毒检测试剂、医用口罩、医用防护服、呼吸机、红外体温计和非医用口罩（暂停）

具体政策大家可以去看看海关总署公告 2019 年第 221 号。

为促进市场采购贸易的健康稳定发展，规范对市场采购贸易的管理，根据《中华人民共和国海关法》《中华人民共和国进出口商品检验法》《中华人民共和国进出境动植物检疫法》《中华人民共和国食品安全法》以及其他有关法律、行政法规，现就市场采购贸易方式出口商品海关监管有关事宜公告如下：

一、市场采购贸易方式，是指在经认定的市场集聚区采购商品，由符合条件的经营者办理出口通关手续的贸易方式。

市场采购贸易方式单票报关单的货值最高限额为 15 万美元。

以下出口商品不适用市场采购贸易方式：

（一）国家禁止或限制出口的商品；

（二）未经市场采购商品认定体系确认的商品；

（三）贸易管制主管部门确定的其他不适用市场采购贸易方式的商品。

二、从事市场采购贸易的对外贸易经营者，应当向市场集聚区所在地商务主管部门办理市场采购贸易经营者备案登记，并按照海关相关规定在海关办理进出口货物收发货人备案。

三、对外贸易经营者对其代理出口商品的真实性、合法性承担责任。经市场采购商品认定体系确认的商品信息应当通过市场综合管理系统与海关实现数据联网共享。对市场综合管理系统确认的商品，海关按照市场采购贸易方式实施监管。

四、每票报关单所对应的商品清单所列品种在 5 种以上的可以按以下方式实行简化申报：

（一）货值最大的前 5 种商品，按货值从高到低在出口报关单上逐项申报；

（二）其余商品以《中华人民共和国进出口税则》中"章"为单位进行归并，每"章"按价值最大商品的税号作为归并后的税号，货值、数量等也相应归并。

有下列情形之一的商品不适用简化申报：

1. 需征收出口关税的；

2. 实施检验检疫的；

3. 海关另有规定不适用简化申报的。

五、市场采购贸易出口商品应当在采购地海关申报，对于转关运输的市场采购贸易出口商品，由出境地海关负责转关运输的途中监管。

六、需在采购地实施检验检疫的市场采购贸易出口商品，其对外贸易经营者应建立合格供方、商品质量检查验收、商品溯源等管理制度，提供经营场所、仓储场所等相关信息，并在出口申报前向采购地海关提出检验检疫申请。

七、对外贸易经营者应履行产品质量主体责任，对出口市场在生产、加工、存放过程等方面有监管或官方证书要求的农产品、食品、化妆品，应符合相关法律法规规定或双边协议要求。

八、本公告中的采购地海关是指市场集聚区所在地的主管海关。

本公告中的市场集聚区是指经国家商务主管等部门认定的各类从事专业经营的商品城、专业市场和专业街。

九、市场采购海关监管方式代码为"1039"，全（简）称"市场采购"。

十、市场采购出口商品实施海关统计。

本公告事宜自发布之日起执行，海关总署2014年第54号公告、国家市场监督管理总局2012年第31号公告同时废止。

特此公告。

中华人民共和国海关总署

2019年12月27日

3.3　出口退税申报

3.3.1　出口退税申请条件

企业要申请出口退税，需满足以下条件：

①一般纳税人；

②办理对外贸易经营权和海关进出口货物收发货人备案；

③办理外汇备案；

④办理出口退（免）税备案；

⑤取得增值税进项发票；

⑥货物已报关离境；

⑦已完成收汇；

⑧财务上已做销售处理；

⑨是真实的货物销售。

出口企业或其他单位应于首次申报出口退（免）税时，向主管退税的税务机关报送出口退（免）税备案表电子数据，办理出口退（免）税备案手续。出口退（免）税备案手续网上办理流程如下：在电子税务局“我要办税”——“出口退税管理”——“出口退（免）税企业资格信息报告”——“出口退（免）税备案”模块生成备案申报数据。录入备案数据时，退税税务机关应选择负责出口退税的税务机关。

3.3.2 出口退税申请资料

出口退税申报资料包括：外贸企业出口退税出口明细申报表、外贸企业出口退税进货明细申报表、跨境应税行为免退税申报明细表、出口货物收汇情况表、购货合同、形式发票、出口货物运输单据、出口报关资料等。

外贸企业出口退税出口明细申报表格式如图 3-3 所示。

外贸企业出口退税出口明细申报表

纳税人名称：　　　　申报年月：　　年　　月　　　　申报批次：

统一社会信用代码/纳税人识别号：

申报退税额：

其中：增值税　　　　消费税

金额单位：元至角分

序号	关联号	出口发票号	出口货物报关单号	代理出口货物证明号	出口日期	出口商品代码	出口商品名称	计量单位	出口数量	美元离岸价	申报商品代码	退（免）税业务类型	备注
1	2	3	4	5	6	7	8	9	10	11	12	14	15

授权声明	如果你已委托代理人申报，请填写下列资料： 为代理一切税务事宜，现授权 （地址）　　　　为本纳税人的代理申报人，任何与本申报表有关的往来文件，都可寄予此人。 授权人签字： 年　月　日	申报人声明	本申报表是根据国家税收法律法规及相关规定填报的，我确定它是真实的、可靠的、完整的。 声明人签字： 年　月　日

主管税务机关：　　　　接收人：　　　　接收日期：

图 3-3　外贸企业出口退税出口明细申报表

填写说明：

（1）表头项目填写规范

01 纳税人名称：按出口退（免）税备案表中的出口企业全称填写；

02 统一社会信用代码/纳税人识别号：按出口企业统一社会信用代码填写；无统一社会信用代码的，填写出口企业纳税人识别号；

03 申报年月：本年度出口的，按不大于当前申报期年月填写；以前年度出口的，统一按上年 12 月份填写；

04 申报批次：按所属年月的第几次申报填写。

（2）具体内容填写规范

01 序号：按八位流水号填写，从 00000001 到 99999999。

02 关联号：是进货和出口数据关联的标志，按"申报年月（6 位数字）+申报批次（3 位数字）+关联号流水号（1～8 位数字）"的规则进行填写；每 21 位出口货物报关单号作为一个关联号编写单位。代理出口货物证明编写规则同出口货物报关单。

03 出口发票号：按出口发票的号码填写。视同出口等无须开具出口发票的业务，按税务机关要求填写。

04 出口货物报关单号：按出口货物报关单上的海关统一编号 +0+ 项号填写，共 21 位；实际业务无出口货物报关单的按税务机关要求填写。

05 代理出口货物证明号：按代理出口货物证明编号（18 位）+ 两位项号（01、02……）填写。

06 出口日期：按出口货物报关单中的出口日期填写；经保税区出口的，填写出境货物备案清单上的出口日期。

07 出口商品代码：按出口货物报关单中商品代码对应的退税率文库中基本商品代码填写。无出口货物报关单的按进货凭证中货物名称对应的退税率文库中的基本商品代码填写。

08 商品名称：按退税率文库中商品代码对应的名称填写，或按商品实际名称填写。

09 计量单位：按出口商品代码在退税率文库中的计量单位填写；

10 出口数量：按本次申报出口退税的数量填写。

11 美元离岸价：按出口货物报关单中的美元离岸价格填写。非美元价格成交或成交方式非 FOB 的，需折算填写。

12 申报商品代码：如果属于按出口商品主要原材料退税率申报退税的，按主要原材料商品代码填写。不属于此类情况的，此栏不填。

13 退（免）税业务类型：按业务类型代码表填写。

14 备注：按税务机关要求填写。

外贸企业出口退税进货明细申报表格式见表 3-1。

表 3-1 外贸企业出口退税进货明细申报表

外贸企业出口退税进货明细申报表

纳税人名称：　　　　　　　　　申报年月：　　年　月　　　　　　申报批次：

统一社会信用代码/纳税人识别号：

申报退税额：

其中：增值税　　　　　　　　　　　消费税

金额单位：元至角分

序号	关联号	税种	凭证种类	进货凭证号	供货方纳税人识别号	开票日期	出口商品代码	商品名称	计量单位	数量	计税金额	征税率（%）	退税率（%）	可退税额	备注
1	2	3	4	5	6	7	8	9	10	11	12	13	14	15	16

授权声明	如果你已委托代理人申报，请填写下列资料： 为代理一切税务事宜，现授权 （地址）　　　　　　为本纳税人的代理申报人。 任何与本申报表有关的往来文件，都可寄予此人。 授权人签字： 　　　年　月　日	申报人声明	本申报表是根据国家税收法律法规及相关规定填报的，我确定它是真实的、可靠的、完整的。 声明人签字： 　　　年　月　日

主管税务机关：　　　　　　　接收人：　　　　　　　接收日期：

填表说明：

（1）表头项目填写规则

01 纳税人名称：按出口退（免）税备案表中的出口企业全称填写。

02 统一社会信用代码/纳税人识别号：按出口企业统一社会信用代码填写；无统一社会信用代码的，填写出口企业纳税人识别号；

03 申报年月：本年度出口的，按申报期年月填写；以前年度出口的，统一按上年 12 月份填写。

04 申报批次：按所属年月的第几次申报填写。

（2）具体内容填写规则

01 序号：按八位流水号填写，从 00000001 到 99999999。

02 关联号：是进货和出口数据关联的标志。按"申报年月（6 位数字）+

申报批次（3 位数字）＋关联号流水号（1 ～ 8 位数字）"的规则进行填写；每 21 位出口货物报关单号作为一个关联号编写单位。代理出口货物证明编写规则同出口货物报关单。

03 税种：若为增值税，填写"V"；若为消费税，填写"C"。

04 凭证种类：按实际申报出口退税的进货凭证据实填写，具体包括增值税专用发票、海关进口增值税专用缴款书、消费税专用缴款书、消费税专用缴款书分割单、海关进口消费税专用缴款书、税收（出口货物专用）缴款书。

05 进货凭证号：按申报出口退税的进货凭证号码据实填写。如增值税专用发票，填写增值税专用发票的发票代码＋发票号码，其他凭证比照填写。

06 供货方纳税人识别号：按申报进货凭证上的供货方纳税人识别号据实填写。海关进口税收凭证的填写缴款单位纳税人识别号。

07 开票日期：按申报进货凭证填开日期据实填写。

08 出口商品代码：按出口货物报关单的商品代码对应的退税率文库中的基本商品代码填写。如属于无出口报关单的按照进货凭证中货物名称对应的退税率文库中的基本商品代码填写。

09 商品名称：按退税率文库中该商品代码对应的名称填写，或按商品实际名称填写。

10 计量单位：按申报的出口商品代码在出口退税率文库中的计量单位填写。

11 数量：按进货凭证本次申报出口退税数量填写。如进货凭证上出口商品的计量单位与申报计量单位不一致，应按照申报计量单位折算数量。

12 计税金额：按进货凭证本次申报退税的计税金额分项填写；如果进货凭证上有多项货物或应税劳务对应的出口货物报关单上同一项商品，可填写计税金额总和。

13 征税率：按进货凭证上的征税率据实填写。若为增值税，则按百分比的格式填写专用发票上的税率；若为消费税从价定率方式征税的，则按百分比的格式填写消费税专用税票的法定税率；若为消费税从量定额方式征税的，则填写消费税专用税票的法定税额。

14 退税率：按退税率文库对应出口商品的退税率填写，如退税率有特殊规定，按政策规定的退税税率填写。

15 可退税额：税种为增值税的，按计税金额 × 退税率计算填写；税种为消费税的，从价定率方式征税的按计税金额 × 退税率计算填写，从量定额征税的按数量 × 退税率计算填写。

跨境应税行为免退税申报明细表格式见表3-2。

表 3-2　跨境应税行为免退税申报明细表

跨境应税行为免退税申报明细表

企业名称：　　　　　　　　　　　　　　　　所属期：　　年　月　　　　　　　　　　　申报批次：

统一社会信用代码/纳税人识别号：　　　　　　　　　　　　　　　　　　　　　　　　　　　　　　　　　金额单位：元 角 分

申报增值税退税额合计：

序号	跨境应税行为名称	跨境应税行为代码	合同号	有关证明编号	出口发票号码	出口日期	境外单位名称	境外单位所在国家或地区	合同总金额		已确认跨境应税行为销售额（人民币金额）	实际收款金额（美元）	进货凭证号	供货方纳税人识别号	开票日期	计税金额	征税税率	退税率	申报增值税退税额	跨境应税行为类型	备注
									外币代码	折人民币											
1	2	3	4	5	6	7	8	9	10	11	12	13	14	15	16	17	18	19	20	21	22
小计																					

跨境应税行为提供者　　　　　　　　　　　　　　　　　　　　　　　　主管税务机关

本表是根据国家税收法律法规及相关规定填报的，我单位确定它是真实的、可靠的、完整的。

经办人：　　　财务负责人：　　　企业负责人：　　　　　　　　经办人：　　　复核人：　　　负责人：
　　　　　　　　　　　　　　　　　　　（公章）　　　　　　　　　　　　　　　　　　　　　　　（公章）
　　　　　　　　　　　　　　　　年　月　日　　　　　　　　　　　　　　　　　　　　年　月　日

填表说明：

01 第1栏"序号"栏由4位流水号构成（如0001、0002……），序号要与申报退税的资料装订顺序保持一致。

02 第2栏"跨境应税行为名称"及第3栏"跨境应税行为代码"按出口退税率文库中的对应编码和跨境应税行为名称填写。

03 第4栏"合同号"为与境外单位签订的提供跨境应税行为的合同编号。

04 第5栏"有关证明编号"，提供电影、电视剧的制作服务的，应提供行业主管部门出具的在有效期内的影视制作许可证明；提供电影、电视剧的发行服务的，应提供行业主管部门出具的在有效期内的发行版权证明、发行许可证明；提供研发服务、设计服务、技术转让服务的，应提供与提供增跨境应税行为相对应的技术出口合同登记证或软件出口合同登记证。

05 第6栏"出口发票号码"据实填写。

06 第7栏"出口日期"填写出口发票开具日期。

07 第8栏"境外单位名称"为与之签订跨境应税行为合同的境外单位全称。

08 第 9 栏"境外单位所在国家或地区"为与之签订跨境应税行为合同的境外单位所在的国家或地区。

09 第 10 栏"合同总金额（折美元）"为与境外单位签订的跨境应税行为合同的美元总金额，若为其他外币签订的折算成美元金额填列；第 11 栏"合同总金额（人民币）"为美元金额与在税务机关备案的汇率折算的人民币金额。

10 第 12 栏"已确认跨境应税行为营业收入人民币金额"为累计确认跨境应税行为营业额的金额，以其他币种结算的填写折算人民币金额。

11 第 13 栏"实际收款金额（折美元）"为从与之签订跨境应税行为合同的境外单位收款的美元金额，若为其他外币成交的折算成美元金额填列。

12 第 14 栏"进货凭证号"，如果是增值税专用发票，填写增值税专用发票的发票代码 + 发票号码，否则填写其他退税凭证的号码。

13 第 15 栏"供货方纳税人识别号"据实填写。

14 第 16 栏"开票日期"，为增值税专用发票或其他退税凭证的填开日期。

15 第 17 栏"计税金额"，为增值税专用发票或其他退税凭证上的计税金额。

16 第 18 栏"征税税率"，为按百分比的格式填写专用发票或其他退税凭证上的税率。

17 第 19 栏"退税率"为跨境应税行为在退税率文库中对应的增值税退税率，如果退税率有特殊规定，须按现行政策规定的退税税率填写。

18 第 20 栏"申报增值税退税额"，自动计算得出。

19 第 21 栏"跨境应税行为类型"，对外提供研发服务的，填写"YFFW"；提供设计服务的，填写"SJFW"；提供广播影视节目（作品）的制作服务的，填写"GBYSZZFW"；对外提供广播影视节目（作品）的发行服务的，填写"GBYSFXFW"；提供技术转让服务的，填写"JSZRFW"；提供软件服务的，填写"RJFW"；提供电路设计及测试服务的，填写"DLSJCSFW"；提供信息系统服务的，填写"XXXTFW"；提供业务流程管理服务的，填写"YWLCGL"；提供合同标的物在境外的合同能源管理服务的，填写"HTNYGLFW"；提供信息技术外包服务（ITO）的，填写"ITO"；提供技术性业务流程外包服务（BPO）的，填写"BPO"；提供技术性知识流程外包服务（KPO）的，填写"KPO"。

出口货物收汇情况表格式见表3-3。

表3-3　出口货物收汇情况表

出口货物收汇情况表

所属期/申报年月：　年　月　　　　　申报批次：

纳税人识别号（统一社会信用代码）：□□□□□□□□□□□□□□□□□□

纳税人名称：　　　　　　　　　　　　　　　　　　　　　金额单位：元（列至角分）

序号	出口货物报关单号	代理出口货物证明号	出口发票号	出口退（免）税销售额		折合人民币金额	已收汇情况								视同收汇情况						备注
				币种	金额		收汇日期	收汇凭证号	凭证币种	凭证总金额	其中：对应本报关单（代理证明）金额	其中：对应本报关单（代理证明）折合人民币金额	付汇人	非进口商付汇原因	原因代码	原因具体说明	举证材料种类	折合人民币金额	合同约定全部收汇最终日期	出口合同号	
1	2	3	4	5	6	7	8	9	10	11	12	13	14	15	16	17	18	19	20	21	22
合计	—	—	—																		

填表说明：

01 "所属期/申报年月"：按本表对应的出口退（免）税申报表的所属期（申报年月）填写。

02 "申报批次"：按本表对应的出口退（免）税申报表的申报批次填写。

03 第1栏"序号"：按八位流水号填写，从00000001～99999999。

04 第2栏"出口货物报关单号"：按出口货物报关单上的海关编号+0+项号填写，共21位；实际业务无出口货物报关单的按税务机关要求填写；委托出口的此栏不填。同一出口货物报关单号对应多个收汇凭证号、多个视同收汇原因的，此栏仅需填写一次。

企业应在出口退（免）税申报期限内完成收汇，如未按期收汇但符合视同收汇原因及举证材料清单所列原因的，纳税人留存出口货物收汇情况表及举证材料，即可视同收汇。

四类企业申请免退税申报时需要提供收汇证明材料，其他类型企业收汇材料留存备查即可。

视同收汇原因及举证材料清单

①因国外商品市场行情变动的，提供有关商会出具的证明或有关交易所行情报价资料；由于客观原因无法提供的，提供进口商相关证明材料。

②因出口商品质量原因的，提供进口商的有关函件和进口国商检机构的证明；由于客观原因无法提供进口国商检机构证明的，提供进口商的检验报告等证明材料，或者货物、原材料生产商等第三方证明材料。

③因动物及鲜活产品变质、腐烂、非正常死亡或损耗的，提供进口商的有关函件和进口国商检机构的证明；由于客观原因确实无法提供商检证明的，提供进口商相关证明材料、货物运输等第三方证明材料。

④因自然灾害、战争等不可抗力因素的，提供报刊等新闻媒体的报道材料或中国驻进口国使领馆商务处出具的证明。

⑤因进口商破产、关闭、解散的，提供以下任一资料：报刊等新闻媒体的报道材料、中国驻进口国使领馆商务处出具的证明、进口商所在地破产清算机构出具的证明、债权申报证明。

⑥因进口国货币汇率变动的，提供报刊等新闻媒体刊登或人民银行公布的汇率资料。

⑦因溢短装的，提供提单或其他正式货运单证等商业单证。

⑧因出口合同约定全部收汇最终日期在申报退（免）税截止期限以后的，提供出口合同。

⑨因无法收汇而取得出口信用保险赔款的，提供相关出口信用保险合同、保险理赔单据、赔款入账流水等资料。

⑩因其他原因的，提供合理的佐证材料。

注意：四类企业必须先收汇才能申请退税。

以下就一类、二类、三类、四类出口企业的评定标准分别进行说明。

1. 一类出口企业的评定标准

生产企业应同时符合下列条件：

①企业的生产能力与上一年度申报出口退（免）税规模相匹配；

②近3年（含评定当年，下同）未发生过虚开增值税专用发票或者其他增值税扣税凭证、骗取出口退税行为；

③上一年度的年末净资产大于上一年度该企业已办理的出口退税额（不含免抵税额）的 60%；

④评定时纳税信用级别为 A 级或 B 级；

⑤企业内部建立了较为完善的出口退（免）税风险控制体系。

外贸企业应同时符合下列条件：

①近 3 年未发生过虚开增值税专用发票或者其他增值税扣税凭证、骗取出口退税行为；

②上一年度的年末净资产大于上一年度该企业已办理出口退税额的 60%；

③持续经营 5 年以上（因合并、分立、改制重组等原因新设立企业的情况除外）；

④评定时纳税信用级别为 A 级或 B 级；

⑤评定时海关企业信用管理类别为高级认证企业或一般认证企业；

⑥评定时外汇管理的分类管理等级为 A 级；

⑦企业内部建立了较为完善的出口退（免）税风险控制体系；

外贸综合服务企业应同时符合下列条件：

①近 3 年未发生过虚开增值税专用发票或者其他增值税扣税凭证、骗取出口退税行为；

②上一年度的年末净资产大于上一年度该企业已办理出口退税额的 30%；

③上一年度申报从事外贸综合服务业务的出口退税额，大于该企业全部出口退税额的 80%；

④评定时纳税信用级别为 A 级或 B 级；

⑤评定时海关企业信用管理类别为高级认证企业或一般认证企业；

⑥评定时外汇管理的分类管理等级为 A 级；

⑦企业内部建立了较为完善的出口退（免）税风险控制体系。

2. 二类出口企业的评定

一类、三类、四类出口企业以外的出口企业，其出口企业管理类别应评定为二类。

3. 三类出口企业的评定标准

①自首笔申报出口退（免）税之日起至评定时未满 12 个月；

②评定时纳税信用级别为 C 级，或尚未评价纳税信用级别；

③上一年度发生过违反出口退（免）税有关规定的情形，但尚未达到税务机关行政处罚标准或司法机关处理标准的；

④存在省税务局规定的其他失信或风险情形。

4. 四类出口企业的评定标准

①评定时纳税信用级别为 D 级；

②上一年度发生过拒绝向税务机关提供有关出口退（免）税账簿、原始凭证、申报资料、备案单证等情形；

③上一年度因违反出口退（免）税有关规定，被税务机关行政处罚或被司法机关处理过的；

④评定时企业因骗取出口退税被停止出口退税权，或者停止出口退税权届满后未满 2 年；

⑤四类出口企业的法定代表人新成立的出口企业；

⑥列入国家联合惩戒对象的失信企业；

⑦海关企业信用管理类别认定为失信企业；

⑧外汇管理的分类管理等级为 C 级；

⑨存在省税务局规定的其他严重失信或风险情形。

5. 购货合同

传统外贸 B2B 模式需提供和境外企业的购销合同，跨境电子商务平台企业做好相关备案即可。

6. 形式发票

形式发票是指在出口业务中，出口商应进口商要求按照出口货物的名称、规格、数量、价格等信息出具的一种非正式发票，主要用于进口商向其本国金融或外汇管理机构申领许可证或核批外汇之用；形式发票还可用作邀请买方发出确定的订单，发票上一般注明价格和销售条件，一旦买方接受此条件，就可以按形式发票内容签订确定合约。

7. 出口货物运输单据

包括海运提单、航空运单、铁路运单、货物承运单据、邮政收据等承运人出具的货物单据、国内运输发票、国际货物运输代理服务费发票等。

8. 出口报关资料

包括报关单、委托报关协议、受托报关单位为其开具的代理报关服务费发票等。

出口退税采取无纸化申报方式，只需要报送电子申报数据即可，纸质凭证由出口企业留存备查；出口企业不得擅自损毁资料，保存期为五年。

3.3.3 出口退税申请流程

为了便于外贸出口企业申报办理出口退（免）税事项，国家税务总局为纳税人提供了三种申报渠道，分别是电子税务局、标准版国际贸易"单一窗口"和出口退税离线版，企业选择其中一种渠道申报退税即可。

此处为深圳市电子税务局退税为例：

在电子税务局"我要办税"下"出口退税管理"——"出口退（免）税申报"功能模块内，可以办理出口货物劳务和服务免退税申报、调整申报、代办退税申报、撤回申报等业务，点开出口退（免）税申报，里面有四个模块：智能配单、明细数据采集、退税申报、申报结果查询。申报过程如图 3-4 所示。

（a）

图 3-4 深圳市电子税务局官网

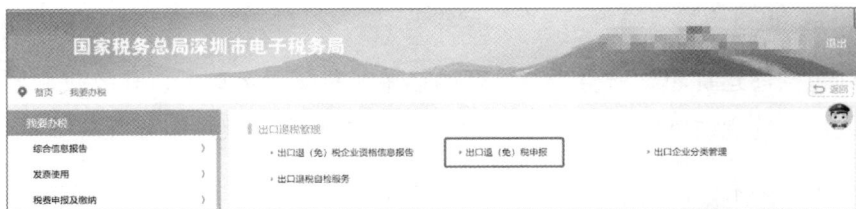

（b）

图 3-4　电子税务局办理退（免）税申报流程

企业出口退（免）税流程如图 3-5 所示。

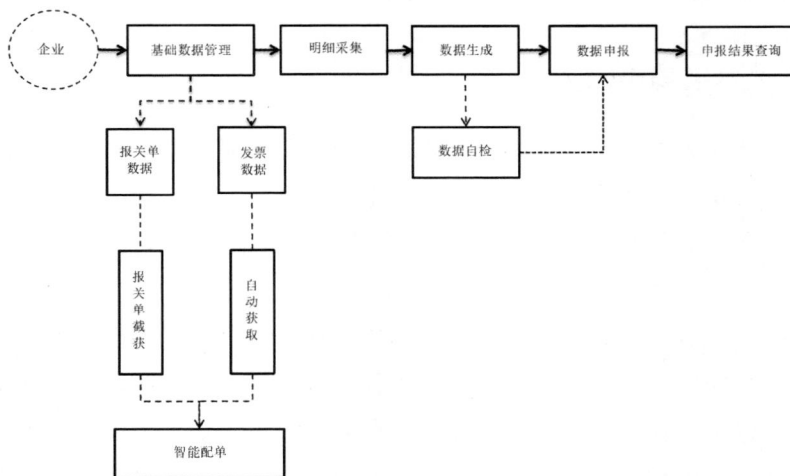

图 3-5　出口退税申报流程

1. 智能配单

智能配单模块主要是进行报关单信息导入、增值税专用发票匹配以及智能配单（报关单明细和进项发票明细匹配）。

①报关单信息导入。

在"智能配单"——"基础数据管理"——"出口货物报关单管理"——"报关单导入"模块读入电子口岸下载的报关单数据（电子口岸报关单数据需下载 XML 格式文件）；

报关单导入后，勾选数据，点击"数据检查"按钮，系统弹窗提示汇率配置，输入"当期汇率"并点击"保存"即可；

导入的报关单信息左边会有两个圆点，第一个圆点颜色是红色说明关单未生成，绿色说明关单已生成；第二个圆点红色说明关单信息不齐全，绿色表示关单信息齐全。

②增值税专用发票管理。

点击"智能配单"——"基础数据管理"——"增值税专用发票管理"，可自动获取发票信息。

③智能配单。

点击"智能配单"——"基础数据智能匹配单"，里面有三种配单方法：报关单逐项配单、发票逐项配单、商品品名分类配单，选择其中一种配单方式即可。

若存在报关出口货物和进项发票货物数量、品名或计量单位不一致的情况需要进行"调整"，红色代表匹配不平衡，绿色代表匹配平衡。需要将进货明细和出口明细数据调整相符，实现配比平衡。

配单完成之后点击"提交"，可在"明细数据采集"——"外贸企业出口退税出口/进货明细申报表"查看已生成的明细数据。

2. 明细数据采集

"智能配单"模块完成后，来到"明细数据采集"模块，选择出口/进货明细申报表，点击"新建"按钮，根据报关单和进项凭证信息分别录入外贸企业出口退税出口明细申报表和外贸企业出口退税进货明细申报表数据。

若在出口货物报关申报期间，海关调整了商品代码，导致出口货物报关单上的商品代码和调整后的不一致，应按照报关单上列明的商品代码申请退（免）税，并同时报送海关出口商品代码、名称、退税率调整对应表；

点击"海关出口商品代码、名称、退税率调整对应表"/"出口货物收汇申报表"可生成相应的明细数据。

3. 退税申报

第一步，生成申报数据。

"智能配单""明细数据采集"完成后来到"退税申报"模块，点击

"生产申报数据",输入正确所属期和批次,点击"确认"按钮,即可生成申报数据。

所属期:为申报退税的年月共六位。

批次:为 001 ~ 999 共 3 位。若申报当年出口货物,所属期(申报年月)为当前年份 + 当前月份;若申报以前年度出口货物,所属期(申报年月)为出口的年份 +12。

例如,2022 年 6 月第一次申报当年出口的货物,"所属期"为 202206、"申报批次"为 001;在 2022 年申报 2021 年出口的货物,"所属期"为 202112、"申报批次"按照 202112 所属期申报的次数依次填写。

第二步:数据自检。

生成申报数据后,在"退税申报"——"数据自检"页面进行数据自检。勾选数据,点击"数据自检"按钮。"自检情况"显示疑点个数,点击具体的数字可查看详细的疑点描述。

数据自检后,在没有疑点或者没有"不允许跳过疑点"的情况下,才可以进行正式申报。若存在"不允许跳过疑点",则需要"撤销申报数据",根据疑点原因进入"明细数据采集"页面修改出口 / 进货明细数据,再重新生成申报数据、进行数据自检。

第三步:正式申报。

数据自检通过后,在"退税申报"——"正式申报"页面上传资料并进行正式申报。勾选数据,点击"资料上传"按钮,根据要求进行相关资料上传(条件报送可不用操作),再点击"正式申报"按钮,进行正式申报。

第四步:下载并打印报表。

正式申报完成后,进入"退税申报"——"打印报表下载"页面,勾选数据,点击"打印报表下载"按钮,将申报表保存到本地电脑并打印资质资料企业自行留档。

4. 申报结果查询

正式申报完成后,在电子税务局"我要办税"——"出口退税管理"——"出口退(免)税申报"——"出口货物劳务免退税申报"模块,进入"申报结果查询"页面，查询审核状态和审核流程信息；也可在"我要查询"——"出口退税信息查询"——"退税审核进度查询"模块查询退税审核、调查评估、核准、发放等进度情况。

关于电子税务出口退税申报流程可参考《外贸型企业出口退税电子税务局办税指南》2.0版，如图3-6所示。

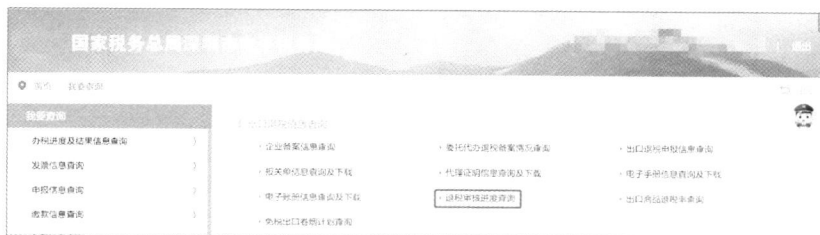

图 3-6　退税审核进度查询

"多米"来总结

1. 跨境物流头程模式有国际空运、国际海运、国际快递和国际小包等方式；亚马逊配送分 FBM 自发货模式、FBA 海外仓模式及第三方海外仓模式。

2. 货物出口通关流程为：国内仓出库→出口国报关→货物发目的国→目的国清关→到达海外仓→亚马逊平台销售→配送给消费者。

3. 货物出口通关模式主要有：0110 模式（一般贸易）、9610 模式（跨境电商零售出口）、9710 模式（跨境 B2B）和 9810 模式（直达海外仓）。

4. 出口退税申请条件：①一般纳税人；②办理对外贸易经营权和海关进出口货物收发货人备案；③办理外汇备案；④办理出口退（免）税备案；⑤取得增值税进项发票；⑥货物已报关离境；⑦已完成收汇；⑧财务上已做销售处理；⑨是真实的货物销售。

5. 出口退税申请资料：①外贸企业出口退税出口明细申报表；②外贸企业出口退税进货明细申报表；③跨境应税行为免退税申报明细表；④出口货物收汇情况表；⑤购货合同；⑥形式发票；⑦出口货物运输单据；⑧出口报关资料。

6. 可选择电子税务、离线版、单一窗口三种方式申报退税。以电子税务局申请流程为例：第一步，智能配单；第二步，明细数据采集；第三步，退税申报；第四步，申报结果查询。

第4章
各国税务

4.1　中国税务政策

税务环境分国内税务环境和国际税务环境。国内现行税制有十八个税种，监控系统有金税三期以及不久将上线的金税四期；国际税务监控有共同申报准则（CRS），又称"统一报告标准"。

税收是国家公共财政收入的主要来源，征税的基本目的是满足政府为实现国家职能的支出需要，凭借公共权利，按照法律所规定的标准和程序，参与国民收入分配，强制取得财政收入所形成的一种特殊分配关系。

税收具有强制性、无偿性、固定性等三大特点，是由国家按照法律规定的标准强制向企业和个人纳税人征收，所征收费用归国家所有。国家向纳税人征税后主要用于教育 、国防、民生等方面，比如学校、公共卫生、城市建设、国防建设等支出，也就是取之于民、用之于民的意思。

税收涉及社会经济活动的各个层面，也是国家调控宏观经济的重要手段。市场经济是法治经济，作为国内企业和个人纳税人，纳税是基本义务，大家都遵纪守法，依法纳税，国内的法治环境会更加阳光健康，国家对宏观经济的调控也会更为灵敏。

征税对象是税法规定的征税的目的物，每一种税都有该税种的征税对象。比如增值税的征税对象是货物和应税劳务（增值额），企业所得税的征税对象是企业利润，个人所得税的征税对象是个人薪金报酬、劳务所得等，房产税的征税对象是房屋，车辆购置税的征税对象是汽车，等等。不同的税种之间关于征税对象、税率、税收优惠政策等都不同。

纳税对象 ≠ 纳税人，怎么区分呢？

其实很好区分，征税对象是税法规定的征税的目的物，而纳税人是企业和个人。

举个例子，某跨境电商企业除了从事跨境贸易业务还从事国内电商业务，主营产品是电子配件，当月国内电商业务营业收入 1 000 万元人民币（进项成本 600 万元），营业利润 100 万元，该企业产生了货物贸易往来，且当期营业利润为正数，那么该企业需要缴纳增值税和企业所得税。

增值税的征税对象是"电子配件"的增值额，企业所得税的征税对象是企业利润；纳税人是该跨境电商企业。那么增值税和企业所得税的最终税赋承担方是谁呢？这个问题大家可以先思考，答案在本章小结。

4.1.1　税种概述

截至目前，我国税制有 18 个税种，分别是：增值税、消费税、企业所得税、个人所得税、资源税、城市维护建设税、房产税、印花税、城镇土地使用税、土地增值税、车船税、船舶吨税、车辆购置税、烟叶税、耕地占用税、契税、环境保护税、关税等。

1. 增值税

增值税是以单位和个人生产经营过程中取得的增值额为征税对象征收的一种税，可以理解为是单位销售货物或提供劳务的收入减去为销售货物或提供劳务而付出的成本后的余额，且增值税税负具有转嫁性，随着货物和劳务的销售环节转移，一般是由终端消费者承担税费。

（1）增值税的征税范围

增值税的征税范围包括境内销售货物或劳务，销售服务、无形资产、不动产、金融服务以及进口货物等。跨境贸易不在增值税的征税范围内，所以做跨境贸易出口是不需要缴纳增值税的，税率为 0。

我国增值税税率分四档，分别是：13%、9%、6%、0。

13% 税率：销售货物、劳务、有形动产租赁服务或者进口货物适用；

9% 税率：销售交通运输、邮政、基础电信、建筑、不动产租赁服务，销售不动产，转让土地使用权，销售或者进口农产品等货物适用；

6% 税率：销售服务、无形资产以及增值电信服务适用；

0 税率：出口货物、劳务或者境内单位和个人跨境销售服务（比如国际运输服务）、无形资产、不动产等适用。

（2）增值税征税对象

增值税的纳税人主要是企业和个人，本书主要针对企业展开，增值税企业纳税人分为一般纳税人和小规模纳税人，是依据纳税人的年营业额进行分类的。

（3）一般纳税人分类标准

年销售额在 500 万元以上的企业，应当向税务机关办理一般纳税人登记；年销售额在 500 万元以下，但是会计核算健全也可以申请成为一般纳税人。

（4）小规模纳税人分类标准

根据财税〔2018〕33 号文件规定，自 2018 年 5 月 1 日起，统一增值税小规模纳税人标准，增值税小规模纳税人标准为年应征销售额 500 万元及以下。

小规模和一般纳税人企业除了在销售额认定方面不同，在增值税缴纳政策方面规定也不同，以国内贸易为例，小规模企业增值税税率是 3%，一般纳税人企业是 13%。国家鼓励出口贸易，因此跨境出口环节增值税实行退（免）税政策，对报关出口的货物或者劳务和服务退还在国内为销售而产生的进项增值税，以及免征销售增值税。企业出口货物销售实行小规模企业免税但不退税政策；一般纳税人企业实行免退税政策，免的是销售增值税，退的是进项增值税，具体根据出口货物退税率进行。

举个例子，某跨境电商企业（一般纳税人）主要从事跨境贸易业务，主营产品是电子配件，产品最终售价 120 元/件，工厂拿货成本价 60 元/件，当月售出 100 000 件，实现营业额 1 200 万元，出口退税率为 13%。（以上价款均为不含税价）

根据税法有关规定，出口销售增值税率为 0，并且符合出口退税条件还可以申请出口退税（退进项增值税），因此当期该企业销售增值税为0元，并且还可申请出口退税，可退税78万元。

2. 消费税

消费税是常见的税种之一，是我国政府针对特定消费品和消费行为征收的一种税。

特定消费品可以分为以下四类：

第一类，过度消费会对身心健康、社会秩序、生态环境等方面造成危害的特殊消费品，比如烟、酒、鞭炮、烟花等；

第二类，非生活必需品，比如高档化妆品、贵重首饰、珠宝玉石等；

第三类，高能耗及高档消费品，比如摩托车、小汽车、游艇、高档手表和高尔夫球及球具等；

第四类，不可再生的稀缺性消费品，比如成品油、实木地板等。

由此可以看出，消费税主要针对日常生活不常用的、过度消费对身心无益，且高价值的奢侈品征收税费。比如烟草，整个流转环节不仅有消费税，还包含了增值税、烟叶税，还有各项附加税，企业所得税等。

消费税主要在生产、批发、零售、进口环节征收，税率有两种形式，一种是比例税率，一种是定额税率。针对一些供求基本平衡，价格差异不大的消费品，选择计税简单的定额税率，比如啤酒、黄酒、成品油等；针对供求不平衡，价格差异较大的消费品，选择价税联动的比例税率，比如鞭炮、烟火、贵重首饰、珠宝玉石、高档护肤品、摩托车、小汽车等。

我国消费税税率见表4-1。

表4-1 我国消费税税率

税 目	税 率		
	生产（进口）环节	批发环节	零售环节
一、烟			
1.卷烟			
工业			

续上表

税　目	税　率		
	生产（进口）环节	批发环节	零售环节
（1）甲类卷烟	56% 加 0.003 元 / 支		
（2）乙类卷烟	36% 加 0.003 元 / 支		
商业批发		11% 加 0.005 元 / 支	
2. 雪茄烟	36%		
3. 烟丝	30%		
二、酒			
1. 白酒	20% 加 0.5 元 /500 克（或者 500 毫升）		
2. 黄酒	240 元 / 吨		
3. 啤酒			
（1）甲类啤酒	250 元 / 吨		
（2）乙类啤酒	220 元 / 吨		
4. 其他酒	10%		
三、高档化妆品	15%		
四、贵重首饰及珠宝玉石			
1. 金银首饰、珀金首饰和钻石及钻石饰品			5%
2. 其他贵重首饰及珠宝玉石	10%		
五、鞭炮、烟火	15%		
六、成品油			
1. 汽油	1.52 元 / 升		
2. 柴油	1.20 元 / 升		
3. 航空煤油	1.20 元 / 升		
4. 石脑油	1.52 元 / 升		
5. 溶剂油	1.52 元 / 升		
6. 润滑油	1.52 元 / 升		
7. 燃料油	1.20 元 / 升		

续上表

税　　目	税　　率		
	生产（进口）环节	批发环节	零售环节
七、摩托车			
1.气缸容量（排气量，下同）为 250 毫升的	3%		
2.气缸容量在 250 毫升以上的	10%		
八、小汽车			
1.乘用车			
（1）气缸容量（排气量，下同）在 1.0 升（含 1.0 升）以下的	1%		
（2）气缸容量在 1.0 升以上至 1.5 升（含 1.5 升）的	3%		
（3）气缸容量在 1.5 升以上至 2.0 升（含 2.0 升）的	5%		
（4）气缸容量在 2.0 升以上至 2.5 升（含 2.5 升）的	9%		
（5）气缸容量在 2.5 升以上至 3.0 升（含 3.0 升）的	12%		
（6）气缸容量在 3.0 升以上至 4.0 升（含 4.0 升）的	25%		
（7）气缸容量在 4.0 升以上的	40%		
2.中轻型商用客车	5%		
3.超豪华小汽车	按照乘用车和中轻型商用客车的规定征收		10%
九、高尔夫球及球具	10%		
十、高档手表	20%		
十一、游艇	10%		
十二、木制一次性筷子	5%		
十三、实木地板	5%		

续上表

税　目	税　率		
	生产（进口）环节	批发环节	零售环节
十四、电池	4%		
十五、涂料	4%		

注：有出口经营权的外贸企业（一般纳税人）出口消费品，在出口环节免征消费税，并可以退还生产环节的消费税。

3. 企业所得税

企业所得税是针对我国境内的企业和其他组织取得生产经营所得征税，有所得者缴税，无所得者不缴税，也就是企业有利润的部分需要征收企业所得税。

企业取得收入包括九个方面：

①销售货物收入；

②提供劳务收入；

③转让财产收入；

④股息、红利等权益性投资收益；

⑤利息收入；

⑥租金收入；

⑦特许权使用费收入；

⑧接受捐赠收入；

⑨其他收入。

我国企业所得税实行比例税率：25% 和 20%。

25% 适用于在境内设有机构、场所且住所地与机构、场所有关联的非居民企业；

20% 适用于在境内没有设立机构、场所，或者虽然设有机构、场所但取得的所得与机构场所没有实际联系的非居民企业。

《国家税务总局关于落实支持小型微利企业和个体工商户发展所得税优惠政策有关事项的公告》（国家税务总局公告 2021 年第 8 号）第一条规定："关于小型微利企业所得税减半政策有关事项（一）对小型微利

企业年应纳税所得额不超过 100 万元的部分，减按 12.5% 计入应纳税所得额，按 20% 的税率缴纳企业所得税。"该政策自 2021 年 1 月 1 日起施行，2022 年 12 月 31 日终止执行。

《财政部税务总局关于进一步实施小微企业所得税优惠政策的公告》（财政部税务总局公告 2022 年第 13 号）规定："对小型微利企业年应纳税所得额超过 100 万元但不超过 300 万元的部分，减按 25% 计入应纳税所得额，按 20% 的税率缴纳企业所得税。"该政策执行期限为 2022 年 1 月 1 日—2024 年 12 月 31 日。

小微企业标准：

①年应纳税所得额不超过 300 万元；

②从业人数不超过 300 人；

③资产总额不超过 5 000 万元；

④未从事国家非限制和禁止行业。

4. 个人所得税

个人所得税主要是以个人及个体工商户、个人独资企业中的个人投资者、承租承包者个人取得的各项应税所得为征税对象来征收的一种税。具体包括：

①工资薪金。个人在企业任职取得的工资、奖金、年终奖、分红、津贴、补贴等收入。

②劳务报酬所得。指个人从事劳务取得的收入，包括咨询服务、技术服务、经纪服务、个人兼职所得等取得劳务所得（不在公司正式任职而取得的收入，个人和单位之间不存在雇佣关系）。

③稿酬所得。个人因出版作品、图书、报刊等而取得的收入。

④特许权使用费所得。个人提供专利权、商标权、著作权、非专利技术以及其他特许权的使用权而取得的收入。

⑤经营所得。个体工商户、个人独资企业、合伙企业个人合伙人取得的经营所得。

⑥利息、股息、红利所得。个人拥有债券、股权而取得的利息、股息、红利所得。

⑦财产租赁所得。个人出租不动产、机器设备、车船以及其他财产取得的所得。

⑧财产转让所得。个人转让股票、股权、合伙企业中的财产份额、不动产、机器设备、车船以及其他财产取得的收入。

⑨偶然所得。指个人得奖、中奖、中彩票以及其他偶然性质的所得。

居民个人综合所得适用税率 3%～45% 的七级累进税率，具体见表 4-2。

表 4-2　我国居民个人综合所得七级累进税率

级　数	全年应纳税所得额	税率（%）	速算扣除数
1	不超过 36 000 元的部分	3	0
2	超过 36 000 元至 144 000 元的部分	10	2 520
3	超过 144 000 元至 300 000 元的部分	20	16 920
4	超过 300 000 元至 420 000 元的部分	25	31 920
5	超过 420 000 元至 660 000 元的部分	30	52 920
6	超过 660 000 元至 960 000 元的部分	35	85 920
7	超过 960 000 元的部分	45	181 920

全年应纳税所得额应减去全年收入额减除费用 60,000 元及专项扣除、专项附加扣除等，比如社保、公积金、房租补贴、子女补贴等。

劳务报酬所得适用税率 20%～40% 的三级超额累进预扣率，具体见表 4-3。

表 4-3　劳务报酬所得税率表

级　数	预扣预缴应纳税所得额	预扣率（%）	速算扣除数
1	不超过 20 000 元的部分	20	0
2	超过 20 000 元至 50 000 元的部分	30	2 000
3	超过 50 000 元的部分	40	7 000

经营所得适用 5%～35% 的五级超额累进税率，具体见表 4-4。

表4-4　经营所得税率表

级　数	全年应纳税所得额	税率（%）	速算扣除数
1	不超过 30 000 元的部分	5	0
2	超过 30 000 元至 90 000 元的部分	10	1 500
3	超过 90 000 元至 300 000 元的部分	20	10 500
4	超过 300 000 元至 500 000 元的部分	30	40 500
5	超过 500 000 元的部分	35	65 500

财产租赁、财产转让、利息、股息、红利、偶然所得、稿酬、特许权经营费等适用于 20% 的比例预扣率。

5. 资源税

资源税是以自然资源为征税对象向开发资源的企业和个人征收的一种税。因为自然资源有限，较难再生，征收资源税是为了限制企业过度开采。

自然资源包括：矿产资源、土地资源、水资源、海洋资源等。

自然资源税率为 1% ~ 20%。

6. 城市维护建设税

城市维护建设税是增值税和消费税的附加税，缴纳增值税和消费税的企业和个人需要缴纳城建税。

城市维护建设税征税范围包括城市市区、县城、建制镇等，并对纳税人所处的地区实行不同档次的税率，具体税率如下：

①纳税人所在地在市区的，税率为 7%；

②纳税人所在地在县城、镇的，税率为 5%；

③纳税人所在地不在市区、县城或者镇的，税率为 1%。

举个例子，深圳市某外贸企业，2022 年 8 月应缴纳增值税 200 万元，消费税 100 万元，该企业应交城市维护建设税是多少呢？

城建税 =（200+100）× 7%=21（万元）。

另外还有教育费附加 3% 和地方教育附加 2%。

教育费附加 =（200+100）× 3%=9（万元）；

地方教育附加 =（200+100）× 2%=6（万元）。

7. 房产税

房产税以房屋为征税对象，房产税征收范围为城市、县城、建制镇和工矿区，不涉及农村。

房产税以房屋产权所有人为纳税人，采用比例税率，计税依据分两种：一种是按房产余值（是指根据税法规定按房产原值一次减除10%～30%的损耗价值以后的余额）计税，税率为1.2%；一种是按房产租金收入计税，税率12%。目前对个人居住用房出租仍用于居住的，房产税减按4%征收；企事业单位、社会团体、其他组织按市场价格向个人出租用于居住的住房也是减按4%征收房产税。

2022年1月1日—2024年12月31日，根据"六税两费"优惠政策相关规定，对增值税小规模纳税人、小型微利企业和个体工商户可以在50%的税费幅度内减征房产税。

举个例子，某小规模企业A公司，拥有两套房产，一套用于自用办公，房产原值800万元；一套用于出租给人居住，年租金收入15万元。（该省规定按房产原值一次扣除20%后的余值计税）

A企业2022年需要缴纳的房产税有：

自用房产应交税额=[800×（1 − 20%）]×1.2%×50%；

租金收入应缴税额=15×4%×50%。

8. 印花税

印花税是世界各国普遍征收的一个税种，最早始于1624年的荷兰，印花税是以经济活动中的各种凭证、合同为征税对象征收的一种税。

印花税针对五类凭证征收税费：经济合同、产权转移书据、营业账簿、许可证照和经财政部门确认的其他凭证。

①经济合同：如购销合同、加工承揽合同、财产租赁合同、仓储保管合同等；

②产权转移书据：如财产所有权、版权、商标专用权、专利权、专有技术使用权5项产权转移书据；

③营业账簿：如会计账簿；

④权利、许可证照：如工商营业执照、商标注册证等；

⑤其他凭证：财政部规定的其他受法律保护的凭证。

印花税分比例税率和定额税率，比例税率分四档：1‰、0.5‰、0.3‰、0.05‰，适用于各种合同性质的凭证、记载资金的账簿和产权转移书据等；定额税率适用于权利、许可证照和营业账簿中的其他账簿，定额税为每件 5 元。

印花税税率低、税负轻，但征税面广，可以积少成多，扩充财政收入。

9. 城镇土地使用税

我国土地归国家所有，单位和个人只有土地占用权和使用权，而无所有权。城镇土地使用税目前仅限定对城市、县城、建制镇和工矿区内使用土地的单位和个人征收的一种税费，根据城镇土地分级幅度税率，按每平方米来算。

①大城市 1.5 ～ 30 元每平方米；（50 万人以上的称为大城市）

②中等城市 1.2 ～ 24 元每平方米；（20 万～ 50 万人的称为中等城市）

③小城市 0.9 ～ 18 元每平方米；（20 万人以下的称为小城市）

④县城、建制镇、工矿区 0.6 ～ 12 元每平方米。

买房需要缴纳城镇土地使用税吗？不用，开发商取得土地使用权的时候已经交了。

10. 土地增值税

土地增值税是针对我国境内转让房地产取得收入的单位和个人，按照转让房产收入减去税法规定可扣除的项目金额后的余额征税。

征收土地增值税主要的目的在于抑制房地产的投机、炒卖，秉承增值多得多缴税，增值少的少缴税，没增值的不交税的原则。

土地增值税按照四级累进税率征收，最低税率为 30%，最高 60%。

增值未超过 50% 的部分，税率 30%；

增值 50% ～ 100% 的部分，税率 40%，速算扣除系数 5%；

增值 100% ～ 200% 的部分，税率 50%，速算扣除系数 15%；

增值超过 200% 的部分，税率 60%，速算扣除系数 35%。

11. 车船税

车船税是指对境内属于《中华人民共和国车船税法》规定的车辆、船舶征收的一种税，针对不同的车辆收费标准也不一样，比如乘用车是按照排气量来分档的，1升到4升以上的收费范围60～5 400元。商用车分客车和货车，客车每辆480～1 440元，货车按整备质量每吨16～120元，摩托车每辆36～180元；游艇按艇身长度每米600～2 000元等。

纯电动乘用车和燃料电池乘用车不属于车船税征税范围，对其不征车船税，无须申报。

车船税作为一种地方政府征收的财产税，一方面起到调节财富分配，促进社会公平的作用；另一方面也能够扩充地方财政资金，支持交通运输发展。

12. 船舶吨税

船舶吨税是海关对从境外港口进入境内港口的船舶所征收的一种税，以船舶的净吨位实行从量定额征收，所征税款主要用于港口建设维护以及海上事业的建设维护。

船舶吨税税目、税率见表4-5。

表4-5　船舶吨税税目税率表

税目（按船舶净吨位划分）	税率（元/净吨）						备注
	普通税率（按执照期限划分）			优惠税率（按执照期限划分）			
	1年	90日	30日	1年	90日	30日	
不超过2000净吨	12.6	4.2	2.1	9	3	1.5	1、拖船按照发动机功率每千瓦折合净吨位0.67吨；2、无法提供净吨位证明文件的游艇，按照发动机功率每千瓦折合净吨位0.05吨；3、拖船和非机动驳船分别按相同净吨位船舶税率50%计征税款；
超过2000净吨，但不超过10000净吨	24	8	4	17.4	5.8	2.9	
超过10000净吨，但不超过50000净吨	27.6	9.2	4.6	19.8	6.6	3.3	
超过50000净吨	31.8	10.6	5.3	22.8	7.6	3.8	

应纳税额在50元以下的船舶，境外以购买、受赠、继承等方式取得的初次到港空载船舶，避难、防疫、不上下客货的船舶，警用船舶等免征船

舶吨税。

13. 车辆购置税

车辆购置税是指以在中国境内购置的汽车、有轨电车、汽车挂车、排气量超过 150 毫升的摩托车为征税对象，在特定环节向纳税人征收的一种行为税。

特定环节包括以下方面：

①购买自用；

②进口自用，或者委托代理进口自用；

③接受他人馈赠（受赠人缴纳）；

④自产自用；

⑤获奖自用；

⑥其他自用（拍卖、抵债、走私、罚没等方式取得车辆）。

车辆购置税实行统一比例税率，税率为 10%；实行一车一申报制度，一次性征收，购买时已交过车辆购置税的车辆，不再需要重复征收税。

14. 烟叶税

烟叶税是针对烟叶（含烤烟叶、晾晒烟叶）征收的一种税，纳税人是烟叶收购方。

我国的烟叶主要是由农户种植，为了补贴农户会给予收款价款 10% 的价外补贴，且由收购方缴纳烟叶税，不会增加农户的负担。

烟叶税实行比例税率，税率为：20%。

举个例子：某烟草公司向农户收购一批烟叶，收购价格 300 万元，另外支付收购款 10% 的价外补贴，烟叶税率为 20%，请问该烟草公司需要缴纳多少烟叶税？

应交烟叶税 =300×（1+10%）×20%=66（万元）

15. 耕地占用税

耕地占用税是指在我国境内占用耕地用于建设建筑物或者从事非农业建设的单位和个人按照实际占用耕地面积征收的一种税。

由于我国不同地区之间人口和耕地资源分配不均衡，各地发展水平也不同，因此耕地占用税采用地区差别幅度单位税额。

①人均耕地不超过 1 亩的地区，每平方米为 10～50 元；

②人均耕地超过 1 亩但不超过 2 亩的地区，每平方米为 8～40 元；

③人均耕地超过 2 亩但不超过 3 亩的地区，每平方米为 6～30 元；

④人均耕地超过 3 亩的地区，每平方米为 5～25 元。

各省、自治区、直辖市耕地占用税平均税额见表 4-6。

表 4-6　各省、自治区、直辖市耕地占用税平均税额

地　　区	平均税额（元 / 平方米）
上海	45
北京	40
天津	35
江苏、浙江、福建、广东	30
辽宁、湖北、湖南	25
河北、安徽、江西、山东、河南、重庆、四川	22.5
广西、海南、贵州、云南、陕西	20
山西、吉林、黑龙江	17.5
内蒙古、西藏、甘肃、青海、宁夏、新疆	12.5

16. 契税

契税，是以所有权发生转移变动的不动产为征税对象征收的一种税，属于财产转移税，由财产承受人缴纳。如果是资产交换，如房屋互换交换价值相等免征契税；价值不对等的，按超出部分由支付差价方缴纳契税。

契税实行比例税率，税率幅度为 3%～5%。

举个例子，小 A 有两套房子，打算将其中一套出售给小 B，售价 300 万元。另一套和小 C 进行交换，由于小 A 房子价值比小 C 高，小 C 补了差价 30万元给小 A，假定契税税率为 3%，请问谁要交契税，要交多少？

解析：小 B 和小 C 要交契税。

小 B 应交契税 =300×3%=9（万元）；

小 C 应交契税 =30×3%=0.9（万元）；

小 A 不需要交契税。

17. 环境保护税

环境保护税，顾名思义，是为了保护和改善环境，减少污染物排放而征收的税费。

环境保护税主要针对四类重点污染物征收，包括：大气污染物、水污染物、固体废物、噪声等。

对于固体废物和噪声实行全国统一定额税；对于大气污染和水污染实行浮动定额税。

环境保护税具体征税标准见表4-7。

表4-7 环境保护税税率表

税　目		计税单位	税　额	备　注
大气污染物		每污染当量	1.2元~12元	
水污染物		每污染当量	1.4元~14元	
固体废物	煤矸石	每吨	5元	
	尾矿	每吨	15元	
	危险废物	每吨	1000元	
	冶炼渣、粉煤灰、炉渣、其他固体废物（含半固态、液态废物）	每吨	25元	
噪声	工业噪声	超标1~3分贝	每月350元	1. 一个单位边界上有多处噪声超标，根据最高一处超标声标计算应纳税额；当沿边界长度超过100米有两处以上噪声超标，按照两个单位计算应纳税额 2. 一个单位有不同地点作业场所的，应当分别计算应纳税额，合并计征 3. 昼、夜均超标的环境噪声，昼、夜分别计算应纳税额，累计计征 4. 声源一个月内超标不足15天的，减半计算应纳税额 5. 夜间频繁突发和夜间偶然突发厂界超标噪声，按等级声效和峰值噪声两种指标中超标分贝值高的一项计算应纳税额
		超标4~6分贝	每月700元	
		超标7~9分贝	每月1 400元	
		超标10~12分贝	每月2 800元	
		超标13~25分贝	每月5 600元	
		超标16分贝以上	每月11 200元	

环境保护税免税项目：

①农业生产排放应税污染物（不包括规模化养殖）；

②机动车、铁路机车、非道路移动机械、船舶和航空器等流动污染源排放的污染物；

③城乡污水集中处理、生活垃圾填埋等；

④其他符合国家和地方环境保护标准的综合利用的固体废物等。

18. 关税

关税是海关对进出关境的货物和物品征收的一种税。关税政策和外交政策紧密相关，具有较强的涉外性。

关税分进口关税和出口关税。

进口关税是指海关对进口货物和物品所征收的关税，进口关税分正税和附加税。正税就是按照法定税率征收的进口关税；附加税则名目繁多，比如反倾销税、反补贴税、报复关税、紧急进口税等。附加税从属于进口征税。

进口关税税率还设有最惠国税率、协定税率、特惠税率、普通税率、关税配额税率等税率，具体见表4-8。

表4-8 进口关税税率表

税目序号	物品名称	税率 %
1	书报、刊物、教育用影视资料；计算机、视频摄录一体机、数字照相机等信息技术产品；食品、饮料；金银；家具；游戏品、节日或其他娱乐用品；药品	13%
2	运动用品（不含高尔夫球及球具）、钓鱼用品；纺织品及其制成品；电视摄像机及其他电器用具；自行车；税目1、3中未包含的其他商品	20%
3	烟、酒；贵重首饰及珠宝玉石；高尔夫球及球具；高档手表；高档化妆品	50%

出口关税是海关对出口货物和物品征收的关税。我国鼓励跨境贸易，对大部分出口商品都是免出口关税的，除了部分限制品或资源品输出需要征收关税，比如对烙铁、硅铁等物品征收15%～20%的出口关税。

想了解更多的进出口关税税率可登录中国海关总署网站查询。

虽然我国税种繁多，但实际缴税是根据企业性质来的，以外贸型企业为例，其主要涉及的税费有增值税、企业所得税、附加税以及个人所得税等。

4.1.2　金税三期

金税工程是经国务院批准的国家级电子政务工程，是国家电子政务"十二金"工程之一，是税收管理信息系统工程的总称。1994年税务总局推行金税一期，采用人工采集纳税人发票信息的方式，再由计算机比对发现问题，但由于人工采集数据错误率太高，并不好用；2001年税务局总结经验，上线了金税二期，并在全国推广使用，金税二期实现了发票自动采集，这是金税工程的第二个阶段；2013年，金税三期系统先后在广东、山东、河南、山西、内蒙古、重庆等六个省市级国地税试点试行后于2016年实行全国城市税务局上线实施。

金税三期系统多智能呢？

金税三期系统是由一个平台、两级处理、三个覆盖、四个系统组成。

一个平台：包含网络硬件和基础软件的同一技术基础平台；

两级处理：指依托统一的技术基础平台，逐步实现数据信息在总局和省局集中处理；

三个覆盖：指应用内容逐步覆盖所有税种，覆盖所有工作环节，覆盖国地税并与相关部门进行联网，比如工商、银行、海关、社保、民政局、发改委、公安局等；

四个系统：指系统通过业务重组、优化和规范，逐步形成一个以征管业务系统为主，包括行政管理、外部信息和决策支持在内的四大应用系统软件，主要有增值税防伪税控开票子系统、防伪税控认证子系统、增值税稽核子系统和发票协查子系统。

金税三期融合税收征管变革和技术创新，统一了全国国地税征管应用系统版本，搭建了统一的纳税服务系统，实现了全国税收数据的大集中。

金税三期最大的特点就是"以票控税"，增值税专用发票都有发票代码和发票号码，这个发票代码和号码系统里面也有，当我们取得增值税进项发票要认证的时候，需要将号码输入系统，如果和系统号码对上了，就没有问题，对不上系统就会报警。

金税三期系统建立了统一的网络发票系统，通过建设统一的网络发票管理、查询等系统，制定了网络发票开具标准和赋码规则等相关制度，让税务监管变得简单。金税三期系统能及时获取纳税人开具的发票信息，并与企业申报信息进行自动比对，如果企业的发票有问题，系统就会报警，并将企业信息推送到相关所属税局管理员那边；管理员就会找到企业进行核实或稽查，如果严重甚至会有刑事责任。

除了发票比对功能外，金税三期系统还会对企业的收入、成本、利润、库存、行业数据以及往年数据等进行分析对比，以此来判定企业纳税是否异常。

举个例子，企业购入 10 万台手机，全部销售完毕，其中 60% 收入回到企业基本户，40% 进了老板私人账户，进入私人账户部分没有入账，那么这种情况税务局系统如何比对呢？购入 10 万台手机，账面只销售出去 60%，那么就意味着还有 40% 没有销售出去，仓库里面应该还有 4 万台手机，如果库存数量和金额对不上，系统就会提示异常。

4.1.3　金税四期

顾名思义，金税四期是金税三期的升级版。金税四期在金税三期的基础上又进行了优化，补充了金税三期未覆盖的部分。

金税四期重点围绕智慧税务建设，它的特点是"以数控税"，未来的智慧税务管理肯定是以大数据为基础对企业经营业务进行分析比对，以此判定企业经营是否正常。金税四期在金税三期的基础上新增了"非税业务""信息共享""信息核查""云化打通"四个方面的监控。

非税业务：指除了开票的业务外，其他没有开票的业务，只要涉税的都在监控范围内；

信息共享：搭建了各部委、人民银行以及银行参与机构之间的信息共享和核查通道；

信息核查：将企业的注册信息、纳税状态以及企业法人、财务负责人和相关办税人员的身份证信息和手机号信息进行收集，方便核查；

云化打通：指以大数据为基础对企业实行智慧税务征管，实现智能算税、智能核查，对企业进行"无风险不打扰、有违法要追究、全过程强智控"的税务执法新体系。

中国税收征管和服务流程在数字化驱动下，经历了从"上机"到"上网"再到"上云"三个阶段的优化重塑。

第一阶段：从 20 世纪 80 年代以后，随着计算机单机应用不断普及，中国税收征管从纯手工逐步转型为通过"上机"替代手工操作，这一阶段主要是"以账控税"。"以账控税"的时期税务局难以看到企业经营全貌，主要靠企业自觉。

第二阶段：随着互联网的蓬勃发展，中国税收征管开始进入信息化阶段，启动并完成了"金税三期"的建设，在流程和服务方面都更加的简单、便捷，这一阶段主要是"以票控税"。"以票控税"的特点是，以增值税发票系统对发票所记账的货物和服务交易对象、品名、价格、金额以及流向等进行记录，并和企业申报信息进行比对，关联监控，能及时发现企业涉税风险并快速应对，在"以账控税"的基础上前进了一大步。

第三阶段：未来是大数据时代，税务征管也会与时俱进。随着大数据、云计算、人工智能等新技术的广泛运用，我国正在开启以数据为基础深度挖掘和融合应用为主要特征的税收征管智能化改造，计划通过"上云"建成智能税务征管流程。"以票控税"的时代，依托税收大数据资源，可对企业信息进行全方位的比对，并在此基础上对企业法人、财务负责人、相关办税人员信息进行记录核查，进一步提升了税收征管效能和税收治理水平。

4.1.4　共同申报准则

CRS 的发起者是经济合作与发展组织，简称 OECD。

CRS 的本质是各国政府对涉税信息进行自动交换，旨在打击纳税人利用跨境金融账户逃避纳税、洗钱等行为，有利于提高全球税收透明度。

2018 年，中国和全球 100 多个国家达成 CRS 信息共享，并于当年 9 月份将 CRS 下的金融账户涉税信息进行了第一次交换，如新加坡、开曼、英属维尔京群岛等，这就意味着中国政府可以通过 CRS 掌握纳税人的全球资产情况，实现全球征税。

比如，中国和开曼进行税务信息交换，那么中国居民在开曼的开户情况、资金情况及个人投资理财信息将会被开曼金融机构收集并上报开曼相关政府部门，开曼相关政府部门再将信息和中国相关政府部门进行信息交换，每年交换一次。

哪些信息会被交换呢？

个人在境外的存款账户、托管账户、保险、年金、基金等等都会被交换，并且，中国居民在海外设立公司的银行账户也会受影响。CRS 有"穿透"政策，银行需要将法人户口信息提供给当地税务局，当地税务局再将信息交换给国内税务局。

CRS 主要受影响的人群包括：

①在境外有大量非法财产并未合法纳税的个人；

②在境外有隐藏财产的境内公务员及其家属；

③在境外设有空壳公司转移利润的境内企业主；

④在境外设立家族信托和投资理财的高净值人士。

随着跨境电商市场持续火热，越来越多的卖家选择在境外成立公司和进行投资。在税收全球化的趋势下，不管是企业还是个人，信息都是透明的。笔者认为，纳税是每个中国公民的义务，只要大家合法纳税，CRS 对大多数人都没有什么影响，会受影响的主要是逃避国内税收跨境转移资产和隐匿收入的个人及境内公务员，此举既能打击贪污腐败，又能净化国际税收环境，还能为国家多增加财政收入，可谓一举多得。

2017 年进行首次信息交换的国家及地区（早期实施地区）包括：

安圭拉（英）、阿根廷、巴巴多斯、比利时、百慕大、英属维尔京群岛、保加利亚、开曼群岛、哥伦比亚、克罗地亚、库拉索岛、塞浦路斯、捷克、丹麦、多米尼加、爱沙尼亚、法罗群岛、芬兰、法国、德国、直布罗陀、希腊、格陵兰、格恩西岛、匈牙利、冰岛、印度、爱尔兰、马恩岛、意大利、泽西、韩国、拉脱维亚、列支敦士登、立陶宛、卢森堡、马耳他、墨西哥、蒙塞拉特岛、荷兰、纽埃、挪威、波兰、葡萄牙、罗马尼亚、圣马力诺、塞舌尔、斯洛伐克、斯洛文尼亚、南非、西班牙、瑞典、特立尼达和多巴哥、特克斯和凯科斯群岛、英国。

2018 年进行首次信息交换的国家及地区（较晚实施地区）有：

中国、阿尔巴尼亚、安道尔、安提瓜和巴布达、阿鲁巴、澳大利亚、奥地利、巴哈马群岛、伯利兹、巴西、文莱、加拿大、智利、库克群岛、哥斯达黎加、加纳、格林纳达、印尼、以色列、日本、科威特、马来西亚、马绍尔群岛、毛里求斯、摩纳哥、瑙鲁、新西兰、卡塔尔、俄罗斯、圣基茨和尼维斯、萨摩亚、圣卢西亚、圣文森特和格林纳丁斯、沙特阿拉伯、新加坡、圣马丁岛、瑞士、土耳其、阿拉伯联合酋长国、乌拉圭、瓦努阿图等。

4.1.5　香港特别行政区

香港特别行政区，全称中华人民共和国香港特别行政区，位于中国南部沿岸，北与深圳相邻、西背珠江口及澳门、南向中国南海，地理位置优越。作为全球第三大金融中心，香港是一座繁荣、开放的国际化大都市。

香港经济的特点是自由贸易、低税率、无外汇管制，政府干预也少，营商环境可谓非常友好。

首先，香港的自由贸易港口优势明显，手续简单、通关效率高。货物进出口除了豁免报关物品外（价值 4 000 港币以下货物可豁免报关），其他货物必须在进口或出口后 14 日内向海关提交进出口报关表，逾期会有罚款。加上香港无外汇管制，资金兑换自由，以及低税率政策等，如此良好的营商环境尤其吸引内地投资者。

香港税务主要有：利得税、薪俸税、物业税、厘印税等。

①利得税。

利得税，可以理解为内地的企业所得税，是收入－成本之后的利润部分计算税金。香港地区采用属地原则来征利得税，也就是说只有源自香港的所得才需要再交利得税，源自其他地方的所得不需要交收。目前香港的利得税实行两级税制，意思就是有两个税率，针对法团（企业），不超过 200 万元港币的利润，利得税率为 8.25%；超过 200 万元港币的利润，利得税率为 16.5%，并且还有相关豁免和可扣除项目。

利得税豁免事项包括以下内容。

①已缴付中国香港利得税的法团所分派的股息；

②从其他应课利得税人士所收取的已课税利润；

③储税券利息；

④根据《借款条例》（第61章）或《借款（政府债券）条例》（第64章）发行的债券所派发的利息及所获得的利润；或从外汇基金债务票据或多边代理机构港币债务票据所获得的利息或利润；

⑤从长期债务票据所得利息收入及利润；

⑥豁免利得税的合资格债务票据（2018年4月1日或之后发行）的利息、利润或收益；

⑦就指明投资计划收取或应累算的任何款项，而收取或应累算该款项的人士为：

·就任何根据《证券及期货条例》（第571章）第104条获认可为集体投资计划的互惠基金、单位信托或类似的投资计划应课利得税的人；

·就任何互惠基金、单位信托或类似的投资计划（如局长信纳该基金、信托或计划是真正的财产权分散的投资计划，并且符合一个在可接受的规管制度下的监管当局的规定）应课利得税的人。

任何人士可就以下项目的款项获豁免缴利得税。

① 1998年6月22日或之后所累算在香港存放于认可机构的存款所赚取的利息，但不包括财务机构所收取或累算归予财务机构的；

② 2009/10课税年度起，人民币国债的利息和利润。

利得税扣除事项具体如下。

一般而论，所有由纳税人为赚取应评税利润而付出的各项开支费用，均可获准扣除。详情可在计算香港分行或附属公司的利得税时，如总公司将部分可扣除的行政费用转账，则此项转入的费用也可予以扣除，但亦只限于在有关课税年度的基期内用以赚取应评税利润的部分。

利得税不可扣除事项包括以下内容。

①家庭或私人开支及任何非为产生应评税利润而花费的款项；

②资本的任何亏损或撤回，用于改进方面的成本，或任何资本性质的开支；

③根据保险计划或弥偿合约而可得回的款项；

④非为产生应评税利润而占用或使用楼宇的租金或有关开支；

⑤根据《税务条例》缴纳的各种税款，但就支付雇员薪酬而已缴付的薪俸税除外；

⑥支付予东主或东主的配偶、合伙人或合伙人配偶（如属合伙经营）的薪酬、资本利息、贷款利息或在《税务条例》第 16AA 条以外，向强制性公积金计划作出的供款。

②薪俸税。

薪俸税，相当于内地的个人所得税，是指在香港受雇工作或提供服务而取得的薪金、津贴、佣金、红利以及董事薪水等等均需缴纳薪俸税。薪俸税的税率是按照收入额减去可扣除项目及免税额后按照累进税率和标准税率孰低原则计算的。

累进税率有 2%，6%，10%，14%，17% 五个阶梯；标准税率为 15%，见表 4-9。

表 4-9 香港薪俸税税率表

应课税入息金额	累进税率	税额
首 50 000HKD	2%	1 000
首 50 000HKD	6%	3 000
首 50 000HKD	10%	5 000
首 50 000HKD	14%	7 000
剩余余额	17%	

应课税入息实额 = 入息总额 − 扣除总额 − 免税额总额

入息净额 = 入息总额 − 扣除总额

免税额及扣除额明细如图 4-1 所示。

③物业税。

物业税，是香港特别行政区税务局向在香港拥有土地和建筑物的拥有人征收的税款，以实际取得的租金收入缴纳物业税，物业税税率 15%。在香港有经营物业出租业务并取得租金收入的企业，也可以书面向税务局申请豁免缴付物业税，其物业所得缴纳利得税。已缴纳的物业税用于抵消应缴纳的利得税，多缴纳的部分可申请退回。

薪俸税/个人入息课税

免税额、扣除及税率表

1. 免税额课税年度

课税年度	2017/18 $	2018/19 $	2019/20至2021/22 $	2022/23 $	2023/24及其后# $
基本免税额	132000	132000	132000	132000	132000
已婚人士免税额	264000	264000	264000	264000	264000
子女免税额（第一名至第九名子女）（每名计算）	100000	120000	120000	120000	130000
（在每名子女出生的课税年度，子女免税额可获额外增加）	100000	120000	120000	120000	130000
供养兄弟姊妹免税额（每名计算）	37500	37500	37500	37500	37500
供养父母及供养祖父母或外祖父母免税额（每名计算）					
年龄为60岁或以上，或有资格按政府伤残津贴计划伸领甲索津贴的父母/祖父母/外祖父母	46000	50000	50000	50000	50000
年龄为55岁或以上，但未满60岁的父母/祖父母/外祖父母	23000	25000	25000	25000	25000
供养父母及供养祖父母或外祖父母免税额					
年龄为60岁或以上，或有资格按政府伤残津贴计划申索津贴的父母/祖父母/外祖父母	46000	50000	50000	50000	50000
年龄为55岁或以上，但未满60岁的父母/祖父母/外祖父母	23000	25000	25000	25000	25000
单亲免税额	132000	132000	132000	132000	132000
伤残人士免税额	0	75000	75000	75000	75000
伤残人士受养人免税额（每名计算）	75000	75000	75000	75000	75000

2. 扣除-最高限额

课税年度	2017/18 $	2018/19 $	2019/20至2021/22 $	2022/23 $	2023/24及其后# $
个人进修开支	100000	100000	100000	100000	100000
长者住宿照顾开支	92000	100000	100000	100000	100000
居所贷款利息	100000	100000	100000	100000	100000
向认可退休计划支付的强制性供款（每名受保人计算）	18000	18000	18000	18000	18000
根据自愿医保计划单缴付的合资格保费	–	–	8000	8000	8000
合资格年金保费及可扣税强积金自愿性供款	–	–	60000	60000	60000
住宅租金扣除	–	–	–	100000	100000
认可慈善捐款[(入息-可扣除支出-折旧免税额)x百分率]	35%	35%	35%	35%	35%

3. 计算税款

总应缴税款是以你的应课税入息额实额按累进税率计算；或以入息净额（未有扣除免税额）按标准税率计算，两者取较低的税款额征收。

应缴税额课税进一步扣除税款宽减，但不超过该宽减上限。

应课税入息实额=入息-扣除总额-免税额

课税年度	2017/18 应课税入息实额	税率	税款	2018/19及其后# 应课税入息实额	税率	税款
最初的	45000	2%	900	50000	2%	1000
其次的	45000	7%	3150	50000	6%	3000
	90000		4050	100000		4000
其次的	45000	12%	5400	50000	10%	5000
	135000		9450	150000		9000
其次的				50000	14%	7000
				200000		16000
余额		17%			17%	
标准税率		15%			15%	

税款宽减

课税年度	宽减税率的百分比	每宗个案宽减上限（元）	适用的税种类别
2017/18	75%	30000元	利得税、薪俸税及个人入息课税
2018/19及2019/20	100%	20000元	利得税、薪俸税及个人入息课税
2020/21及2021/22	100%	10000元	利得税、薪俸税及个人入息课税
2022/23	100%	6000元	利得税、薪俸税及个人入息课税

图 4-1 香港薪俸税免税额及扣除标准

计算公式：

物业税=（年度租金收入-不能追回的租金-业主缴纳的差饷）×（1-20%）×15%

租金收入包括以下内容。

①已收或应收的租金总额；

②为楼宇使用权而支付的许可证费用；

③向业主支付的服务费及管理费；

④由住客支付的业主开支，例如修理费及物业税；

⑤曾作不能追回租金扣除而现已收回的款额；

⑥租约顶手费。

可扣除的部分包括以下内容。

①业主支付的差饷；

②不能追回的租金；

③修葺支出的标准免税额。

法团可豁免物业税情况（必须满足下列条件之一）。

①来源于该物业的利润必须是经营该行业、专业或业务所得的利润的一部分；

②该物业须由该拥有人占用或使用以产生应课利得税的利润；

③厘印税。

厘印税也可以理解为印花税，在香港注册企业一般两种情况下要交厘印税，一种是注册公司的时候，注册资本最低1万元港币，超过1万元港币需要按0.1%缴纳厘印税；另一种是公司股东转让股份的时候，买卖双方各按0.1%缴纳厘印税，合计税率0.2%。

厘印税就是在文件、合约、协议双方签署完毕后，向印花税署盖或粘贴印花，并缴纳税费。盖或粘贴印花后的文件享受法律保障，若没有盖或贴印花，则文件不具备法律效力。

更多香港税费信息可登录香港特别行政区税务局网站了解，具体以网站公布为准。

4.2 境外地区税务及投资政策

随着行业的不断发展，越来越多的企业选择设置境外架构来开展国际贸易业务，本土化店铺运营就是一种很常见的方式。本土化运营有助于打造品牌国际影响力，也便于开展跨境贸易以及境外IPO。

境外投资是趋势，然而国内企业在对接国际化的进程中同时也面临诸多的问题和挑战，无论是境外投资环境还是相关政策、法律风险以及税务风险等都存在理解和认知上的偏差，其中，跨境税务更是重中之重，但这是企业必须要面对和解决的难题。

本节就为大家详细讲解境外各个国家及地区的投资税务管理问题，帮助大家更好地了解境外税收制度、税收征收管理以及跨境投资注意事项等。

企业在境外进行投资之前，要做好以下两件事：

①了解各国或地区注册情况及税务成本情况；

②选择注册目的国并办理境外投资备案（ODI 备案）。

4.2.1　国际税务——美国

美国作为亚马逊平台诞生的地方，亚马逊美国站电商流量非常大，占据亚马逊平台流量的半壁江山，非常有利于开展本土化运营。因此，美国是境内企业对外投资的热门投资国。

美国的税收特点是分权制，划分为联邦、州和地方，税收征收也划分为联邦税、州税和地方税。联邦税由美国联邦政府征收，州税和地方税由州政府及地方政府征收。

联邦政府征收的税种有：个人所得税、公司所得税、最低额税、资本利得税、个人控股公司税、社会保险税、累积收益税、暴利税、自雇税、失业税、消费税、职业税、汽车特种燃料销售税、设备和服务税、海床矿产开采税、环境税、烟税、酒税、遗产税及赠予税、印花税、关税等。

州政府征收的税种有：州公司所得税、州个人所得税、销售税、遗产税和继承税、机动车牌照税等，其中销售税是主要税种，在整个州税收收入中占有最重要地位。

地方政府征收的税种有：地方的销售税、个人所得税及财产税等。

虽然美国的税种很多，但是并不是所有税种都需要企业缴纳的，一般企业需要缴纳的税费有联邦税、州税和销售税，并且每个州的征税政策也不同，有的州免州税，有的州不免。

联邦税是美国国税局（IRS）中央税收的总称，自 2018 年开始联邦所得税调整为 21%，类似于国内的企业所得税，是以企业的利润来征税的，企业有利润就要交税，没有利润则不用交税；

州税通常指州所得税，是以企业的利润来征收的。销售税类似于国内的增值税，具有转嫁性，由消费者承担，比如做美国亚马逊，商品卖出时除了向消费者收商品款之外也会向消费者收取销售税（针对要交税的州，免销售税州除外），税费信息会体现在平台销售报告中的持有税市场（marketplace withheld tax）项中。销售税不需要企业交，但是企业需要申报，每年亚马逊会向美国税务局提供一份 1099-K 报表，如果税务局发现企业申报的信息和 1099-K 报表信息不一致就会通知企业审查了。

2024 年美国各州简称及州税税率对照表见表 4-10。

表 4-10 美国 2023 年各州企业所得税率 & 州销售税率

序号	美国各州	州简称	州企业所得税率	州销售税率
1	阿拉巴马州	Alabama(AL)	6.50%	9.43%
2	阿拉斯加州	Alaska(AK)	9.40%	1.82%
3	亚利桑那州	Arizona(AZ)	4.90%	8.41%
4	阿肯色州	Arkansas(AR)	4.30%	9.46%
5	加利福尼亚州	California(CA)	8.84%	8.80%
6	科罗拉多州	Colorado(CO)	4.40%	7.86%
7	康涅狄格州	Connecticut(CT)	8.25%	6.35%
8	特拉华州	Delaware(DE)	8.70%	0.00%
9	佛罗里达州	Florida(FL)	5.50%	6.95%
10	乔治亚州	Georgia(GA)	5.39%	7.42%
11	夏威夷州	Hawaii(HI)	6.40%	4.50%
12	爱达荷州	Idaho(ID)	5.695%	6.03%
13	伊利诺伊州	Illinois(IL)	9.50%	8.89%
14	印第安纳州	Indiana(IN)	4.90%	7.00%
15	爱荷华州	Iowa(IA)	7.10%	6.94%
16	堪萨斯州	Kansas(KS)	6.50%	8.77%
17	肯塔基州	Kentucky(KY)	5.00%	6.00%
18	路易斯安那州	Louisiana(LA)	5.50%	10.12%
19	缅因州	Maine(ME)	8.93%	5.50%
20	马里兰州	Maryland(MD)	8.25%	6.00%
21	马萨诸塞州	Massachusetts(MA)	8.00%	6.25%
22	密歇根州	Michigan(MI)	6.00%	6.00%
23	明尼苏达州	Minnesota(MN)	9.80%	8.12%
24	密西西比州	Mississippi(MS)	5.00%	7.06%
25	密苏里州	Missouri(MO)	4.00%	8.41%
26	蒙大拿州	Montana(MT)	6.75%	0.00%
27	内布拉斯加州	Nebraska(NE)	5.20%	6.97%
28	内华达州	Nevada(NV)	0.00%	8.24%
29	新罕布什尔州	NewHampshire(NH)	7.50%	0.00%
30	新泽西州	NewJersey(NJ)	11.50%	6.60%
31	新墨西哥州	NewMexico(NM)	5.90%	7.63%
32	纽约州	NewYork(NY)	7.25%	8.53%
33	北卡罗来纳州	NorthCarolina(NC)	2.25%	7.00%
34	北达科他州	NorthDakota(ND)	4.31%	7.05%

续上表

35	俄亥俄州	Ohio(OH)	0.00%	7.23%
36	俄克拉荷马州	Oklahoma(OK)	4.00%	9.00%
37	俄勒冈州	Oregon(OR)	7.60%	0.00%
38	宾夕法尼亚州	Pennsylvania(PA)	7.99%	6.34%
39	罗德岛州	RhodeIsland(RI)	7.00%	7.00%
40	南卡罗来纳州	SouthCarolina(SC)	5.00%	7.50%
41	南达科他州	SouthDakota(SD)	0.00%	6.11%
42	田纳西州	Tennessee(TN)	6.50%	9.56%
43	得克萨斯州	Texas(TX)	0.00%	8.20%
44	犹他州	Utah(UT)	4.55%	7.32%
45	佛蒙特州	Vermont(VT)	8.50%	6.37%
46	弗吉尼亚州	Virginia(VA)	6.00%	5.77%
47	华盛顿州	Washington(WA)	0.00%	9.43%
48	西弗吉尼亚州	WestVirginia(WV)	6.50%	6.57%
49	威斯康星州	Wisconsin(WI)	7.90%	5.70%
50	怀俄明州	Wyoming(WY)	0.00%	5.44%

如果企业在美国有雇佣员工，还需要帮员工代扣代缴"五险一金"，每年需要向员工提供一份 W-2 表，就是工资情况表。W-2 表会反映员工的工资收入情况以及各项税费的扣缴情况，具体包括：工资收入、联邦收入税、社会保障工资、社会保障税、医疗保险工资、医疗保险税以及州和地方收的税费等。W-2 表见表 4-11。

表 4-11　工资情况表

22222	一个员工的社会保险号码		
		管理预算No. 1545-0008	
b雇主识别号（EIN）		1.工资，小费，其他补偿	2.所扣缴的联邦所得税
c雇主的姓名、地址和邮政编码		3社会保障工资	4社会担保扣缴税款
		5.医疗保险的工资和小费	6.预扣医疗保险税
		7社会保障技巧	8个分配的提示
d控制编号		9	10个依赖的护理福利
e员工的名字和首字母姓氏苏夫。		11不合格计划	⁝
		13法定退休的第三方 员工计划病假工资	12b
		14其他	⁝
			⁝
f员工的地址和邮政编码			
15个州雇主的州身份证号码	16.国家工资、小费等,	17国家所得税	18当地工资、小费等	19地方所得税	20本地名称

2工资和税务报表　　　　　　　　　2024　　　　　　　美国财政部-美国国税局

类型
副本1-为州、市或地方税务部门

个人所得税也是美国财政收入的重要来源，美国个人所得税按比例累进税率，税率在 10% ～ 37%，申报类别分为单身申报、夫妻联合申报、户主申报等。

个人所得税税率表见表 4-12。

表 4-12　个人所得税税率表

单位：美元

税率	单一申报者	已婚联合申报	已婚单独申报	户主
10%	0~11 925	0~23 850	0~11 925	0~17 000
12%	11 926~48 475	23 851~96 950	11 926~48 475	17 001~64 850
22%	48 476~103 350	96 951~206 700	48 476~103 350	64 851~103 350
24%	103 351~197 300	206 701~394 600	103 351~197 300	103 351~197 300
32%	197 301~250 525	394 601~501 050	197 301~250 525	197 301~250 500
35%	250 526~626 350	501 051~751 600	250 526~375 800	250 501~626 350
37%	626 351 或以上	751 601 或以上	375 801 或以上	626 351 或以上

注：更多关于美国税务信息可登录美国税务局网站查询，具体以网站公布为准。

4.2.2　国际税务——欧洲

欧洲地域辽阔、人口众多，互联网和电子商务渗透率非常高，占据全球十大经济体的 40%，其中包括：德国、法国、意大利及英国。整个欧洲国内生产总值（GDP）达到全球六分之一，其中超过 7 个国家人均 GDP 排名全球人均排名前 10（GDP TOP 10）。

欧洲的互联网人口比率高达 91%，位居全球第一，其中超过 5 亿欧洲人会网购，超过美国＋日本的人口总和！目前欧洲电商市场规模仅次于美国，是亚马逊的第二大流量国，预测到 2025 年欧洲电商市场规模将超过美国。

欧洲站如此巨大的流量，卖家们当然不会错过，他们不仅开通欧洲站店铺，选择在欧洲成立公司做本土化运营的也越来越多。

亚马逊欧洲站站点有：英国、德国、法国、意大利、西班牙、荷兰、瑞典、波兰比利时等九国。

亚马逊欧洲站站点分析如图 4-2 所示。

图 4-2　2024 年法国个人所得税税率表

1. 德国

德国作为欧洲经济体和世界经济强国之一，也是欧盟人口最多的国家。德国也是中国在欧盟最大的合作伙伴，据相关统计，2020 年中德双边贸易出口总额 2 276.3 亿美元，其中出口 1 162.3 亿美元，进口 1 114 亿美元。

德国是联邦制分税制国家，行政管理由联邦、州和地方（市、镇）组成，纳税人缴纳的税费并不统一划入联邦财政，而是按共享税和专项税区分，共享税按照一定规则和比例在各级政府之间进行分成；专项税则划归联邦、州或地方（市、镇）作为专项收入。

国内投资者一般选择注册 GmbH 公司（类似国内私营有限责任公司）较多，GmbH 是 Gesellschaft mit beschränkter Haftung 的简称，意思是有限责任公司，股东可以是一个人，这是一种被境内投资者选择最多的公司类型，股东只需要以出资额为限对公司债务承担责任，但是有最低注册资金要求，注册资本要求 25,000 欧元。

德国是联邦制国家，绝大多数税法都是联邦制定的，税收立法制定权相对集中。德国的行政管理是由联邦、州和地方（市、镇）组成，实行分税制，并按规定的比例在联邦、州和地方（市、镇）之间进行分配。

德国现行税种主要有：增值税（VAT）、企业所得税（körperschaftsteuer）、营业税（gewerbesteuer）、土地购置税（grunderwerbsteuer）、关税（tarif）、个人所得税（einkommensteuer）、房产税（grundsteuer）、遗产税和赠予税（erbschafts- und schenkungssteuer）、保险税（steuer auf versicherungen）、机动车税（steuer auf Kraftfahrzeuge）、矿物油税（steuer auf mineral öl）、

教会税（die Kirchensteuer）、solidaritätszuschlag（团结附加税）等。

（1）增值税（VAT）

VAT 税全称 value added tax，简称 VAT，类似于国内的增值税，VAT 分为进口 VAT 和销售 VAT，在进口环节和销售环节需要缴纳 VAT 税。进口环节缴纳的 VAT 税可以申请退税，缴纳进口增值税之后会形成一个 C79 文件（C79 是指定 VAT 账户拥有者一个月进口 VAT 金额的汇总），记录当月每一笔进口 VAT 产生的金额，只要卖家用自己的 EORI 号（economic operator registration and identification，经济运营商注册识别，也称为海关报关号，只要在欧洲做进出口生意就需要申请 EORI 号，一般由本国海关登记发给，在全欧盟界内通用，英国需要单独申请）清关，海关会把数据传输到税务局，税务局每个月整理出 C79 文件，后面退税会用到这个文件。

自 2021 年 7 月 1 日起，亚马逊全面代扣代缴欧洲 27 国 VAT 税。值得注意的是，德国本土企业入驻欧洲站，亚马逊平台不代扣代缴 VAT 税，本土企业自行申报即可。

德国 VAT 税率为 19%，部分商品和服务实行低税率 7% 政策，如活禽、出版书籍、牙科类、短期住宿（6 个月内）、版权授权、特定食品饮料供应、剧院、音乐会、博物馆门票等；欧盟内销售商品或商品出口实行零税率政策。

VAT 税计算方法：

进口关税 = 货物申报价值 × 关税税率；

进口 VAT=（货物申报价值 + 头程运费 + 关税）× 进口增值税税率；

销售 VAT= 平台销售价格 × 销售增值税税率。

举个例子：中国 A 公司出口一批电子产品到欧洲，成本 100 EUR（欧元）/ 件，境外平台售价 288 EUR/ 件，出口 1 000 件，物流费用 500 EUR，关税税率 0，VAT 税率 20%，货物已清关完毕，并已在亚马逊销售完毕，请计算进口 VAT 税和销售，以及可退税 VAT 是多少？

进口关税 =（100 × 1 000）× 0=0 EUR；

进口 VAT=（100 000+500+0）× 19%=19 095 EUR；

平台总销售额 =288 × 1 000=288 000 EUR；

不含税销售额 =288 000 ÷ (1+19%)=242 016.81 EUR；

销售 VAT=242 016.81 × 19%=45 983.19 EUR；

可退税 VAT=19 095 EUR。实际缴纳 VAT=45 983.19−19 095=26 888.19 EUR

（2）企业所得税（körperschaftsteuer）

德国的企业所得税属于联邦税，纳税主体分为无限纳税人和有限纳税人，无限纳税人是指在德国境内注册，且总部和业务管理均在德国的企业，就其境内外所得均需缴纳企业所得税；有限纳税人指虽在德国注册企业，但是总部和业务管理不在德国的企业，仅就其来源于境内的收入缴纳企业所得税，企业所得税税率统一为 15%。

计算公式：企业所得税 = 企业利润 × 15%。

（3）营业税（gewerbesteuer）

营业税是由地方政府对企业营业收益征收的一种税，是按照企业利润来征收的，而不是按照营业额；营业税的核算方法比较特殊，是企业利润乘以税率指数（steuermesszahl）再乘以相应稽征率（hebesatz）；联邦政府规定的统一营业税税率指数是 3.5%，各地方政府规定的地方稽征率不低于200%，平均稽征率在 350% ～ 400%。

计算公式：营业税 = 企业利润 × 税率指数 × 稽征率。

（4）土地购置税（grunderwerbsteuer）

土地购置税的纳税人是在德国境内转让地产的个人，征收对象是地产，包括开发的土地和耕地，以及开发后的不动产。每个州的税率不一样，具体以州规定为准，一般税率为 3.5%，也有些情况可以不用缴纳土地购置税，比如购买估算基础不高于 2 500 欧元的地产、通过赠予或遗产继承进行的地产转让、配偶或直系亲属之间的土地交易等。

（5）关税（tarif）

德国关税是由德国海关针对货物进出境而征收的一种税，德国属于欧盟，适用于欧盟共同体海关税制。欧盟各国间货物流通不征收关税，出口货物一般是零关税，进口货物按照货物编码对应税率征收关税，产品税率查询可登录欧盟贸易数据网。

（6）个人所得税（einkommensteuer）

德国个人所得税纳税人分为无限纳税人和有限纳税人，无限纳税人是在德国有永久性居所或者一年内在德国至少连续居住满6个月的居民个人，无限纳税人按其来源于德国境内和境外的全部收入进行纳税；有限纳税人是指在德国没有永久性居所，且一年内在德国居住不满 6 个月的非居民个人，有限纳税人只需要就其来源于德国境内的所得纳税。

根据德国《所得税法》规定，个人所得税征收范围包括工资薪金收入、从事自由职业收入、投资所得、租金收入、著作收入、专利收入、从事农林业收入、工商业收入等；按照收入额减去税前扣除项目后的余额计算应纳税额，可税前扣除项目有利息费用、医疗费用、保险费、捐赠等；

个人所得税按单身、已婚和民事合伙人形式进行区分，基础减免额不同，采用累进所得税率，税率 0 ～ 45%，基本免税额是 11 605 欧元。

德国个人所得税分六类税级：

税类 1，单身、丧偶或离婚，无子女；

税类 2，单亲父母，丧偶或有子女离婚；

税类 3，已婚的独生子女或双工，其中另一方应双方的要求具有 5 级税，推荐给高收入者（税类 3）和低收入者（税收类别 5）的配偶；

税类 4，已婚双收入者，建议两人均收入大致相同的配偶使用；

税类 5，参见税类 3；

税类 6，如果是另一种雇佣关系的额外税卡（用于额外收入）。

具体规定请参考德国《所得税法》。

（7）房产税（grundsteuer）

房产税是针对拥有不动产的个人或企业征收的一种税，房产税的计算方式也比较复杂，由德国联邦政府制定统一的税率指数（Steuermesszahl），然后由各地方政府自行确定稽征率（Hebesatz），二者乘积即是房地产税税率，用于公共设施、慈善、宗教目的以及大学的不动产可以申请豁免。

（8）遗产税和赠予税（erbschafts-und schenkungssteuer）

遗产和赠予都属于无偿取得资产，因此适用相同的税率，并根据婚姻或被继承人 / 捐赠人与继承人 / 受赠人之间的关系以及取得的资产来分类确定税率。

遗产税和赠予税将继承人 / 受赠人类别分成三类，第一类，配偶、子女和继子女、孙辈、曾孙辈、父母和祖父母（继承）；第二类，兄弟、姐妹、侄子、侄女、继父母、女婿、儿媳、公公婆婆、离婚配偶、父母和祖父母（赠予）；第三类，其他人员，包括法人。

（9）保险税（steuer auf versicherungen）

保险税主要是针对已经支付保费的德国居民征收的一种税，纳税人是被保险人，税率一般是19%，其中家庭财产保险税率减按保费的85%征收，住宅建筑保险税率减按保费的86%征收，火灾保险税率减按保费的60%征收，税率22%；人寿保险、养老金保险、医疗保险、失业保险和再保险合同等免税。

（10）机动车税（steuer auf kraftfahrzeuge）

机动车税是针对机动车辆排按放废气量和发动机种类征收的一种税，纳税对象是机动车辆的所有者。柴油和汽油车废气排放不利于环保，相比之下电动汽车更利于环保，德国政府鼓励民众购买电动汽车，纯电动汽车从上牌照起十年内免交机动车税。

（11）矿物油税（steuer auf mineral öl）

矿物油税的纳税人是矿物油的生产和进口商家，但是矿物油税是可以转嫁到消费者身上的，所以最终税费承担方是机动车使用者。小汽车使用者越多，废气排放越多，环境污染越严重。矿物油税的征收促进人们少用机动车，多选择绿色出行方式，以达到环保的目的。

（12）教会税（die kirchensteuer）

教会税是针对有宗教信仰并正式登记注册的教徒征收的一种税，根据个人所得税额的8%或9%缴纳，具体根据所在州的规定进行。

（13）团结附加税（solidaritätszuschlag）

团结附加税是针对个人和企业所得税征收的一种税，税率为5.5%，该税从1991年开始征收，是为了资助当年海湾冲突产生的各种"额外负担"和对中欧、东欧、南欧国家的支持以及德国统一的支持，只征收了两年，但于1995开始重新征收至今。

2．法国

法国位于欧洲西部，作为欧盟核心成员国，法国人口在欧盟各国中排名第二，仅次于德国。

法国税收制度完善，采取的是综合所得税制，按课税对象不同可分为收入所得税、消费税、资本税和地方税；按税收权属可划分为中央税和地方税；税收特点是属地原则，并以间接税（主要是 VAT 增值税）为主，直接税为辅。

法国现行税种主要有：增值税（VAT）、企业所得税（impôt sur les société）、个人所得税（impôt sur le revenu）、消费税（droits d'accise）、关税（droits de douane）、股息红利税（impôt sur les dividendes）、资本利得税（impôt sur le capital）、房产税（taxe foncière）等。

（1）增值税（VAT）

法国 VAT 一般税率 20%，优惠税率 10% 和 5.5%，特别优惠税率为 2.1%。

标准税率适用于销售货物和提供服务以及货物进口；优惠税率适用于电影票（10%）、艺术品转让被用于商业用途（10%）、进口艺术品、收藏品和古董等适用于 5.5%；特别优惠税率适用于销售国家医保范围内药物、发行报纸杂志、音乐会、演唱会门票等。

VAT 税计算方法——

进口关税 = 货物申报价值 × 关税税率；

进口 VAT=（货物申报价值 + 头程运费 + 关税）× 进口增值税税率；

销售 VAT= 平台销售价格 × 销售增值税税率。

（2）企业所得税（impôt sur les société）

也称公司税，企业（包括居民企业和非居民企业）仅就其在法国境内取得的生产经营所得及居民公司直接从境外取得的所得缴纳企业所得税，境外子公司及分支机构在境外取得的收入均不计入法国境内公司的应纳税所得额。法国政府为了减少企业税负，企业所得税率从 2017 年的 33% 逐步调整为现在的 25%。

（3）个人所得税（impôt sur le revenu）

法国个人所得税分居民纳税人和非居民纳税人，居民纳税人就其来源于全球的所得缴纳个人所得税，非居民纳税人就其来源于法国境内的收入缴纳个人所得税。法国个人所得税按照累进税率，最低 0，最高 45%，基本免税额为 11 492 欧元，并且单身、已婚、已婚有娃，以及已婚有几个娃等减免力度不同。另外境内有雇佣员工的企业需要为员工缴纳社会保障金，从员工薪资中扣除，社会保障金大概占工资总额的 20%，具体见表 4-13。

表 4-13　2024 年法国个人所得税税率表

收入等级	所得税税率
不超过 11 492 欧元	0%
11 493-29 315 欧元	11%
29 316-83 823 欧元	30%
83 824-180 294 欧元	41%
超过 180 294 欧元	45%

（4）消费税（droits d'accise）

法国消费税征税对象主要为烟草、饮料、金银饰品、糖及葡萄糖制品等。

（5）关税（droits de douane）

法国政府鼓励企业出口，对出口货物实行零税率；进口货物按照商品编码征收进口关税，税率一般在 7% ～ 14%，具体可在欧盟网站查询具体产品关税率信息。

（6）股息红利税（impôt sur les dividendes）

股息红利适用税率为 12.8 固定税率。

（7）资本利得税（impôt sur le capital）

主要指转让不动产、股份、数字资产的利得。转让不动产或不动产转关权利的资本利得,需缴纳 19% 税费,如果转让的是所有权 5 ～ 12 年不动产,则征收 6% 税费；转让所有权 22 年不动产,资本利得按 4% 征收；超过 22 年免征。转让股份资本利得适用 12.8% 固定税率；转让数字资产（比如比特币）价格大于 305 欧元,资本利得适用 30%。

（8）房产税（taxe foncière）

法国房产税主要分为住房税和土地税,住房税是由居住者缴纳的,自住就自己缴纳,出租就承租方缴纳,税率根据房屋价值确定,各地差异较大,税费大概是一个月租金,同时也有相关的减税措施,一般低收入群体大部分税金被减免了；土地税是不动产拥有者需要缴纳的一种税,具体税金根据房屋面积来计算,每平方米大概 10 欧元。

3. 英国

英国原是欧盟成员国,于 2020 年 1 月 31 日正式脱离欧盟。作为世界上人均消费水平最高的国家之一,英国的消费市场规模巨大,是世界第五大经济体。英国的营商环境成熟，法律制度完备。国内投资者一般选择注册 private limited company 公司（类似国内私营有限责任公司）较多。英国税制是大不列颠及北爱尔兰联合王国税收法规和稽征管理制度的总称。作为君主立宪制国家，英国的税收管理高度集权，90% 的税收权限主要集中在中央政府，地方政府税收收入占全国税收的 10% 左右。英国税制主要以直接税（占 60% 左右）为主，间接税和其他税为辅。

英国现行税种主要有：VAT（增值税）、corporation tax（企业所得税）、capital gains tax（资本利得税）、stamp duty（印花税）、import duty（关税）、inheritance tax（遗产税）等。

（1）增值税（VAT）

英国脱欧后 VAT 税号和 EORI 号需要单独申请，英国 VAT 税率分为标准税率 20%、低税率 5% 和零税率。标准税率适用于货物销售及货物进口；低税率适用于部分商品或服务，比如老年人行动辅助工具、儿童汽车座椅、家用能源等；零税率适用于报纸、杂志、印刷品、儿童服饰、残疾人设备、慈善机构广告服务等。进口 VAT 税可以抵扣，但购入自用及非营业目的的货物和服务等不允许抵扣。

英国 VAT 税申报和其他欧盟国家的不同是，英国清关的时候可以选择以 "postponed VAT accounting"（进口税延迟核算）方式申报，这样商家无须在进口时支付进口增值税，可以推迟到后期做 VAT 申报的时候再一起核算（不是不用交了，是可以晚点交），税务局每个月将生成一个在线推迟的进口增值税对账单（MPIVS），作为进项税被推迟的凭证；"postponed VAT accounting" 申报方式是可选项，不是必选项，进口商可以选择在进口时缴纳 VAT 税，后面再退税。

VAT 税计算方法：

进口关税 = 货物申报价值 × 关税税率；

进口 VAT=（货物申报价值 + 头程运费 + 关税）× 进口增值税税率；

销售 VAT= 平台销售价格 × 销售增值税税率。

举个例子：中国 A 公司出口一批电子产品到欧洲，成本 100 EUR/ 件，境外平台售价 288 EUR/ 件，出口 1 000 件，物流费用 500 EUR，关税税率 0，VAT 税率 20%，出口货物时选择进口税延迟核算，货物已清关完毕，并已在亚马逊销售完毕。请计算进口 VAT 税和销售以及可退税 VAT 是多少？

进口关税 =（100 × 1 000）× 0=0 EUR；

进口 VAT=（100 000+500+0）× 20%=20 100 EUR（延迟核算，实际进口时未缴纳）；

平台总销售额 =288 × 1 000=288 000 EUR；

不含税销售额 =288 000 ÷ (1+20%)=240 000 EUR；

销售 VAT=240 000 × 20%=48 000 EUR；

实际应缴纳 VAT=48 000−20 100=27 900 EUR；

可退税 VAT=0 EUR，因为进口时未实际缴纳。

（2）企业所得税（corporation tax）

英国企业所得税也称为"公司税"或"法人税"，居民企业需要就其来源于全球的利润进行缴纳企业所得税，非居民企业根据属地原则就其来源于英国境内的利润缴纳企业所得税，2023 年 4 月起，英国将年盈利低于 5 万英镑的公司税（Corporation Tax, 即企业所得税）税率维持在 19%，年盈利在 5 万至 25 万英镑之间执行 26.5% 的边际税率，针对年盈利高于 25 万英镑的企业，按照 25% 的比例征收公司税。

（3）个人所得税（income tax）

英国个人所得税征收范围主要为工资薪金、津贴、取得劳务或服务收入、租金收入、养老金收入、股票分红等收入、英国个人所得税采用累进税率，税率从 0 ～ 45%（苏格兰最高税率 46%），基础免税额为 12 570 英镑，计算公式为收入额减去基础扣除再减去其他应扣除项目后的余额乘以对应税率，具体见表 4-14。

表 4-14　2025 英国个人所得税税率表

范　围	应纳税所得额	税　率
个人免税额	小于等于 12 570 英镑	0
基本费率	12 571—50 270 英镑	20%
更高的费率	50 271—125 140 英镑	40%
附加费率	大于等于 125 140 英镑	45%

（4）资本利得税（capital gains tax）

资本利得税是对处理资产取得的资本利得征收的一种税，税率有两种确认办法，一种是如果个人所得税适用高速率或者加成税率，那么其取得住宅地产所得的资本利得税为 28%，其他资产所得的资本利得税为 20%；另一种是个人所得税适用基准税率，资本利得税需要结合收入额确定。

（5）股息税（dividend income tax）

股息税指取得股息收入所需要缴纳的税费，股息收入免税额是 2 000 英镑，超过 2 000 英镑按阶梯缴纳税费，基准税率 8.75%，高税率 33.75%，加成税率 39.35%。

（6）印花税（stamp duty）

印花税分为土地印花税（stamp duty land tax）和预征印花税（stamp duty reserve tax）。土地印花税是在购买和转让房产时缴纳，采用累进税率，住宅类免税额是 50 万英镑，非住宅类免税额是 15 万英镑；预征印花税是在购买股票时支付，通常按照 0.5% 缴纳，向股票清算机构或股票存托组织转让股票需缴纳 1.5% 印花税。

（7）关税（import duty）

英国自 2021 年 1 月 1 日起实施"英国全球关税"这一新关税制度，取代原来一直实施的欧盟对外关税制度；新税制下 60% 进口商品都是免关税的，具体商品关税率可在英国海关税务总署网站查询。

（8）遗产税（inheritance tax）

遗产税的起征点是 325 000 英镑，如所获得的遗产金额大于起征点，适用税率为 40%；如果是逝者去世 7 年前赠送的财物，可免缴遗产税。

对于企业来说，境外投资主要涉及的税务有：目的国进口关税、增值税、企业所得税，企业经营者和财务人员可以重点关注这几块。

以上税率为各国和地区的主要税种，非全部税种，更多税务信息请登录各国税务局网站查询，以网站公布为准。

4.2.3　英属维尔京群岛和开曼群岛

投资境外企业除了贸易目的外，还有境外 IPO，企业想要境外 IPO，通常会选择在英属维尔京群岛（BVI）或开曼群岛注册离岸公司。

英属维尔京群岛，位于大西洋和加勒比海之间，主要岛屿由托土拉岛、维尔京戈达岛、阿内加达岛、约斯特·范·大克岛四大岛屿和 50 多个小岛组成。英属维尔京群岛 1967 年开始自治，其产业主要以金融服务和旅游业为主，是全球离岸金融中心之一，低税率、自由货币结算及信息保密性强等吸引了众多海外投资者。英属维尔京群岛没有外汇管制，也无须增值税、企业所得税、资本利得税和遗产税等，有雇员的企业需要为雇员缴纳社会保障税，且 BVI 公司股份可自由交易买卖，无须每年召开股东会或董事会，每年按时年审即可。

BVI 在信息保密性方面也做得很好，BVI 对公司股东、董事个人信息及股权比例、收益情况等高度保密，公众不可查。

但是 BVI 公司无法直接在港交所、纽交所等地上市，想在港交所、纽交所上市的企业，通常通过股东设立 BVI 公司，然后以 BVI 公司再持股开曼公司或者中国香港公司作为上市主体，实现上市的目的。

开曼群岛是英国在西加勒比海岛的一个海外属地，由大开曼、开曼布拉克和小开曼三个主要岛屿组成。开曼群岛是牙买加的附属地，1959 年开始自治，金融服务业和旅游业是开曼的支柱产业；开曼群岛和英属维尔京群岛很相似，都是全球离岸金融中心。

开曼没有外汇管理，资金可以自由调动；税务方面没有公司税、财产税、资本利得税、遗产税和赠予税等；信息保密方面，开曼公司的股东、董事等信息受《保密维护关系法》管辖，享有高度保密性，不对外公开。

开曼公司在信息披露方面比 BVI 公司更为严格，可以在港交所和纽交所上市，比较适合想要在境外上市的企业注册。

4.2.4　境外投资备案

关于境外投资，我国《企业境外投资管理办法》是这样定义的，境外投资是指中华人民共和国境内企业（以下称"投资主体"）直接或通过其控制的境外企业，以投入资产、权益或提供融资、担保等方式，获得境外所有权、控制权、经营管理权及其他相关权益的投资活动。境外投资活动包括但不限于以下情形：

①获得境外土地所有权、使用权等权益；

②获得境外自然资源勘探、开发特许权等权益；

③获得境外基础设施所有权、经营管理权等权益；

④获得境外企业或资产所有权、经营管理权等权益；

⑤新建或改扩建境外固定资产；

⑥新建境外企业或向既有境外企业增加投资；

⑦新设或参股境外股权投资基金；

⑧通过协议、信托等方式控制境外企业或资产。

简言之，就是境内企业在境外设立子公司或通过直接或间接的方式拥有境外企业半数以上表决权，或虽不拥有半数以上表决权，但能够支配企业的经营、财务、人事、技术等重要事项，都属于对外投资。

《企业境外投资管理办法》第三章规定，企业开展对外投资需要符合法规执行，如果涉及敏感国家、地区和行业的，需要实行核准管理；非敏感国家、地区和行业的实行备案管理。《中华人民共和国国家发展和改革委员会令第 11 号》文件。

企业境外投资管理需提供以下申请材料。

①申请书，主要包括投资主体情况、境外企业名称、股权结构、投资金额、经营范围、投资资金来源、投资具体内容等；

②境外投资申请表；

③境外投资相关合同或协议；

④有关部门对所涉的属于中华人民共和国限制出口的产品或技术准予出口的材料；

⑤企业营业执照复印件；

⑥经办人身份证信息等。

企业境外投资管理的申请流程如图 4-3 所示。

依法应由商务部核准的境外投资企业
设立的核准事项

通过线上或线下向商务部
提交申请材料

合作司预审核 → 不予受理

材料是否齐全、合规 —否

是

补充材料

受理

是否符合对外投
资有关规定 —否→ 不予核准

是

核准同意

线上打印回执后，中央企业前往行政事
务服务中心、地方企业前往省级商务主
管部门领取批复和证书

办结

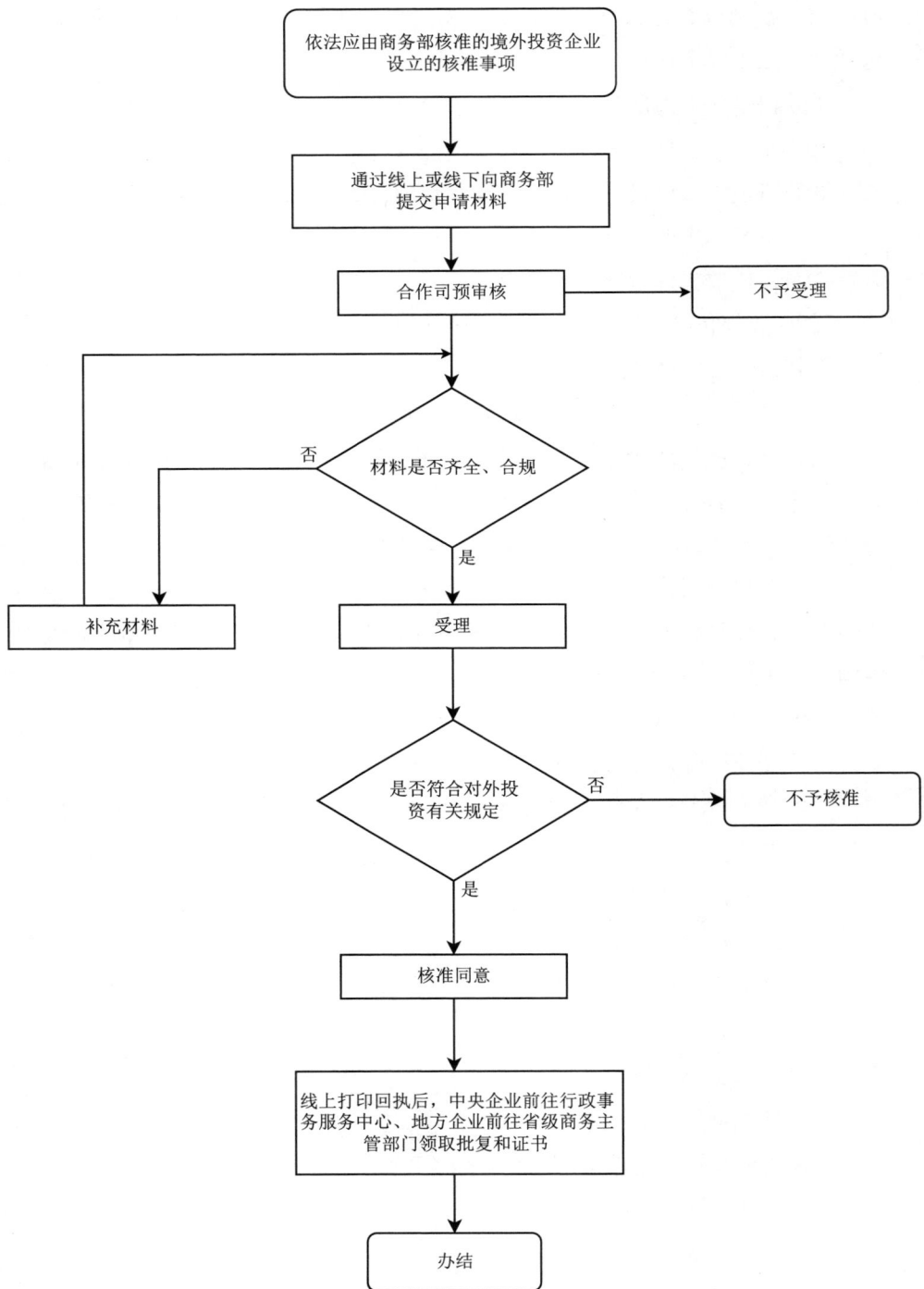

图 4-3　企业境外投资管理申请流程

设立境外投资企业申请范本如下：

设立境外投资企业申请

（示范文本）

××××（申请单位文号）

关于××××公司（境内）在××××国家设立××××公司（境外）的请示

商务部：

××××公司（中方）拟在×国注册设立××××公司（境外）（以下简称公司）。公司投资总额××××元，注册资本××××元。公司的经营范围为：……………………………………。公司经营期限××年。

现报上公司设立申请材料，请予审核。

联系人：×××　联系电话：×××

附件：（按规定提供完整申请材料，并逐一列明）

××××公司（申请单位，加盖单位公章）

××××年××月××日

"多米"来总结

1. 增值税的税赋最终承担方是消费者，因为税赋可转嫁；企业所得税的税赋最终承担方也是消费者，虽然企业所得税不可转嫁，但在商品定价时可将利润考虑进去。

2. 我国有十八个税种，分别是：增值税、消费税、企业所得税、个人所得税、资源税、城市维护建设税、房产税、印花税、城镇土地使用税、土地增值税、车船税、船舶吨税、车辆购置税、烟叶税、耕地占用税、契税、环境保护税、关税等；其中香港税务主要有利得税、薪俸税、物业税、厘印税等。

3. 我国税务监控分国内税务监控和国际税务监控，国内税务监控有金税三期和金税四期，国际税务监控有共同申报原则（CRS）。

4. 美国税务主要有联邦税、州企业所得税和销售税等，联邦税全美统一为 21%，州税率则不同，有的州高，有的州低，有的则没有，具体税率请查看税率图。

5. 欧洲国家税务主要有增值税（VAT 税）、企业所得税、个人税所得税，以及各项财产税等，具体税种请查看本章详细介绍。

6. 企业如有境外上市需求，通常会选择搭建 VIE 架构，在英属维尔京群岛和开曼群岛注册公司。并且企业开展境外投资需要做好 ODI 投资备案，涉及敏感国家、地区和行业的，需要实行核准管理；非敏感国家、地区和行业的实行备案管理。

第5章

跨境电商企业如何做好库存管理

5.1 如何做好库存管理

库存，即企业存货。库存管理是对企业存货的管理，存货和企业的业务活动是息息相关的，因此，库存管理对企业的重要性不言而喻。但要做好库存管理却并不容易，不然它也不会成为老板们的心头难题。

库存管理主要难在管理混乱、库存成本过高导致资金周转压力大等，很多老板反馈：明明账上有利润，但是银行就是不见钱，一看财报原来大部分资金都压在货上了！

其实这种现象不只让跨境电商行业老板头疼，其他行业老板也很头疼。头疼是病，是病就得治。

治病当然要先了解病因，才能对症下药。库存的问题牵一发而动全身，它可以反映企业出诸多的管理问题。库存过重说明企业库存周转速度较慢，库存周转慢反映货物消耗慢，货物消耗慢资金回款周期就变长，资金回款周期长容易导致企业资金流断裂，且如无计划盲目压货，还可能导致货物滞销风险等。只不过这些问题是通过库存的形式显化出来的，就像冰山一角，库存是浮出水面我们可以看到的问题，那么在水底"看不见"的问题有哪些呢？这才是我们要去深挖的部分。

5.1.1 库存分类

根据跨境电商的行业特性，以外贸型企业为例，跨境电商行业库存可以分为四大类，分别是国内仓库存、第三方海外仓（FBA仓）库存、在途库存和安全库存。

①国内仓库存。

指国内企业从上游供应商处采购回来待售的货物，将其存放在国内仓库；

②第三方海外仓（FBA 仓）库存。

指 FBA 海外仓和第三方海外仓接收从国内仓发来的货物，并验收入库的待售成品货物；

③在途库存。

指从国内仓发货至 FBA 仓和第三方海外仓还在途中没有被接收的成品货物；

④安全库存。

是指为了防止店铺缺货影响销售而提前备货至 FBA 仓或第三方海外仓的待售成品货物。安全库存是根据平台一定周期内平均销售量及综合国内采购时间、在途运输时间以及在途库存等因素来确定的安全库存量。（跨境电商行业销售受季节性波动因素影响较大，建议考虑季节性影响动态调整）

5.1.2　仓库进销存公式

期末库存 = 期初库存 + 本期入库 – 本期出库

期初库存：指上月期末本月期初仓库里面有多少种货物、每种货物有多少数量以及货值多少；

本期入库：指本月仓库入库总数及货值，可能是采购入库、客户退货入库、其他仓库调拨入库、借用入库和仓库盘点报溢入库等，仓管员应登记清楚货物入库的具体原因、数量、名称等详细信息；

本期出库：指本月仓库出库总数及货值，可能是销售出库、发 FBA 海外仓、售后补发货、借出商品、仓库盘点报损出库等。仓管员应登记清楚货物出库的具体原因、数量、名称等详细信息；

期末库存：指月底仓库剩余的货物总数及货值。

虽然这个公式很简单，但在实际工作中仍有很多企业库存管理混乱，算不清楚库存到底有多少。企业要算清楚库存数据，先要确认是否做到以下四点：

①库存进销存数据登记是否清晰？

②库存位置及标签是否一一对应？

③是否拥有唯一性的产品编码（关联 SKU）？

④是否定期进行盘点？

库存进销存数据登记清楚是做好库存管理的最基础条件。如果数据都不准，那后续基于数据的分析预测就没有意义。要做好基础数据管理需要将货物编码（唯一性 SKU）和销售 SKU（平台销售 SKU）以及亚马逊识别码（ASIN）码进行关联，若无关联，久而久之库存数据会越来越乱。

5.1.3　库存编码管理

库存编码管理混乱的企业，是算不清楚库存的。

货物编码主要指货物最小存货单位（stock keeping unit，SKU）的意思，是产品统一编号的简称，针对不同规格的产品 SKU 编码也不一样，每一款产品有一个唯一的 SKU 编码。国内仓库采购成品入库的时候，会有一个产品编码，这个编码一般是结合了采购信息和商品信息形成的唯一性编码，货物从入库到出库都是用这个唯一性编码。然而我们在不同的电商平台销售商品，平台系统会形成自己的另一个编码，比如亚马逊平台的 ASIN 码，这个是亚马逊系统自动生成的产品编码，卖家和卖家可以通过 ASIN 码来查询产品信息。国内仓库的 SKU 编码要和亚马逊平台的 ASIN 码进行对应；还有平台上架销售的 SKU，如果和国内仓 SKU 不同，需要进行关联；最终核算国内外进销存数据都是以国内唯一性 SKU 编码来进行的。

货物编码进行统一后，接下来就是优化仓库货位管理。货物对应的意思是将仓库分区域存放货物，货物也要做好分类，比如 A 区放 A 产品，B 区放 B 产品，C 区放配件等，并编好货架号，A0001、A0002、A0003 等；管理好货位更便于仓管员快速找到货物，即使是非仓库管理人员也能很快找到货物，这样不仅提升工作效率，仓库管理也会更加井井有条。

5.1.4 库存盘点

做到以上几点后，最后就是定期进行库存盘点了。

库存盘点是为了精确地计算当月和当年的营运状况，一般以月度 / 季度 / 半年度 / 年度为周期对公司的货物（成品和物料）进行盘点，通过盘点可以知道仓库实际数据和系统数据是否有偏差，以及偏差有多大，从而了解造成数据偏差的原因是什么，并加以改进。

库存盘点对于企业来说是非常重要的，能帮助我们更好地管理库存，及时处理滞销品、提高库存周转率。同时库存盘点差异指标也可以作为仓库管理人员的绩效考核依据。

库存盘点分固定盘点、抽样盘点、临时盘点等三种。

定期盘点：定期盘点指固定周期对仓库进行盘点，可以是月度、季度、半年度、年度等周期，也可以以周为单位进行盘点，具体根据产品类型而定。比如一些高价值的商品，流动性又比较强，为了避免差错导致损失，可以每周进行一次盘点；常规货品可以每周盘点一次，然后半年度和年度进行全面盘点。

抽样盘点：抽样盘点是指抽取部分货物作为样本来进行盘点，并根据样本数据推算仓库盘点情况，通常发生在货物种类较多的企业。抽样盘点根据 ABC 分类法将货物价值进行分类，比如 A 类是高价值货物，B 类是中等价值，C 类是低值货物，那么可以选择 A 类货物全盘，B 类和 C 类货物抽盘的形式。

临时盘点：临时盘点是指因特定目的需要而进行的盘点，是突发、偶然的，事前没有做相关准备工作，直接开始盘点。

关于盘点的类型，企业可以根据自身产品性质来确定盘点策略，有些价值不高，流动性也很低的商品可以不用每月盘点，每季度盘点一次也可以；若是高价值货物，也可以一周盘点一次。常规类货物通常每月盘点一次，并根据商品性质搭配全面盘点和抽样盘点组合进行。

5.1.5 FBA 海外仓库存管理

国内仓和海外仓在管理难度方面不同，国内仓就在国内，企业可以直接对其进行管理，有误差也能及时调整，库存数据相对容易确认。而海外仓管理则比较麻烦，因为海外仓在国外，主要通过系统给出的数据确认，有误差只能通过和客服人员沟通解决，无法像国内仓一样定期进行盘点。

FBA 海外仓期末库存 = 亚马逊期初库存 + 本期亚马逊入库 − 本期亚马逊出库。

亚马逊期初库存：指亚马逊上月末本月初库存数据，产品、数量、货值；

本期亚马逊入库：指当期亚马逊仓库入库总额，包括接收入库、退货入库、盘盈入库等；

本期亚马逊出库：指当期亚马逊仓库出库总额，包括销售配送出库（销售订单、多渠道订单、换货订单）、库存移除，盘亏出库等；

亚马逊期末库存：指亚马逊本月末库存数据，产品、数量、货值。

FBA 仓进销存公式和国内仓进销存公式是一样的，不同点在于亚马逊进销存数据方面经常容易出问题。比如本期入库，可能是跨境物流过程中丢失或者亚马逊仓库入库人工操作失误等原因导致接收数据和发货数据不相符。例如，从国内仓发出 1 000 件货物，亚马逊仓入库可能只有 999 件或者 1 001 件，数量多了或少了都是不对的，这时候就需要开 case 调查。

case 的意思是"案件、诉讼"，指亚马逊卖家向亚马逊平台发起的咨询，一般通过电子邮件的形式和亚马逊客服沟通。比如货物接收怎么多了或少了，发出去的货物已进仓为什么迟迟没有上架，店铺处罚、货款回款、赔偿追溯等都可以开 case 找客服解决。

货件接收数据对不上，业务人员会开 case 找客服处理。货件接收数据不一致，首先需要排除是否物流原因，若不是就是亚马逊的原因，要么是数点错了，要么是其他原因导致数量差异，如果是亚马逊方操作原因，可以向亚马逊要赔偿。

一般货件接收有差异时，有两种情况：一种是货件还没接收完；另一种是货件已经全部到达但入库有差异，已在 case 处理中，货件未关闭。

case 处理进度查看路径：库存——管理亚马逊货件——货件处理进度——追踪货件。

货物到了 FBA 海外仓之后，亚马逊海外仓运营中心清点货物入仓并上架，当平台产生销售之后，亚马逊运营中心直接给客户安排配送。客户若不满意退货，货物直接退回亚马逊运营中心，亚马逊运营中心会检查货物是否完好，如无问题会继续上架销售；如退回货物有问题，无法再售只能弃置处理，这部分的成本通常由卖家承担，但以下几种情况可以向亚马逊发起索赔：

①已退款给买家，但超过45天依然未收到卖家的退回货物；

②买家换货并已收到货物，但原货物没有退还给卖家；

③买家以 "买错了（purchased by mistake）" 等理由退回的货物，但退回的货物无法再销售。

关于订单配送，亚马逊运营中心除了配送本平台货物订单，还可以配送多渠道订单。多渠道订单就是其他平台的订单，比如速卖通、eBay 的订单，如果正好美国亚马逊仓库有货就直接配送了，多渠道配送时效快，成本较高。

多渠道配送订单可以在"订单–管理订单界面查看"。

关于库存移除，库存移除是指移除不可售库存和移除可售库存两种。不可售库存是指已通过设置状态为"不可售"，即已经不可以再出售的货物，一般是直接弃置了。移除可售库存是指当期状态依然是可售状态，但因特定原因需要将其移除，比如超龄库存或闲置库存。超龄库存是指在亚马逊中心存放超过365天需要缴纳长期仓储费的货物；闲置库存是指存放在亚马逊运营中心连续六个月或更长时间都没有售出的货物。可售库存也可以通过促销的方式低价销售出去清库存，如果还是清不出去，可以评估是否要将货物退回国内仓，如果不退回，便只能弃置处理了。

海外仓在货物接收、配送过程中可能会发生货物毁损、丢失、放错位置等情况，亚马逊为了确认可售库存数据无误，会定期进行库存盘点，盘点产生的差异会进行调整，可能找回，可能赔偿，也可能移除等。

因此，要核算清楚亚马逊库存必须要明确这五点：当期 FBA 仓期初货值多少、当期 FBA 仓总接收入库多少、当期 FBA 在途总数据是多少、当期 FBA 仓总配送出库多少、当期 FBA 仓期末库存是多少。

①当期 FBA 仓库期初货值多少。

FBA 仓库期初货值是指本期期初 FBA 海外仓的货物数量、金额，期初数据根据上期期末余额来确认。

②当期 FBA 仓总接收入库多少。

指当期亚马逊运营中心所有总入库数据，包括国内仓发 FBA 海外仓货物、客户退货入库、盘盈入库等。

月接收货件数据下载路径：数据报告 – 库存和销售报告 – 库存 – 已接收库存。

下载下来的原表（美国站）见表 5-1。

表 5-1　月接收货件中英文对照

英文表头	中文翻译
received-date	日期
fnsku	亚马逊仓库产品标识
sku	产品代码
product-name	产品名称
quantity	数量
fba-shipment-id	亚马逊物流货件编号
fulfillment-center-id	处理退货商品的运营中心

月接收货件数据正常和月库存调整的接收（received）栏数据应一致。如不一致，先排查原因，没排查出来开 case 调查。

③当期 FBA 在途总数据是多少。

指截至当期从国内仓发出至 FBA 海外仓累计未接受的数据是多少，数量、金额。

FBA 在途数 =FBA 在途期初数 + 当期国内仓发 FBA 数 – 当期 FBA 仓接收数

查询路径：库存 – 管理亚马逊货件 – 货件处理进度 – 追踪货件 – 物品信息。

在货件处理进度中可以看到该货件号配送货物是否接收完毕，如未接收完毕再点开追踪货件 – 物品信息，可以查看到该货件号具体配送了什么商品，以及具体哪些商品还未接收完毕或者接收异常在调查中。

由于亚马逊后台并没有汇总统计在途库存的报表模块，所以 FBA 仓在途数据需要自行统计。

　　FBA 在途接收数据实时更新，下载的时候要注意和其他数据分开下载，一般在 1 号下载（其他数据一般五号之后下载），还要注意各国的时差问题。

　　④当期 FBA 仓总配送出库多少。

　　指当期亚马逊运营中心总出库数据，包括：亚马逊订单配送出库、多渠道订单配送出库、换货、移除库存、盘亏出库等；

　　FBA 仓配送数据可以在后台下载相应配送报告，月配送货件下载路径：数据报告—库存和销售报告—销售额—亚马逊配送货件（动作日期—确切日期 / 上月完整日期）。

　　下载下来原表（美国站）见表 5-2。

表 5-2　月配送货件中英文对照表

英文表头	中文翻译
amazon-order-id	亚马逊订单编号
merchant-order-id	卖家订单编号
shipment-id	货件编号
shipment-item-id	货件商品编号
amazon-order-item-id	亚马逊订单商品编号
merchant-order-item-id	卖家订单商品编码编号
purchase-date	购买日期
payments-date	付款日期
shipment-date	配送日期
reporting-date	报告日期
buyer-email	买家电子邮件
buyer-name	买家姓名
buyer-phone-number	买家电话号码
sku	商品 SKU
product-name	商品名称
quantity-shipped	已发货数量
currency	货币
item-price	商品价格
item-tax	商品税费
shipping-price	运费
shipping-tax	运费税费
gift-wrap-price	礼品包装费

续上表

英文表头	中文翻译
gift-wrap-tax	礼品包装税费
ship-service-level	配送服务级别
recipient-name	收件人姓名
ship-address-1	配送地址 1
ship-address-2	配送地址 2
ship-address-3	配送地址 3
ship-city	配送城市
ship-state	配送州、省、直辖市或自治区
ship-postal-code	配送邮政编码
ship-country	配送县代码
ship-phone-number	配送电话号码
bill-address-1	账单地址 1
bill-address-2	账单地址 2
bill-address-3	账单地址 3
bill-city	账单城市
bill-state	账单州、省、直辖市或自治区
bill-postal-code	账单邮政编码
bill-country	账单国家 / 地区
item-promotion-discount	商品促销折扣
ship-promotion-discount	货件促销折扣
carrier	承运人
tracking-number	追踪编码
estimated-arrival-date	预计配送日期
fulfillment-center-id	运营中心
fulfillment-channel	配送渠道
sales-channel	销售渠道

月配送报告配送数据（quantity-shipped）和月库存调整表 sold（卖出）数据应一致，如不一致，先排查原因，没排查出来开 case 调查。

⑤当期 FBA 仓库期末结余多少。

指截至本期末 FBA 海外仓库存数量、金额。要知道 FBA 仓库存期末数必须知道亚马逊 FBA 仓进销存数据，亚马逊进销存数据可以直接在后台下载。

月库存调整数据下载路径：数据报告 – 库存和销售报告 – 库存 – 库存调整（上月完整日期）。

月库存调整报告就是 FBA 仓库进销存报告，月库存调整报告主要由产品编码、产品名称、期初数量、期末数量以及本期各种状态入库和各种状态出库信息组成。

下载下来原表（美国站）见表 5-3。

表 5-3　月库存调整中英文对照

英文表头	中文翻译
sku	产品代码
fnsku	亚马逊仓库产品标识
asin	亚马逊标准识别号
product-name	产品名称
condition	状态
beginning-quantity	期初数
ending-quantity	期末数
received	接收数
returned	退货数
found	盘库—找到数
sold	卖出—配送数
removed	移除订单数
lost	盘库—丢失数
disposed	盘库—销毁数
other	盘库—其他
discrepant-quantity	其他调整数

5.1.6　亚马逊补货管理

亚马逊补货管理对企业销售和库存管理都有重要意义，良好的补货计划不仅可以促进销售，还能提高店铺绩效水平，也侧面反映企业供应链管理水平。

要做好补货安排，就要做好库存数据确认及计划管理。

库存数据包括国内仓库存、海外仓库存、海外仓在途库存以及安全库存数据等。走海外仓发货的企业一般有两个仓库，一个仓库在国内，一个仓库在国外，国内仓库将货物发到国外仓库仅仅是货物的转移，并不是销售，只有当平台实际产生销售后，海外仓给客户发货配送商品了，才算实现销售。货物从国内仓发到海外仓还没接收的状态就是在途库存。

安全库存量需要根据日平均销售数据和生产、物流周期等数据来综合进行测算，实际补货还需要考虑亚马逊仓储容量。

计算公式：

安全库存量 =（生产周期 + 物流周期 + 清关、内陆运输周期）× 日均销售量；

日均销售量 = 月均销售量 ÷30 天；

月均销售量 =（1 月销量 +2 月销量 +3 月销量）÷3。

计划管理包括销售计划、生产计划和采购计划的管理。做好计划管理的核心是具备全局观，对企业的各项业务流程充分了解，并需要各部门的配合，团队通力合作促成目标达成。

做计划之前需要先搞清楚 6 个 w：做什么（what）？为什么做（why）？何时做（when）？何地（where）？谁去做（who）？怎么做（how）？

举个例子，A 产品销售不错，过去人均销售量是 100 个，目前海外仓库存货还有 1 500 个，在途库存有 3 500 个，还有 10 天到，货物生产周期是 7 天，国内物流时间是 45 天（海运），内陆运输到亚马逊运营中心需要 7 天。运营小 A 开始做计划。

小 A：what（做销售备货计划），why（为了避免缺货影响平台销售），when（核算清楚安全库存、各仓库库存、仓储容量及备货周期后安排备货），where（国内），who（小 a），how（①全面了解情况：外仓货物只能够支撑 15 天，还好在第 10 天的时候在途库存可以补充 3 500 件，还能再销售 35 天，加上海外仓现有库存合计可以支持 50 天销售，但是货物从国内到亚马逊运营中心合计需要 7+45+4=59（天），为了避免缺货，国内仓货物生产完毕后先安排至少 9 天的量发快船或者空运；②跨部门沟通协作：将备货计划交给生产部门，并确认交期及强调务必加急处理，后续实时跟踪处理进度）。

思考：

跨境电商卖家在亚马逊销售 A 产品，月均销售 5 000 个，目前 FBA 仓库存 2 000 个，他的生产到货周期是 7 天，目前在途有 5 000 个，预计还要 10 天到仓。

头程物流周期是 50 天（海运），清关、内陆运输等加起来大概 7 天，他的全部备货周期是 64 天。

请问，该产品的安全库存应该是多少？目前的库存是否合理，还应考虑哪些因素？

答案在本章小结。

5.1.7　亚马逊仓库绩效

亚马逊仓储限制是基于货物体积（立方英尺）计算，对卖家仓库容量所作的限制政策。亚马逊的仓库资源是有限的，为了科学合理地为每一个卖家分配仓库容量，亚马逊制定了亚马逊库存绩效考核指标，全称 inventory performance index，简称 IPI。

IPI 是衡量一段时间内卖家 FBA 库存整体绩效的分数，同时 IPI 分数也是衡量卖家亚马逊仓储限制的重要因素，并且通过储备畅销商品和高效管理现有库存，可以有效推动销售。亚马逊每周会更新一次 IPI 分数，IPI 分数达标的卖家可以在下一季度享受无限仓储空间；未达标的卖家将会受到仓储容量限制，超出仓储限制容量的库存将被按月收取仓储超量费。

IPI 分数是基于通过库存管理推动销售的能力测算出来的，具体标准如下：

IPI ≥ 550，业务能力出色；

550>IPI ≥ 350，库存绩效在正常范围内，并且还有提高的空间；

IPI<350，应立即采取措施提高分数。

查看路径：库存 – 库存规划 – 库存控制面板 – 绩效 – 库存绩效。

影响 IPI 分数的因素主要有四个，分别是：冗余库存百分比、亚马逊物流售出率、无在售信息的亚马逊库存百分比和亚马逊物流库存有存货率。

①冗余库存百分比：冗余库存是指供货时间超过 90 天的商品，冗余库存百分比即被确定为冗余库存的亚马逊物流库存商品所占的百分比。针对

该类库存，若不采取任何措施并支付仓储费用将可能要比降低价格或移除库存花费更高的成本。

亚马逊库龄可分为六个阶段：0 ～ 60 天、61 ～ 90 天、91 ～ 180 天、181 ～ 330 天、331 ～ 365 天和超过 365 天，其中超过 90 天的库存，即为冗余库存。

冗余库存百分比标准：0 极好，0 ～ 10% 良好，10% ～ 30% 一般，> 30% 不合格。

查看路径：库存—库存规划—库存控制面板—管理库存状况（冗余库存和超龄库存）—（存货账龄）inventory age。

②亚马逊物流售出率：亚马逊物流售出率会每天更新数据，卖家可用于判断当前是否保持了适当平衡的库存水平。亚马逊会根据当天、30 天前、60 天前和 90 天前的库存水平来计算店铺的平均可售商品数量。

假设过去 90 天内合计售出 150 件商品，当前可售商品数量为 80 件，30 天前可售商品为 180 件，60 天前可售商品为 50 件，90 天前可售商品为 60 件。

90 天平均可售库存 =（80+180+50+60）÷4=92.5（件）；

亚马逊物流售出率 = 过去 90 天内售出的商品总数 ÷90 天平均可售库存 =150÷92.5≈1.62；

亚马逊物流售出率标准：> 7 极好，2 ～ 7 良好，1 ～ 2 一般，< 1 不合格。

查询路径：库存—库存规划—库存控制面板—管理库存状况（冗余库存和超龄库存—（通过销售）sell through）。

③无在售信息的亚马逊库存百分比：是指存放在亚马逊运营中心，但没有相关在售信息不能在亚马逊上销售的亚马逊库存所占的百分比，简而言之，就是这批货在亚马逊仓库待着，但是这批货不会销售。

无在售信息评分标准：0 极好，0 ～ 1.5% 良好，1.5% ～ 5% 一般，> 5% 不合格。

查看路径：库存—库存规划—库存控制面板 – 修护无在售信息的亚马逊库存。

④亚马逊物流库存有存货率：是指可补货亚马逊物流 ASIN 在过去 30 天有货的时间所占的百分比，按每个 SKU 在过去 60 天售出的商品数量计算。

这个指标主要是买家要确保自己的畅销品有货，及时补货，不要出现缺货的情况。

亚马逊物流售出率＝过去 30 天有存货的时间占比 × 过去 60 天的销售速度 ÷ 过去 60 天的销售速度。

亚马逊物流库存有存货率指标：1 极好，90% ～ 100% 良好，70% ～ 90% 一般，< 70% 不合格。

查看路径：库存 – 库存规划 – 库存控制面板 – 亚马逊物流有存货率。

想要提高 IPI 分数，要从这四大指标着手改善，减少冗余库存、提高售出率、修复无在售信息的商品，以及保持适当的存货水平。

5.2　库存管理与供应链管理

库存管理水平高低取决于企业供应链整体运营水平高低，作为供应链管理体系中的一环，可以说是做好供应链管理的核心板块。在保证销售正常的情况下保持高库存周转率（次数）是所有企业都希望的，库存周转率（次数）越高，说明企业运营越好，供应链上各环节配合度越高，反之亦然。

要找到企业库存管理的病因，还得从供应链角度去看才能看出具体的问题出在哪个环节。跨境电商行业供应链由：采购、生产、运营（销售）、库存等四大板块组成。库存问题是结果，不是根源。只有深挖供应链各环节，那些"看不见的问题"才会浮出水面。

5.2.1　采购管理

采购环节是根据公司的采购请求，对市场原材料的种类、质量、价值等进行比对，并考虑供应商的交期、信用、账期等因素，综合选定采购商，尽力采购到最佳经济效益物资，保证公司的生产物资供应。

采购部门作为花钱的部门，要提高企业采购环节效率，需要从规范采购流程和做好供应商管理两方面着手。

①采购流程规范。

采购部流程规范主要体现在：是否有设置审批流程、合同单据是否齐全、是否定期对账。

企业的采购是根据生产部门提供的生产计划表所需物料来安排采购的，采购员接到采购需求后，调出供应商资源，经过询价、看样品等一系列流程对比，最终敲定质量过关、价格实惠的供应商，并将相关供应商信息及采购清单提交上级审核，审核通过后即可安排和供应商签订购货合同，并发起供应商付款申请流程，流程经上级审批后到财务部，出纳安排付款（如果和供应商谈的月结账期，那就更好了，可以帮助企业减少资金压力）。供应商交货后进行验收并将货物采购信息同步给仓库员，然后将采购送货单、入库单等相关单据交到财务部，流程完成。

设置审批流程的目的是明确权责、提高工作效率；若没有流程审批，钱就花出去了，想想就觉得可怕。没有流程、没有标准，做事就没有章法，企业管理混乱是必然。

企业经营离不开团队协作，人多了自然就需要规范流程，树立标准；企业要花钱不仅要有审批，还要有依据，依据就是订单的合同单据，合同单据资料齐全方便追溯检查，也是财务合规必须的部分。

对于月结供应商，要做好定期对账工作，对账无误后发起付款流程，提交上级审批，同时做好文件的归档，实现每笔订单可追溯、可核查。上级审批后到达财务部，出纳安排付款。

②做好供应商管理。

没有规则，不成方圆，对于供应商管理也是一样的。不对供应商资源进行归类管理，梳理标准，是对资源的浪费以及工作的敷衍。当采购员接到采购需求后，越快找到合适的供应商，企业的备货周期就越短，效率就越高。能否在最短的时间找到合适的供应商，取决于供应商的储备资源是否丰富，这和平时是否有做好供应商信息收集及分类，是否有去做供应商开发等工作息息相关。

我们可以对供应商信息进行分类整理，建立供应商档案，根据供应商类型、信用等级、付款周期、合作紧密程度等进行细分。

比如，按类型可以将供应商分为提供芯片的、显示屏的、印制电路板（PCB 板）的、其他电子辅料的、包装盒、印刷的等。按信用等级可以分为 ABCD 级，A 级，过往合作中一直按期交货，从未拖延，且货物次品率为 0；B 级，过往合作中 95% 以上按期交货，货物次品率综合 3%；CD 级以此类推。按付款周期可以将供应商分为月结 90 天、月结 60 天、月结 30 天或者现结等类型。按合作紧密程度可以分为战略合作伙伴型、优选型、备选型、黑名单等。战略合作伙伴型，合作紧密程度五颗星，比如合作多年、信誉极佳并给了账期的供应商，企业可以将这类供应商纳入企业长久合作伙伴，持有供应商的股份或者让供应商持有企业的股份，最长久稳妥的合作关系当然是绑定成为合伙人了；优选型供应商，合作紧密程度四颗星，是除战略型供应商外的首选，比如货物质量过关，信誉极佳，并给了账期的供应商；备选型供应商，合作紧密程度三颗星，可能信誉一般，没有账期，但是货物具有稀缺性，市面上同类商品极少；备选型供应商是战略型供应商和优选型供应商都无法满足条件时的退而求其次的选择，前提是货物只有这家有，没有办法的情况会选择备选型供应商，如果不是，企业还可以选择开发新的供应商；黑名单供应商就是供应商货物、合作、信誉各方面达不到企业要求，不会再合作的供应商。

市场是不断变化的，我们在做好现有供应商资源的维护外，还需要多了解外部环境变化，保持对市场的敏锐度。比如芯片价格突然翻倍猛涨，如果企业对市场敏感，可以选择前期多囤货以避免企业后期高价采购，从而增加企业产品成本。

5.2.2　生产管理

生产管理也是非常重要的一环，不管是自己生产还是委外加工，企业都要做好对货物生产周期全流程跟踪及货物质量管理。产品质量和产品生产周期是生产管理中要重点抓的部分。如果是委外加工有条件可以派驻人员到工厂盯生产和品控，并通过建立工厂生产考核标准来约束工厂降低次品率及准时交货。

①货物生产周期全流程跟踪。

生产部接到销售部销售计划后，根据销售计划制定商品生产计划，并将生产计划所需物料表给到采购员，并跟进采购员物料采购安排，督促采购员及时将货物采购回来；收到物料后跟踪物料送达工厂安排生产，和工厂确认生产计划、生产周期、质量控制等相关环节，确保工厂保质保量按期交货。

②建立工厂生产考核标准。

为了更好地做好生产管理，可以对工厂制定相应的考核标准。比如货物质量达标率、交货周期完成率以及物料损耗率等。

货物质量达标率：如果工厂生产的成品次品率太高，会影响企业的销售交期及产品口碑。假设质检不仔细，次品被作为好的成品入库发给了客户，这样不仅会增加客户退换货率、投诉率，还会增加物流费，影响企业销售。企业销售一个次品，对企业的影响就像蝴蝶效应一样会有一连串的连锁反应，企业要付出的成本是远远高于这一个次品的生产成本的。所以生产计划员在和工厂对接的时候一定得严格抓好货物质量达标率这个指标，可以制定一个标准，比如次品率不能高于 3%～5%，具体可以参考行业内的通用指标，比如服装类一般是 3% 以内，电子类一般 5% 以内，超过这个指标就要明确工厂的责任了。

计算方法：次品率 = 该批次次品数量 ÷ 该批次生产总数量 × 100%。

交货周期完成率：交货周期完成率是一个非常重要的指标，生产计划员要和工厂协调一定要在生产计划周期内完成货物生产并交货，否则将会影响销售部门的货物销售计划，从而影响销售。交货周期率可以根据企业生产产品特点以及行业相关标准进行制定，例如交期达标率不能低于 90%，低于 90% 工厂需要对企业造成承担程度相应责任。

计算方法：交期达标率 =1-（超期天数 ÷ 实际生产周期天数）× 100%。

物料损耗率：工厂生产过程中产生物料损耗是非常正常的事情，无法避免。适当的物料损耗属正常现象，企业自行承担即可，而过度的物料损耗就要引起警戒了，要明确相应的标准和奖惩措施。例如一家服装贸易公司委外加工一批女装，工厂的综合物料损耗率是 5%，高于行业平均水平 2%。假设每个月需要委托工厂生产 500 万元女装，每个月 5% 的损耗是 25 万元，一年就是 300 万元。虽然每个月损耗一点看起来也不多，但是每个月都损耗，那一年下来也是一笔不小的数目了。如果将物料损耗率降下来，企业利润不就增加了吗？

以服装公司为例，如果和工厂约定物料损耗率必须综合降到 3%，一年

（销售）管理环节可谓是跨境电商的核心部门了，跨境电商行业

省下来的损耗费就是 120 万元。超出 3% 的损耗，除企业自身原因外由工厂全额承担责任。

计算方法：物料损耗率 =（物料损耗量 ÷ 物料总用量）×100%。

和工厂约定绩效考核的方式对企业整体供应链管理效率都会有很大支持，但是企业一般是订单量多且体量大的时候才能掌握话语权，成为合作中的规则制定方。工厂有很多合作客户，客户给的订单越多，自然得到的重视越高。所以企业在对内做好供应链管理的同时，对外的销售能力，产品竞争力也要不断提升。

5.2.3　运营（销售）管理

运营（销售）管理环节可谓是跨境电商的核心部门了，跨境电商行业和传统行业对于销售的区别是，传统行业靠业务员一个一个线下拓展客户，能触达的客户有限；而跨境电商行业主要靠选品和运营，且平台能触达全球的客户资源，只要选品正确，再做好运营，企业产品就不愁卖。

亚马逊运营岗需要做好订单统计及分析、物流跟踪、广告投放、库存统计、售后处理等工作。运营（销售）环节，对于"好"的标准，可以分为做好平台销售数据的统计及分析、广告投放效果监测、店铺库存补货计划、店铺绩效管理等工作。

平台销售情况统计及分析：企业一切的经济活动都始于业务，前端的业务数据对企业管理层作决策是非常重要的。以亚马逊平台运营（销售）人员为例，运营（销售）人员需要对店铺销售情况进行实时监测，分析店铺销售情况以及哪款产品卖得好，哪款产品卖得没那么好，并根据历史销售数据编制销售情况分析报告、用户画像、新产品投放预测报告等给到（运营）销售经理；销售计划经上级批准将会给到生产部门安排生产，生产部门再给到采购部门安排物料采购。运营人员收集到前端市场消费者反馈后，还可以同步给研发人员，研发人员接收到用户需求可以更好地改进企业产品，根据市场反馈设计出让客户更加满意的产品。

广告投放效果监测：市场营销中广告费投放一直是企业的费用支出大头，大笔的钱花出去了，是否达到预期的效果呢？这就需要运营（销售）

人员进行实时监测，对比分析了。广告费投放主要看的是转化率如何。广告转化率指的是广告点击量转化成销量的占比，一般来说亚马逊广告转化率7%～10%是个比较综合的指标，如果是3C类转化率还会更高些。指标低于综合范围就要分析哪里出了问题，考虑广告投放策略是否要进行调整。

店铺库存补货计划：亚马逊库存管理关联到店铺销售，如果缺货了，不仅影响销售，还会影响店铺绩效指标，而且从国内将货物运输至FBA海外仓（第三方海外仓）的物流时间也比较长，物流手续也比较烦琐，不像国内物流单线操作那么方便。比较紧急的货物可以发空运，但是空运的物流费用比较贵，空运价格是海运快船价格的四倍左右，海运慢船价格的十倍左右。如果能做好库存补货计划就可以选择比较便宜的海运，不用仓促地选择较贵的空运，所以做好海外仓库存补货计划真的非常重要。作为亚马逊运营（销售）人员，一定要对店铺可售库存和在途库存、国内仓库存数据做到心中有数，避免出现缺货的情况；在时间充裕的情况下尽可能地选择海运，降低物流成本就相当于提高了利润。

店铺绩效管理：亚马逊运营（销售）人员也需要关注店铺各项绩效指标，店铺绩效指标的高低不仅影响销售，指标不达标甚至可能被封店铺。

亚马逊店铺指标主要有：订单缺陷率、订单取消率、订单延迟率、订单有效跟踪率、退货不满率、客户服务不满意率等，运营人员要综合关注店铺销售情况、订单配送是否及时、库存是否充足、售后是否妥善处理等。亚马逊平台是重买家轻卖家的，要做亚马逊平台的生意就要遵守平台规则，各项指标要达标。

①订单迟发率。

订单迟发率（late shipment rate，LSR）的指标必须＜4%。

订单延迟确认发货可能会对买家体验产生负面影响，并导致索赔等，指标＞4%甚至可能导致账户被停用。

计算方法：订单迟发率＝超过预计发货日期10天或30天后才确认发货的订单 ÷ 订单总数。

②订单取消率。

订单取消率（cancel rate，CR）的指标必须＜2.5%。

通常订单取消的原因是缺货，卖家最好保证充足的货源能配送，以免指标不达标影响销售，甚至账户被停用。

计算方法：订单取消率 =7 天内卖家取消的所有订单数 ÷ 订单总数。

③有效追踪率。

有效追踪率（valid tracking rate，VTR）的指标必须 > 95%。

若没有为包裹及时上传正确且有效的追踪编码，买家就查不到订单物流信息，VTR 高于 95%，有助于店铺获得更好的评分和销量。

计算方法：有效追踪率 =30 天内具有有效追踪编码的订单量 ÷30 天内自配送订单总量。

④准时交货率。

准时交货率（on-time delivery rate，OTDR）的指标必须大于 97%。

对于卖家来说，准时收到货物能够提高消费者购物满意度，有助于给买家带来更好的购物体验，从而提升销量。

计算方法：准时交货率 = 在预计送达时间内交付的所有货件 ÷ 跟踪的总货件。

⑤订单缺陷率。

订单缺陷率（order defect rate，ODR）的指标必须 < 1%。

订单缺陷率受负面反馈、未拒绝交易保证索赔和信用卡拒绝的影响。

买家负面反馈、未拒绝的亚马逊商城交易保障索赔、信用卡拒付等可能导致订单缺陷率指标上升。负面反馈就是客户给差评；未拒绝的商城交易保障索赔是指卖方还未处理的买家发起的索赔；信用卡拒付是指买家可以在没有收到货或者重复付款的情况下，在一定期限内向银行申请拒付账单上的一笔交易。

根据政策规定，这个指标不达标可能导致账户停用。

计算方法: 订单缺陷率60天内存在一种或多种缺陷的订单 ÷ 订单总数。

⑥退货不满意率。

退货不满意率（return dissatisfaction rate，RDR）的指标必须 < 10%。

负面买家反馈、延迟回复（未在 48 小时内针对退货提供任何回复）、错误拒绝退货等可能会导致退货不满意率指标上升。

计算方法：退货不满意率负面退货请求 ÷ 总退货请求数。

5.2.4　库存管理

跨境电商行业已逐渐成为重资产行业，因为跨国境销售不得不面临物流周期长，压货成本压力大等问题。企业的利润都压在货上，这对企业来说可不是什么好事，说明企业的存货周转速度慢，资金回款速度也慢，万一市场变化，货物滞销，企业的资金链容易出问题。

库存管理作为供应链的核心环节，是串联供应链各环节的关键，（运营）销售、采购、生产等环节下来，最后还是回归到货物的管理。库存管理，管的是货物，可以用库存周转率（库存周转次数）指标来反映企业的库存管理水平。

库存周转率是企业一定时期销售成本和平均存货余额的比率，是用来反映存货的周转速度以及存货资金占用量是否合理，衡量企业资金使用效率、短期偿债能力、存货管理水平、销售能力的综合性指标。

库存周转率（次数）越高越好。存货周转速度越快，说明库存流动性越强，库存资金占用少，销售越好，回款速度也越快。企业可以将回款的资金继续投入下一个循环的生产，或者优化生产、对外投资等等。企业每一个循环周期越短，说明企业经济效益越好，因此，提高企业库存周转率，可以提高企业的整体经济效益和综合实力。

库存周转率计算公式：

存货周转率（次）＝营业成本 ÷ 平均存货成本；

平均存货成本 ＝（年初存货成本 ＋ 年末存货成本）÷2；

存货周转率（天）=360 ÷ 存货周转率（次）。

举个例子，某跨境电商企业销售 A 电子产品，A 电子产品的成本是 100 元 / 件，物流及平台扣费等预计 150 元 / 件，售价 300 元 / 件，每次进货 10 000 件，全部卖完需要 15 天左右，利润 50 万元。

半个月卖一轮，也就是说该企业一个月可以卖两轮，库存转动速度是 2 次，利润 100 万元。

假设该企业 10 天能卖完一轮，那每个月库存的转动速度就是 3 次，利润就是 150 万元！

由此可见，对于大多数企业来说，库存周转率（次数）越高越好，但也不要盲目追求高库存周转率（次），库存太低了也不好，库存太低万一缺货了国内货物无法及时补充，那就很麻烦。为了避免出现这种局面，适度备货是很有必要的。所以企业还是要根据自身产品特征以及实际销售情况来备货，测算出适合自身企业的库存周转率（次数）。

跨境电商行业库存周期普遍比其他行业要高，这是行业特殊性导致的，因为跨国境销售，物流周期长，尤其是走海运。海运慢船周期预计35～45天，备货时间算7天，报关清关加内陆运输时间算7天，保守估计需要50～60天，也就意味着最长需要准备2个月的货物储备，资金压力可想而知。

但是这个数据不是固定的，而是流动性的，实际需要考虑的因素更多，要确认日均销量、安全库存、国内仓库存，FBA（第三方）海外仓库存以及海外仓在途库存等，然后再测算应补货库存。

企业可以通过提升库存周转率（次数）指标来提升资金周转速度，资金周转速度越快，资金效率越高，也越说明企业销售能力强，内部综合管理能力强。

总之，只有动起来才能提高效益带来利润，企业才有持续的活力。

企业应建立库存管理操作流程规范，不管是生产型企业还是贸易型企业，都可从存货取得、验收入库、仓储保管、存货出库、盘点清查等环节来做好内控管理。

企业库存管理主要管控措施有以下五个方面。

①取得存货前应编制物资采购预算表，综合考虑企业生产经营需求及市场供求等因素，制订科学、合理的采购计划，避免库存积压或短缺，确保库存处于最佳状态。

②货物验收入库环节应注重检查货物的数量、质量、规格等信息是否一致，对于验收合格的货物予以入库并做好登记，不符合验收条件的货物应及时办理退换货。入库登记应真实、完整、详细，并定期和相关部门进行账务核对，确保数据无误。

③仓储保管环节应注意仓储环境及仓储保管方法是否适当，监管是否严密，存货流动是否有办理相关手续与记录等，还要避免出现货物损坏变质、价值贬值、莫名盘亏盘盈等情况。

④存货出库环节应建立存货出库制度，明确存货出库应经过申请、授权、审批等流程后方可出库，并做好存货出库信息登记，出库登记应真实、完整、

详细，并定期与相关部门进行账务核对，确保数据无误。

⑤盘点清查环节企业应定期组织库存盘点，可以是抽样盘点或全面盘点或者两者相结合的形式，并制定详细的存货盘点制度，拟定详细盘点计划，计划应明确盘点负责人、参与人、时间、地点、存货名称、品种、数量、存放情况等信息；通过定期盘点核实存货的实际数量是否与账面数据相符，如不相符则需要找出原因，落实责任，再进行报损报益处理。

5.2.5　供应链管理考核

供应链的四大板块环环相扣，任何一个环节出了问题都会影响另一个环节的发挥，因此，要做好库存管理需要供应链上各环节相互配合才行。比如，运营（销售）部门需要补货，正好这批货原材料涨价，国内并没有囤货，属于有销售需求再安排生产，在这种情况下运营部门就需要和生产部门及时沟通，并提前跟生产部门确认要产品，确认周期。生产部门再去对接采购和工厂，督促工厂按期交货，避免延误运营（销售）补货影响销售。

如果销售和生产部门没有及时沟通协调，销售部门临时跟生产部门要货，生产部门由于没有囤货根本安排不了，销售就会受影响，这种情况是由于两个部门之间沟通不紧密，信息流通不畅所致。因此，供应链上各环节对接协调需要非常紧密地，良好地沟通协调和默契配合，这有助于提升企业的整体运营效率。

企业经济活动以业务起始，以财务为终，涉及企业各个部门，各部门职能分工不同，但相互关联。各部门若能相互配合，通力合作，企业将会获得更长远的发展，尤其是现代管理越来越扁平化，跨部门内沟通协调也变得越来越重要，成为提高工作效率和企业竞争力的关键。

然而在不少企业里面，跨部门沟通低效、相互扯皮、推卸责任的事情并不鲜见，这也是让企业管理者头疼不已的问题。然而跨部门沟通低效是结果，却不是根源，我们要找出跨部门沟通低效背后的原因，然后具体原因具体分析，再加以改善。

在供应链环节，业务部门作为前端负责销售和对接客户的部门，根据销售情况分析评估接到的销售计划，并将用户反馈信息同步给研发部门；

研发部门可据此升级迭代，研发出更加优质的产品，同时将销售需求给到给生产部门安排货物生产；生产部门接到业务部门货物销售需求后，再和采购部门确认物料采购以及与工厂对接货物生产等事宜；工厂交货后采购部门将采购信息同步给仓库部，仓库清点货物入库并将相应单据交给财务部；财务根据采购提交的采购申请单和仓库送货单、入库单等进行核实，核实无误后通过供应商付款申请，安排付款，整个业务流程基本上就走完了。

以上便是整个流程，导致流程推进低效主要有两个原因，一是没有明确岗位责任及考核标准；二是没有形成协作共识与目标。

明确岗位责任及考核标准

在团队沟通协作中，明确双方的责任及考核标准非常重要。没有标准就意味着怎样都行，反正出了问题所有人都有责任，所有人都有责任的局面就是没有人承担责任，既然人人都有错，那就不是某一个人的错，那就谁也别说谁。

沟通低效、扯皮是企业的内耗，内耗多了企业就会越来越"虚"，逐渐开始走下坡路。

明确各自岗位职责及制定相应考核标准可以改善这种现象，可以给岗位制定 KPI 绩效考核。KPI 绩效考核采用科学的考核方式，将目标量化为管理的指标，量化通过把企业的战略目标分解为可操作的工作目标的工具，用于评定员工的工作任务完成情况、员工的工作职责履行程度和员工的发展情况，并且将评定结果反馈给员工的过程。

KPI 绩效考核的目的是帮助员工了解其所在岗位的工作内容以及完成标准，明确部门人员的业绩衡量指标，建立明确的切实可行的 KPI 体系，并通过和职位晋升、薪资调整、年度考核挂钩的方式来调动员工积极性和激发员工潜能。

KPI 绩效考核可以分业绩考核和行为考核两部分，业绩考核是员工岗位相关核心指标；行为考核是指员工个人综合素质指标。

（销售）部门的职责是为企业多创收，做好平台运营工作以及订单处理、店铺绩效维护、海外仓备货计划等工作，并将前端销售数据进行整理分析，给管理层作决策提供数据支持；给研发部门提供用户反馈信息等。

运营（销售）人员的 KPI 绩效考核是以销售额、店铺绩效、广告投放转化率、库存周转率等为考核指标。

业绩考核

①销售额。

具体根据企业实际目标分解情况制定，例如企业年度目标一亿元，按平均分配就是每月 833.33 万元，亚马逊平台必须考虑淡旺季因素，通常第四季度是旺季，目标分解可以多一点，淡季少一点。考核权重建议 30%。

②店铺绩效。

店铺绩效关联店铺是否可持续经营，必须要保证各项指标达标。例如，订单迟发率必须 < 4%，订单取消率必须 < 2.5%，订单有效追踪率必须大于 95%，订单准时交货率必须大于 97%，订单缺陷率必须小于 1%，订单退货不满意率必须小于 10%。考核权重建议 20%。

③广告投放转化率：广告投放转化率关系企业成本投入效果，如果业务员的绩效考核不与成本挂钩，那么业务员会更关注销售而忽视成本，因为他不需要对成本负责，成本也不会对他的提成有影响。之前有跨境老板跟我讲，公司的绩效考核主要以销售额为主，没有和成本挂钩，然后业务员就疯狂打广告，导致企业广告费很高，而广告转化率并没有预期效果。因为不需要对转化率负责，也就不会认真去研究广告投放效果，这对企业来说并不是一件好事。

广告投放转化率可以根据企业产品性质以及参考同行业转化率水平来制定，考核权重建议 10%。

④渠道利润。

运营（销售）人员需要对企业的利润负责，这里主要指渠道利润（营业收入 - 变动成本），渠道利润并没有减去固定成本，而是减去变动成本的部分。变动成本包括：产品成本、头程物流费、亚马逊各项平台费用、第三方海外仓费用（如有）、站外广告费用、VAT 税费（欧洲）等。对利润负责可以让业务员更加关注产品成本和利润，而不是只盯着销售额，只盯着销售额忽略成本和利润可能导致虽然营业额很高，但是由于没有控制成本导致成本过高，利润率很低，甚至没有利润。

企业渠道利润可以根据企业年度目标利润率来测算并进行月度目标分

解，考核权重建议 30%。

⑤库存周转率。

库存周转率指标最直接的关联就是销售速度了，销售速度越快，库存流动速度越快，资金回笼越快，企业库存资金压力较小。库存周转率可以根据公司产品特性以及行业平均水平确定企业的库存周转率指标，考核权重建议 10%。

生产部门的职责是接到备货需求及时安排物资采购和跟进工厂生产，把控好产品生产周期达标率、品质管理、物料损耗率等。

①生产周期达标率。

生产周期达标率是一个用来衡量生产过程中是否按照预定计划完成的指标。它表示在给定时间内，实际生产周期与计划生产周期之间的符合程度。

作为关键绩效指标，它可以帮助企业评估生产效率和计划执行能力。这个指标的高低直接影响到产品交付的及时性、成本控制和客户满意度。

通过监测和分析生产周期达标率，企业可以及时发现和解决生产中的问题，并采取相应的措施来提高生产效率、优化资源利用和加强计划管理。这有助于提高产品交付的及时性，减少生产成本，增强客户满意度，提升企业竞争力。

计算公式：（计划生产周期 − 实际生产周期）÷ 计划生产周期 ×100%

达标率越高，说明实际生产周期越接近计划生产周期，生产计划执行得越好；反之，达标率越低，则表示生产存在延误或超时等问题。

具体考核的标准需要根据企业实际情况设置，或者参考行业平均水平设置。

②产品次品率。

产品次品率是一个用来衡量生产过程中次品数量与总产品数量之间比例的指标。它表示在生产过程中出现质量不合格或不符合规范要求的产品的比例。

作为关键质量绩效指标，可以帮助企业评估生产质量水平和生产过程的稳定性。这个指标的高低直接影响到产品质量、客户满意度和企业声誉。

通过监测和分析产品次品率，企业可以识别生产中的质量问题，并采取相应的纠正措施来降低次品率。这有助于提高产品质量，减少客户投诉和退货，增强企业声誉，并节约成本，提升企业竞争力。同时，通过对次品率的持续监测和改进，企业可以实现生产过程的稳定性提升，在长期中持续改善产品质量。

计算公式：（次品数量 ÷ 总产品数量）×100%

次品率越低，说明生产过程中质量问题较少，产品符合规范要求的概率较高；反之，次品率越高，则表示生产存在较多质量问题或不合格产品。

具体考核的标准需要根据企业实际情况设置，或者参考行业平均水平设置。

③物料损耗率。

物料损耗率是一个用来衡量生产过程中物料损失与总物料用量之间比例的指标。它表示在生产过程中由于各种原因造成的物料浪费或损失情况。

作为重要的成本和效率绩效指标，可以帮助企业评估物料利用率和生产过程的效益。这个指标的高低直接影响到生产成本、资源利用和产品竞争力。

通过监测和分析物料损耗率，企业可以发现并解决生产中的物料浪费问题，并采取相应的措施来降低物料损耗率。这有助于减少成本和资源浪费，提高生产效率和利润率，增强产品竞争力。企业可以通过寻找优化工艺、改进操作方法、优化供应链和培训员工等方式来降低物料损耗率，并与供应商合作以获得更好的物料质量和利用效率。

物料损耗率的计算公式：（物料损耗量 ÷ 总物料用量）×100%

物料损耗率越低，说明物料利用率较高，生产过程中物料浪费较少；反之，物料损耗率越高，则表示生产存在较多物料浪费情况。

具体考核的标准需要根据企业实际情况设置，或者参考行业平均水平设置。

采购部门的职责是及时为企业采购到价美质优的物资支持生产，并做好供应商管理和开发等工作，因此，采购部的KPI绩效指标可以定为交期达标率、资金支付滞后期、供应商管理、市场行情分析等。

①交期达标率。

交期达标率是一个用来衡量交付产品或服务是否按照约定的交期进行

的指标。它表示在给定时间范围内，实际交付时间与计划交付时间之间的符合程度。

在供应链管理和客户满意度方面，交期达标率被视为一个重要的关键绩效指标。它可以帮助企业评估供应链的稳定性、生产能力的可靠性以及对客户需求的响应能力。

通过监测和分析交期达标率，企业可以识别交付过程中的问题，并采取相应的改进措施来提高交付准时率。这有助于增强客户满意度，提升企业声誉，获得更多的重复订单和口碑推荐。同时，通过优化供应链、生产计划和物流管理等方面的工作，企业可以提高交期达标率，降低交付风险，提高运营效率，并提升竞争力。

计算公式：（计划交付时间内实际交付的数量 ÷ 总交付数量）× 100%

达标率越高，说明交付准时率越高，能够按时满足客户需求；反之，达标率越低，则表示存在交期延误或无法按时交付的问题。

②资金支付滞后期。

资金支付滞后期是一个用来衡量企业或组织在与供应商或合作伙伴之间的交易中，实际支付资金与约定支付时间之间的延迟情况的指标。它表示企业支付账款的速度和及时性。

资金支付滞后期是供应链管理和财务管理中的一个关键指标，可以帮助企业评估其支付能力、信誉度以及与供应商之间的良好合作关系。

通过监测和分析资金支付滞后期，企业可以了解自身的资金支付情况，并采取相应的措施来改善现金流管理、优化供应链关系以及加强与合作伙伴的沟通与协调。优化资金支付滞后期可以有助于保持供应链的稳定性、提高供应商满意度，避免滞纳金或信用风险，并确保良好的企业信誉。此外，准时支付账款还可以维护供应商关系，获得更多的优惠、合作机会和资源支持。

计算公式：实际支付日期 – 约定支付日期

正数表示实际支付日期晚于约定支付日期，即资金支付滞后；负数表示实际支付日期早于约定支付日期，即提前支付。

③供应商管理。

供应商管理指标是用来度量和评估企业对供应商的管理绩效和合作关

系的一组指标。这些指标可帮助企业衡量供应链运作的质量、效率以及与供应商之间的合作。

比如：供应商交货准时率、供应商不良品率、供应商评估得分、供应商合作满意度、供应商风险评估等。

·供应商交货准时率：衡量供应商按时交付产品或提供服务的能力。它表示实际交货日期与约定交货日期之间的符合程度，高准时率表明供应商具有良好的交货可靠性和可信度。

·供应商不良品率：度量供应商提供的产品中存在质量问题或不合格品的比例。较低的不良品率意味着供应商提供的产品质量稳定，符合规范要求。

·供应商评估得分：通过对供应商进行综合评估，包括质量管理、交货能力、响应时间、灵活性等方面，给予供应商一个评分。评分可以帮助企业全面了解供应商表现，并为供应商选择、合作和改进提供依据。

·供应商合作满意度：衡量企业与供应商之间的合作关系和满意程度。该指标可以通过调查问卷、定期反馈和沟通等方式收集供应商的意见和反馈，以评估合作关系的健康程度。

·供应商风险评估：评估和监测供应商的潜在风险，包括财务稳定性、可靠性、法规合规性等方面。这有助于企业降低合作风险并确保持续供应。

通过监测和分析这些供应商管理指标，企业可以及时了解供应链运作的状况，识别潜在问题，并采取相应的措施来提升供应商绩效、优化供应链关系和降低风险。有效的供应商管理可以提高产品质量、交货准时性、降低成本，并增强企业竞争力和客户满意度。

④市场行情分析。

市场行情分析指标是用来评估和分析特定市场或行业的趋势、价格变动和供需关系的指标。这些指标可以帮助投资者、企业和分析师了解市场的状态和走势，以做出相应的决策。

比如：股价指数、成交量、市盈率、货币汇率、市场份额等。

·股价指数：股价指数是衡量股票市场整体表现的指标，它代表着一组股票的加权平均价格。常见的股价指数包括道琼斯工业平均指数（dow jones industrial average，DJIA）和标准普尔 500 指数（standard & Poor's

500，简称 S&P 500）等。

·成交量：成交量指标表示在一段时间内交易所中买卖的股票数量。成交量通常与股价波动相结合分析，较高的成交量可能意味着市场活跃度增加，更多的买卖意愿和参与者。

·市盈率（PE ratio）：市盈率是一个衡量公司股价相对于每股盈利的指标，可用于判断股票是否被高估或低估。高市盈率可能意味着市场对该股票有较高的期望，而低市盈率则可能表明股票被低估。

·货币汇率：货币汇率指的是一种货币相对于另一种货币的价格。汇率波动可以直接影响国际贸易和跨境投资，因此对于进出口企业和外汇交易者来说，对汇率变化的分析非常重要。

·市场份额：市场份额是一个衡量企业或品牌在特定市场中所占份额的指标。它可以帮助企业了解其在竞争环境中的地位，并评估市场份额的增长趋势。

仓库部门的工作职责是做好仓库货物进出登记和做好仓库货物管理工作，仓库管理包括货物位置管理和货物安全性管理。

①库存数据准确性。

数据准确性是核算的基础，数据不准，后续的核算分析便没有意义。因此，库存的出入库数据必须登记清晰，货物因什么原因而入库，从哪里入库的，入库的什么产品，数量多少等。比如采购成品入库，要审核供应商是谁，入库产品数量和送货单信息是否一致，确认无误后在系统中确认入库操作，并将相应单据交到财务部。货物出库需要登记清楚货物为什么出库，谁领用出库的，出库的什么产品，数量多少等。比如发 FBA 海外仓，仓管员拿到业务人员交过来的出库清单和标贴后找到相应出库货物装箱贴标，并确认出到哪个站点国家，哪个业务员操作，货件号多少等，然后将相应出库信息录入系统，再操作出库。其他状态出入库也要登记清楚。例如退款入库，借用样品入库，登记信息要清晰到人，是哪个渠道哪笔订单退货入库，入的什么产品，多少数量；样品对应的是哪位同事什么时候借出的什么产品多少数量等。

库存进出数据登记清晰不仅方便信息追溯，核查，也是仓库管理人员绩效考核明确权责的依据。当出现库存盘点差异的时候，仓库人员可以有理有据地指出具体问题出在哪里,而不是一堆糊涂账,连差异原因都找不到,最终因工作不仔细被扣绩效。

②货物位置管理。

可以根据货物类型和仓库面积划分不同的区域,并对区域内的货架进行编号管理,货物按类型区分存放到指定货架,货架编号信息和系统货位信息一一对应,这样做不仅能让仓库管理更加井井有条,还能大大提高仓库管理效率,尤其是仓库盘点的时候,有了货位和编号,即使是个新入职的同事也能在很短时间内找到对应的货架和货物。

③仓库安全性管理

仓库安全性管理也很重要,要保证货物仓储环境清洁卫生,在做好防火、防潮、防虫、防盗方面进行相应应对措施。可以根据商品的特性选择合适的仓储环境,比如易燃易爆品的存储要做好干燥、通风、防尘、严禁烟火和配备消防器材等措施;需避光保存的物品就选择清洁、干燥、避光的环境存储;需冷冻存储的就配备冷库,保持冷库清洁、干燥等,经常清洁不要出现结冰和积水等现象。

行为考核

以下 KPI 考核标准可供参考。

运营(销售)部:业务考核指标应包含销售额、广告投放转化率、海外仓备货及时率、店铺绩效等;

采购部:采购部绩效应包含交货及时率、供应商管理、付款滞后期、市场行情分析;

生产部:生产部绩效应包含次品率、交期达标率、工厂管理;

仓库部:仓库部绩效应包含库存数据准确率、报损失损益率、退换货率(因仓库发货原因导致)、仓库管理;

研发部:产品市场反馈、研发物料损耗率、技术团队管理。

团队形成协作共识,有共同的目标

不同位置的人,思考问题的角度不一样,想法会存在较大的偏差。比如老板考虑的是公司如何发展,如何降低成本增加利润;员工考虑的是什么时候发工资，这个月奖金是多少，如何才能升职加薪。位置不一样，看到的问题也不一样，所以便有了各部门之间各自为政的现象。

要打破这种现象，仅仅制定 KPI 考核是不够的，需要统一思维。

比 KPI 考核更重要的是大家有共同的奋斗目标，朝着同一个方向努力，把公司的目标变成大家共同的目标。比如当年把公司营业额做到 ×× 万元，把公司做上市等。当然，公司的目标和个人的目标肯定是紧密关联的，比如当公司营业额做到 ×× 万元的时候，大家能拿到丰厚的年终奖或分红；将公司做上市，大家能分到股权等。

除了以利益驱动的 KPI 考核之外，价值观还要一致。团队只有价值观一致、利益方向一致才能走得长远。

老板定好目标，然后将目标分解至各个部门，各个部门再进行目标拆解，确定年目标、季度目标、月目标、周目标，甚至是日目标，以层层分解的方式将大目标拆分成一个个小目标。

5.2.6　案例：希音供应链管理解读

在跨境电商圈，有一家将供应链效率发挥到极致的卖家，它就是希音（Shein）。希音在圈内是一家比较神秘的公司，它在国内没有进行品牌营销和宣传，所以并不被大众熟知。虽然希音在国内默默无闻，但是这并不影响它在国外赚钱。希音的国外粉丝基数强大，影响力巨大，据 Money.co.uk 统计数据表明，2021 年全球搜索量最大的时尚品牌是中国快时尚零售商希音。它不仅位居排行榜的榜首，而且还在全球 113 个国家 / 地区中成为顶级品牌。比如澳大利亚、巴西、塞浦路斯、法国和爱尔兰等国家。

希音因其良好的商业模式和高效的供应链体系受到众多资本的追捧。据《华尔街日报》消息，希音近期已完成新一轮 20 亿美元融资价值 660 亿美元。根据 2023 全球独角兽榜，希音名列第 4。榜单前十名中，五家来自中国，三家来自美国，来自英国和阿联酋各一家。前十名门槛 270 亿美元，比一年前下降了 60 亿美元。前十名占全球独角兽企业总价值的 17%，详见表 5-4。

表 5-4　2023 年全球独角兽榜前十名

排名	排名变化 - 对比一年前	企业	价值《亿元人民币》	价值变化《亿元人民币》	国家	城市	行业
1	0	字节跳动	15 600	1 420	中国	北京	社交媒体
2	0	SpaceX	12 800	3 053	美国	洛杉矶	航天
3	14	OpenAI	7 100	5 680	美国	旧金山	人工智能
4	-1	蚂蚁集团	5 700	-2 840	中国	杭州	金融科技
5	-1	Shein	4 600	0	中国	广州	电子商务
6	-1	Striipe	4 300	781	美国	旧金山	金融科技
7	0	Databricks	3 050	852	美国	旧金山	大数据
8	8	Canva	2 800	1 278	澳大利亚	悉尼	软件服务
9	8	币安	2 400	994	马其他	马其他	区块链
10	-4	微众银行	2 350	0	中国	深圳	金融科技

随着资本的追捧和媒体的关注，希音开始被大众熟知，希音的商业模式和供应链管理逐渐揭开神秘面纱。希音成立于 2008 年，是一家主打快时尚的女性服饰品牌，主做国外市场，创立初期从卖婚纱做起，随后开始做服饰，主打女装，前期以低价和上新快等优势一步步扩张。目前希音的业务已覆盖全球 150 多个国家（2022 年 8 月官网数据）。希音的增速非常快，2015—2020 年间增长高达 189%。

高效的供应链管理是希音成功的关键。希音可做到日均上新量 5 000 ～ 9 000 个 SKU，供应链周期也很短，设计、生产预计 3 ～ 7 天，仓储物流到海外仓再到消费者手上预计 11 天左右，整个周期只需要不到 20 天，也就是说希音的库存周转率（次数）是 18.25（365÷20）！这个指标简直逆天了。要知道跨境行业供应链周期普遍需要 60 天左右，库存周转率（次数）是 6.08（365÷60），也就是说希音的供应链效率高于行业三倍，但这并没有算每天上新的 SKU 数量，国内出口海外仓的卖家日均上新 SKU 和希音根本不是一个量级，实际的供应链周转效率远远不止三倍。

希音之所以能做到如此快速的供应链周转，主要有以下三点原因：

①平台体量大，属于供应链的强势方，可以自己制定供应链规则。

希音和供应商的模式是小批多量——100件起订，最快3天，最慢7天交货。要知道传统工厂接单都是只做大批量，100件算是超小的订单了。虽然订单很小，但是仍然有很多工厂和希音合作，因为可以小批多量做，并且还有补贴，综合下来工厂利润也不错。

②仓储、物流高效。为了让消费者更快拿到商品，希音货物全部发空运，进一步提高了物流配送周期。希音于2022年7月20日，与南方航空物流有限公司在广州正式签订战略合作协议，双方将全力深化战略合作，共同建立资源共享、互惠互利的战略合作伙伴关系。仓储方面，希音主要做独立站，并在境外自建海外仓，自建海外仓便于境外订单配送、退换货处理以及滞销品处理等。

③销售速度快。高周转率的背后是高频率的销售，希音的营销方式也很值得学习。希音主要通过网络博主、KOL关键意见领袖营销的方式不断吸引用户消费，并用优惠券的形式增加用户黏性及提高复购率。希音的特点就是便宜，不仅价格便宜而且款式和设计都不错，还经常有折扣，退换货也很方便，几乎把消费者的痛点都解决了。

希音的产品时尚、潮流，还便宜，这些元素集合在一起，自然受到年轻人的追捧。

综上所述，希音的成功离不开高效的供应链管理和极致的性价比及营销刺激，除此之外还有时代的红利和幸运成分。虽说希音的成功难以复制，但是成功企业之间一定有相似的共性，希音的供应链管理方式和营销策略未必适合所有企业，但企业可以借鉴它的成功经验，然后走出自身的经营之道。

"多米"来总结

1. 要核算清楚库存数据，就要做好这几点：①库存进销存数据登记真实、详细、清晰；②库存商品使用唯一性产品编码管理，和销售编码进行关联；③库存位置及标签应一一对应；④定期进行仓库盘点。

2. 要做好亚马逊补货计划管理，需要具备全局观，要对企业的各项业务流程充分了解，并需要各部门的配合，应明确销售计划、生产计划和采购计划，并核算出亚马逊月均销售量、日均销量以及安全库存量，并结合当下实时可售库存、在途库存以及国内仓库存等数据综合确定需要补货的数量。

3. 亚马逊库存绩效指标简称 IPI，影响 IPI 分数的因素主要有：①冗余库存百分比；②亚马逊物流售出率；③无在售信息的亚马逊库存百分比；④亚马逊物流库存有存货率。

4. 库存管理是供应链管理的核心环节，企业库存管理水平如何，也反映企业供应链管理水平如何，做好库存管理的前提是做好计划管理。供应链管理由四大环节构成，分别是采购管理环节、生产管理环节、运营（销售）管理环节、库存管理环节。

5. 供应链管理考核应明确：①岗位责任及考核标准；②团队形成协作共识，有共同的目标。

6. 思考题答案

①安全库存 =5 000÷30×64 ≈ 10 667（件）

②目前库存是合理的，当期库存 2 000 件可以支撑 11.99 天的销售，在途 5 000 件还有 10 天到仓，正好可以补上库存，不影响销售，但是若遇到不可控因素导致在途库存到货期延长就会影响销售，该备货安排比较紧凑，多安排几天缓冲时间会更好。

③还应考虑库存在途数量及运输周期等影响，备货安排应考虑动态数据变化以及海外仓仓储容量限制等情况。

第6章 亚马逊后台数据报告管理及企业资金管理

6.1　亚马逊销售确认

传统行业和跨境电商行业在财务处理方面最大的区别就是收入确认差异，因为行业特性不同，财务处理上的收入确认处理也不一样，因此，财务人员除了专业知识要扎实外，对行业和业务的了解也是必不可缺的。

6.1.1　收入确认条件

收入是指企业在日常活动中形成的、会导致所有者权益增加的、与所有者投入资本无关的经济利益总流入。

根据《企业会计准则第14号——收入》（财会〔2006〕3号）第四条规定，销售商品收入需同时满足以下条件才能予以确认：

①企业已将商品所有权上的主要风险和报酬转移给购货方；

②企业既没有保留通常与所有权相联系的继续管理权，也没有对已售出的商品实施有效控制；

③收入的金额能够可靠地计量；

④相关的经济利益很可能流入企业；

⑤相关的已发生或将发生的成本能够可靠地计量。

收入确认新准则规定，企业和客户之间的合同同时满足以下情况，应当在客户取得相关商品或服务控制权时确认收入：

①合同各方已批准该合同并承诺将履行各自义务；

②该合同明确了合同各方与所转让商品或提供服务相关的权利和义务；

③该合同有明确的与所转让商品或提供服务相关的支付条款；

④该合同具有商业实质，即履行该合同将改变企业未来现金流量的风险、时间分布或金额；

⑤企业因向客户转让商品或提供服务而有权取得的对价很可能收回。

传统行业会计收入确认一般以合同签订、货物发出或收到款项来确认收入，而跨境电商行业和传统行业在收入确认上有所不同。跨境电商企业因其行业的特殊性，企业和平台之间以及和消费者之间是没有合同的，主要以跨境电商平台为媒介连接买卖双方，主要为无纸化信息，且货物发到海外仓仅是货物的转移，而不是货物产生销售（自发货除外），只有当境外消费者在亚马逊平台下单后，FBA 海外仓（第三方海外仓）给消费者配送货物，才能确认销售收入。

因此，跨境电商卖家可以货物发出为准来确认销售收入：自发货卖家以国内仓发货为准确认收入，FBA 物流模式（第三方海外仓模式）卖家以海外仓发货为准确认收入。

6.1.2　亚马逊后台报表下载路径

①亚马逊配送表（平台配送订单）：数据报告（reports）——库存和销售报告（fulfillment）——销量（sales）——亚马逊配送货件（Amazon fulfilled shipments）具体操作如图 6-1、图 6-2 所示。

亚马逊配送货件指亚马逊 FBA 仓给已下单客户配送的订单明细，我们每月需要以此数据来确认亚马逊平台销售收入和销售成本（自发货除外）。

亚马逊配送表收入额为由客户支付部分收入。由客户支付部分收入商品价格（item-price）＋商品税费（item-tax）＋商品运费（shipping-price）＋运费税（shipping-tax）＋礼品包装费（gift-wrap-price）＋礼品包装税（gift-wrap-tax）。

亚马逊配送表（美国站）见第 5 章表 5-2 所示。

②亚马逊交易表（月度经营报表）：数据报告（reports）—付款（payments）—日期范围报告（date range reports）选择明细下载（下载下来的是 excel 文件）/选择汇总下载，下载的是 PDF 文件。具体操作如图 6-3 所示。

图 6-1　亚马逊配送表下载路径①

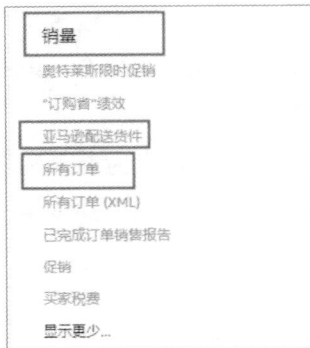

图 6-2　亚马逊配送表下载路径②

图 6-3　亚马逊月度交易表下载路径

　　亚马逊交易表反映的是一定时期（一个月）亚马逊平台确认的订单明细，只有已确认订单才会安排提现回款，所以交易表主要用于确认平台订单结算以及平台扣费成本。

　　PDF 文件主要由四部分组成：收入（income）、支出（expenses）、转账（transfers）、税费（tax）。

亚马逊交易表（美国站）见表 6-1。

表 6-1 亚马逊交易表中英文对照

英文表头	中文翻译
date/time	日期 / 时间
settlement id	结算 ID
type	分类
order id	订单 ID
sku	商品 SKU
description	商品描述
Quantity	数量，商品数量
marketplace	订单来源
account type	账户类型
fulfillment	物流方式
order city/order state	配送城市 / 配送州
order postal	配送邮编
tax collection model	税收模式
product sales	产品销售额
product sales tax	产品销售税
shipping credits	订单运费
shipping credits tax	订单运费税费
gift wrap credits	礼品包装费
giftwrap credits tax	礼品包装税费
regulatory fee	监管费
tax on regulatory fee	监管费税
promotional rebates	促销折扣
promotional rebates tax	促销折扣税费
marketplace withheld tax	商城预收税
selling fees	销售佣金

续上表

英文表头	中文翻译
fba fees	FBA 订单配送费
other transaction fees	其他交易费用
other	其他费用
total	净收入额

③亚马逊周期表（平台提现订单）：数据报告（reports）—付款（payments）—所有结算（all Statements）—下载明细文件（V2 文件），如图 6-4 所示。

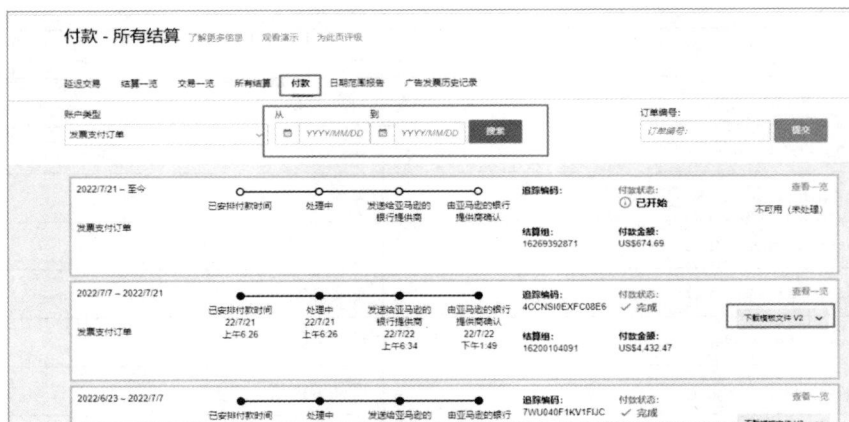

图 6-4　亚马逊周期表所有结算界面

亚马逊周期表（美国站）见表 6-2。

表 6-2　亚马逊周期表中英文对照

英文表头	中文翻译
settlement-id	结算 ID
settlement-start-date	结算开始日期
settlement-end-date	结算结束日期
deposit-date	存款日期
total-amount	结算总额
currency	币种
transaction-type	交易类型

续上表

英文表头	中文翻译
order-id	订单 ID
merchant-order-id	商户订单 ID
adjustment-id	调整 ID
shipment-id	装运 ID
marketplace-name	市场名称
amount-type	金额类型
amount-description	金额说明
amount	金额
fulfillment-id	物流 ID
posted-date	发布日期
posted-date-time	发布时间
order-item-code	订单项目代码
merchant-order-item-id	商户订单项目 ID
merchant-adjustment-item-id	商户调整项目 ID
sku	商品 SKU
quantity-purchased	数量
promotion-id	促销 ID

④亚马逊结算一览：数据报告（reports）—付款（payments）—结算一览（statement view），如图 6-5 所示。

亚马逊结算一览主要查看亚马逊期初余额、销售额、支出额、预留金额、净收入等。

亚马逊周期表则是结算一览的明细订单数据，该表主要用于和交易表关联确认亚马逊已提现与未提现明细应收账款。

在图 6-2 中可看到左边有净收入、期初余额、销售额、退款、支出、账户预留金额等项目，右边是销售额、退款及支出的明细项目。

计算公式：

净收入 = 期初余额 + 销售额 – 退款 – 支出 – 预留金额

预留金额是亚马逊为了保护平台消费者利益不受损而预留在卖家账户中的金额，通常新卖家和老卖家都会被收取预留金，亚马逊会保留卖家过去 28 天销售总额的 5% 作为预留金，可以在数据报告（reports）—付款（payments）—结算一览（statement View）中查看预留金额。

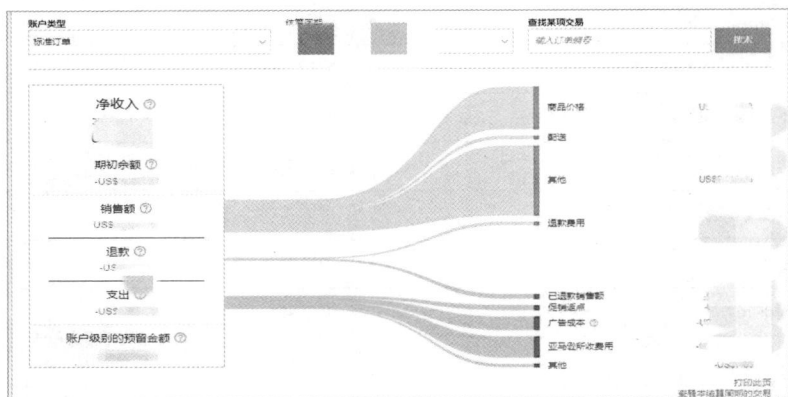

图 6-5　亚马逊结算一览界面

注：平台报告具体下载路径以平台实时更新政策为准。

6.2　亚马逊利润计算

6.2.1　亚马逊利润计算公式

利润 = 收入 – 支出。

利润是指企业在一定期间的经营成果，即该期间内企业的营业收入减去各项营业支出后的净额，正数为盈利，负数则为亏损。

亚马逊利润核算的思路也是一样的，收入 – 支出 = 利润。

亚马逊收入：亚马逊各站点营业收入总和。

亚马逊支出：支出也就是成本，成本分为变动成本和固定成本。变动成本指支付给各种变动生产要素的费用，会随着销售增长而增长。比如产品采购成本、头程物流费用、站外广告费用、亚马逊各项平台费用、VAT税费（平台代扣代缴）、业务员提成等；固定成本（又称固定费用）相对于变动成本，是指成本总额在一定时期和一定业务量范围内，不受业务量增减变动影响而能保持不变的成本，就是不会随着销售额增长而增长，也不会随着销售额下降而下降，不管销售额多少，固定成本就是这么多。比如房租、人工等固定开支，也可以把日常管理费用放到固定成本，因为变化很小，可忽略不计。

计算公式如下：

亚马逊收入 – 亚马逊变动成本 = 渠道利润；

亚马逊收入 – 亚马逊变动成本 – 固定成本 = 税前净利润；

税前净利润 – 所得税费 = 税后净利润（可分配净利润）。

亚马逊平台因其配送和回款的滞后性，平台确认的订单数据和实际配送订单存在时间上的延期，因此，在核算亚马逊收入、成本、利润的时候，财务人员需要具备两种思维，一种是业务思维，一种是财务思维。用哪种思维来编制亚马逊利润表取决于报表的使用对象是谁，如果是给业务经理看的，那么我们要用业务思维去编制报表，思考业务经理看利润表的目的是什么？希望反映哪些信息？业务经理看报表肯定是希望看到反映实时信息的数据，比如各项费用占比、广告费用投放转化率。各店铺产品盈利能力指标等，这样才能对销售策略及时做出调整；如果是给财务总监看，给老板看，我们要用财务思维 + 业务思维去编制报表，财务思维反映的是一个完整周期的收入、成本与利润，和业务思维的最大差别就是数据的滞后性和完整性。给财务总监和老板看的报表需要反映企业上个周期的整体经营情况，数据取数需要从各个板块完整性角度出发获取。

从业务思维角度出发，亚马逊的利润数据要如何确认？

业务总监看报表的目的更侧重业务板块，所以需要反映当期订单实际利润情况。

销售数据确认口径为亚马逊交易表（月度经营报告）Excel 版，该表反映该站点上一周期的平台销售及平台扣费情况，其中平台的广告费、FBA库存费等扣费没有明确到每一款 SKU 承担额，因此，需要下载相应费用报告明细进行匹配，另外还需要匹配产品成本、站外广告费以及头程费用分摊。

产品成本根据国内唯一性 SKU 编码匹配，库存成本管理可以采取先进先出法或者移动加权平均法，上了 ERP 系统的企业可以采用先进先出法，成本核算会更加精确。

站外广告费用以站外实际投放数据为准，如有针对性产品就放到对应产品成本中，如果未针对具体产品投放，则可按照产品销售比率平摊。

6.2.2　头程费用分摊方法

头程费用包含头程运费（空运、海运、国际快递等）、报关费、关税、内陆运输及进仓前的各项费用。费用项目多，不同的头程方式核算方式不同，物流周期长以及账期滞后性等因素导致头程费用分摊较复杂，特别是SKU多，体积重量大小不一的货物，核算难度进一步加大，具备这几样特点的企业上ERP是个不错的选择，ERP智能化抓取数据比人工核算准确率更高。

SKU不多的企业也可以人工核算头程费用分摊，当月发FBA的货，当月未必能到（海运），物流上有较长的周期性，因此，头程费用按周期分类可分为当期分摊和后期分摊。

当期分摊："当期"即本期的意思，简而言之，就是本月发货的成本平摊至本月销售SKU中，这种方法计算简单，但是可能导致当期物流成本过高，利润过低，数据存在偏差。

后期分摊：后期分摊是指当期出货SKU产生的头程费用，在其实际产生销售之后再进行成本核算，这样核算出来的成本更加准确，反映的利润情况更加真实，缺点是核算比较麻烦。

核算方式分为两种，均摊和按重量比率均摊。

均摊：总费用除以总数量得出平均金额。这种方式适合产品单一，比如只发一款SKU的情况，不适用于发多款SKU，且重量体积大小不一的货物。

举个例子：

假设，某跨境电商公司发一个SKU货物，数量1千件，头程费用总额1.5万元，按均摊方式核算每件商品应摊15元头程费用（15 000÷1 000）。

按重量比率均摊：将同类型SKU进行分类，分别核算出各自的数量以及单位重量、总重量，然后将各SKU重量除以总重量得出重量比率，重量比率再乘以总头程费用。该方法适用于发多款SKU，且货物大小重量体积不一致的情况。

举个例子:

假设,某跨境电商公司发 ABC 3 个 SKU 货物,A 产品 300 件,单位重量 0.3 千克;B 产品 500 个,单位重量 0.1 千克,C 产品 200 件,单位重量 0.5 千克,货物总重量 250 千克,总费用 1.5 万元。按重量比率均摊方式核算,A 产品重量占比 37.5%,分摊金额 5 625 元;B 产品重量占比 20.83%,分摊金额 3 124.5 元;C 产品重量占比 41.67%,分摊金额 6 250.5 元。

核算出渠道利润后,再核算出单品毛利(单个 SKU 的毛利)、净利、投资回报率(ROI)等指标,并将各项费用占比列出来,做个横向和纵向的对比。横向对比每个月的数据差异,纵向和往年数据进行对比,横向纵向对比的目的是从数据中寻找规律,并了解是否有进步。这些数据和指标是企业业务拓展,布局和做决策的重要依据。

6.2.3 亚马逊利润核算方法

从财务思维角度出发,亚马逊的利润数据要如何确认?

财务总监和老板看报表的目的是了解企业全盘的财务业务经营情况,因此,财务人员需要编制财务口径报表,同时和业务报表一起汇总做对比。

数据确认路径

财务口径报表确认思路:以亚马逊实际配送出库数据来确认收入和成本。数据下载路径:数据报告(reports)—库存和销售报告(fulfillment)—销量(sales)—亚马逊配送货件(Amazon fulfilled shipments),费用按照亚马逊交易表实际扣费确认。

关于财务口径的成本费用确认,与业务口径的成本确认并无太大区别,成本确认思路是相同的,都是按照国内仓唯一性 SKU 编码匹配。费用确认有两种方法,一种是按照各项费用比率确认,一种是直接按照亚马逊交易表实际扣费确认。

按费用比率确认:根据过往月份得出的平台各项费用平均占比确认当期费用,比如前半年平台费用总占比分别为 28%、29.5%、31%、28.5%、30%、30.5%,那么平均费用占比为 29.583%,若当期配送订单销售额为 1 000 万元,则平台扣费为 295.83 万元;按费用比率确认和后续平台实际扣费会存在一定偏差，但相对按当期平台扣费确认，比率扣费更加精确些。

　　按当期亚马逊交易表实际扣费确认平台费用，由于订单配送和平台确认的时间差，必然会存在数据差异，若差异偏差较大，则会影响利润核算的真实性，企业可根据实际情况选择费用核算方式。

　　确认收入、成本、费用后，据此编制财务报表（资产负债表、利润表、现金流量表），以及财务分析报告和业务经营分析报告。财务分析报告取财务口径数据计算各项财务指标并进一步对比、分析；经营分析报告（可使用业务口径数据）应反映企业当月实际经营情况，可按站点、店铺、单品 SKU 分类确认收入、成本、费用占比情况，盈利情况等，并和往期数据进行横向纵向对比分析。

　　财务报表具体编制方法及实操请参考第七章跨境电商财务账务实操。

　　亚马逊渠道利润表核算思路见表 6-3。

表 6-3　亚马逊渠道利润分析表模板

站点	销售数量	销售额	销售成本	毛利	销售比率	成本占比	毛利率	变动成本	固定成本	边际贡献	边际贡献率	渠道利润	净利润	净利率	ROI	备注
美国																
英国																
德国																
西班牙																
意大利																
法国																
日本																
加拿大																

①以站点为单位确认各站点店铺销售收入及销售成本数据；

②以站点为单位确认各站点应承担的变动成本和固定成本；

③以站点为单位计算出毛利、毛利率、边际贡献、边际贡献率、渠道利润（营业收入－固定成本－变动成本）、净利润（减去所得税）、净利率、ROI 等相关指标；

亚马逊单品毛利表核算思路如下，具体分析见表 6-4。

①以 SKU 为最小单位确认各站点 SKU 销售数量、销售收入和销售成本信息；

②以 SKU 为最小单位确认各站点平台扣费；

③以 SKU 为最小单位核算站外费用（头程物流、广告费用等）；

④以 SKU 为最小单位确认固定成本；

⑤以 SKU 为最小单位确认边际效益、销售利润、净利润、净利率、ROI 等指标。

由此可见，渠道利润表和单品毛利利润表的核算思路除了核算最小单位不同，其他数据都是一致的。之所以要区分渠道和单品 SKU 核算利润，是为了更精确地做数据分析、管理工作，比如渠道利润表，不同的渠道可能由不同的运营（业务）人员负责，以站点为单位核算利润便于计算对站点负责人的提成和绩效考核，并且管理人员也可以直观地了解单个站点的盈利情况，为后续运营管理提供数据支持。

以单品 SKU 为最小单位核算单品毛利，是在渠道利润表的基础上进一步细化，它不仅明确了渠道、单品 SKU，还应细化到具体运营人员（如果是以产品来划分业务员负责范围）。核算单品毛利的目的有两个，其一是给业务人员核算提成和绩效考核；其二是明确到单品 SKU 的盈利情况能更加清晰地反映产品的营收情况，便于管理层及时发现问题，对后续战略作出调整。

可通过单品 SKU 利润表筛选出销售量最高的产品、销售额最高的产品以及利润率最高的产品等，数据分析出来大家会发现，卖得最好的产品未必是赚得最多的，赚得最多的产品未必是卖得最好的；还可以再进一步分析其销售渠道、销售人群、产品特征、市场竞争等情况，这样数据报告信息就更加丰富了。

表 6-4 亚马逊单品毛利分析表模板

金额：元

站点	销售员	产品SKU	产品中文名	销售数量	订单销售额	退款	物流费	广告费	平台佣金	税	其他扣费	站内费用合计	回款汇总	产品成本	头程成本	变动成本总额	边际效益	固定成本	销售利润	毛利	营业外收入	营业外支出	所得税	净利	ROI	净利率
美国																										
英国																										
德国																										
西班牙																										
意大利																										
法国																										
日本																										
加拿大																										

6.3　企业如何管好"钱袋子"

除了做好企业数据核算，企业"钱袋子"管理也至关重要。大家肯定都希望企业的"钱袋子"越鼓越好，"钱袋子"越鼓，说明企业流动现金越多，抗风险能力越强。但若"钱袋子"太鼓，持有现金过多，对企业来说也意味着资金流动性慢，对外投资少，放弃了其他的机会成本，会影响企业的获利能力。所以企业持有的现金并不是越多越好，当然也不是越少越好，企业持有现金太少，当企业有支付需求时可能存在资金压力，从而影响业务周转。企业要对账上多余的资金及时处理，控制现金持有限额，提高企业资金使用效益，促进企业健康发展。那么，如何知道企业持有现金是否合理呢？

企业可以通过编制现金预算和做好现金管理来有效管理企业现金使用情况。现金预算也称资金预算。现金有狭义和广义之分，狭义的现金仅指库存现金，广义的现金除了库存现金还有银行存款、其他货币资金等。本章所指的现金为广义的现金。

6.3.1　现金预算

现金预算是财务预算的一部分，是销售预算、材料采购预算、人工预算、制造费用预算、管理费用预算等的综合性预算反映，由现金收入、现金支出、现金多余或不足、资金的筹集和运用四个部分组成。

现金收入：指来源于销售的收入及其他收入，主要以销售收入为主。

现金支出：指用于企业生产经营活动产生的材料采购、营业费用、各项税费、人工房租、股东分红等支出。

现金多余或不足：指期初现金余额加上本期现金收入减去本期现金支出后的差额，差额为正数说明企业当期预期资金足够支撑企业运转；差额为负数说明当期资金不足以支撑企业运转，需要想办法筹资、融资获取营运资金。

资金的筹集和运用：指企业资金不足需要从外部筹集营运资金的方法以及资金充足的资金使用安排。企业可通过向银行借款、出售短期投资、吸收自己投资、发行股票、债券、融资租赁等方式获取资金；企业资金为正的情况下可以选择归还银行借款或进行短期投资等方式以增加收益。

6.3.2　现金收支法

企业通常使用现金收支法来编制企业现金预算。现金收支法是运用最为广泛的一种现金预算编制方法，它具有直观、灵活、简便等特点，能直接反映企业的现金收支情况，便于对企业资金管理进行分析及预算执行效果进行检验、比对。

现金收支法预算表编制公式为：

期末现金余额 = 期初现金余额 + 现金收入 − 现金支出 ± 现金余缺处理

企业可以以年度、季度、月度为周期来编制现金预算表，具体见表6-5。

表6-5　现金收支法预算表

项　　目	第一季度	第二季度	第三季度	第四季度
期初现金余额				
加：现金收入				
当月销售收入				
收回应收款				
其他应收账款				
现金收入合计				
可供使用现金合计				
减：现金支出				
采购原材料				
工　　资				
管理费用				
财务费用				
营业费用				
税　　金				
购置固定资产				
现金支出合计				

续上表

项　　目	第一季度	第二季度	第三季度	第四季度
现金余缺				
现金余缺处理				
向银行借款				
归还银行				
短期证券投资				
出售短期证券投资				
期末现金余额				

现金预算表编制步骤为：

①先确认收入，根据本期销售预算以及应收账款、应收票据等情况，确认主营业务销售款项收回及前期应收账款、应收票据收回情况；

②再确认支出，根据本期销售预算确认物资采购预算和变动成本预算，预测支出情况，并考虑固定成本、税费、设备购置等支出情况；

③最后看余缺，根据期初现金＋本期收入－本期支出确认现金结余情况，并考虑其中变动因素，测算出现金最低需求量及资金使用计划。

举个例子：

某跨境电商企业预计2022年度销售商品120 000件，其中第一季度销售量预计30 000件，第二季度和第三季度预计各20 000件，第四季度预计销售50 000件，商品售价为100元/件，成本40元/件，除产品成本外，其他变动成本占销售额的35%左右，每季度预计回款该季度销售额的70%，剩余30%下期收汇；企业每季度末备货额为下季度销售额的60%，企业固定成本为每月500 000元。2022年1月1日该企业货币资金为200 000元，库存数量18 000件。假设2021年第四季度销售额为4 500 000元。暂不考虑所得税。根据以上信息，企业需编制现金预算表。

第一季度

期初现金余额：200 000元

现金收入：3 450 000元

其中，当期销售收回2 100 000元，前期应收货款为1 350 000元（上期应收30%＋本期销售70%）。

现金支出：2 510 000 元

其中，销售货物采购 24 000 件，采购款支出 960 000 元，当期采购量＝（当期销售量－期初库存＋当期备货库存）；变动支出（除产品成本）1 050 000 元，固定成本（包含工资、管理费用、财务费用）500 000 元，合计总支出 2 510 000 元。

资金余缺：200 000＋3 450 000－2 510 000＝1 140 000（元）

第一季度无须外部筹资，可将部分资金用于偿还前期短期借款或进行短期投资。

第二季度：

期初现金余额：1 140 000 元

现金收入：2 300 000 元

其中，销售收入 1 400 000 元，可收回货款为 900 000 元（上期应收 30%＋本期销售 70%）。

现金支出：2 000 000 元

其中，销售货物采购 20 000 件，采购款支出 800 000 元，当期采购量＝（当期销售量－期初库存＋当期备货库存）；变动支出（除产品成本）700 000 元，固定成本（包含工资、管理费用、财务费用）500 000 元，合计总支出 2 000 000 元。

资金余缺：1 140 000＋2 300 000－2 000 000＝1 440 000（元）

第二季度无须外部筹资，可将部分资金用于偿还前期短期借款或进行短期投资。

第三季度：

期初现金余额：1 440 000 元

现金收入：2 000 000 元

其中，销售收入 1 400 000 元，可收回货款为 600 000 元（上期应收 30%＋本期销售 70%）。

现金支出：2 720 000 元

其中，销售货物采购 38 000 件，采购款支出 1 520 000 元，当期采购量＝（当期销售量－期初库存＋当期备货库存）；变动支出（除产品成本）700 000 元，固定成本（包含工资、管理费用、财务费用）500 000 元，合计总支出 2 720 000 元。

资金余缺：1 440 000＋2 000 000－2 720 000＝720 000（元）

第三季度无须外部筹资，可将部分资金用于偿还前期短期借款或进行短期投资。

第四季度：

期初现金余额：720 000 元

现金收入：4 100 000 元

其中，销售收入 3 500 000 元，可收回货款为 600 000 元（上期应收 30%+ 本期销售 70%）。

现金支出：3 770 000 元

其中，销售货物采购 38 000 件，采购款支出 1 520 000 元，当期采购量 =（当期销售量 − 期初库存 + 当期备货库存）；变动支出（除产品成本）1 750 000 元，固定成本（包含工资、管理费用、财务费用）500 000 元，合计总支出 3 770 000 元。

资金余缺：720 000+4 100 000−3 770 000=1 050 000（元）

第四季度无须外部筹资，可将部分资金用于偿还前期短期借款或进行短期投资。

该企业现金预算表见表 6-6。

表 6-6　某电商企业现金预算表　　　　　金额：元

项　　目	第一季度	第二季度	第三季度	第四季度
期初现金余额	200 000	1 140 000	1 440 000	720 000
加：现金收入				
当月销售收入	2 100 000	1 400 000	1 400 000	3 500 000
收回应收款	1 350 000	900 000	600 000	600 000
其他应收账款				
现金收入合计	3 450 000	2 300 000	2 000 000	4 100 000
可供使用现金合计	3 650 000	3 440 000	3 440 000	4 820 000
减：现金支出				
采购原材料	960 000	800 000	1 520 000	1 520 000
工资				
管理费用	500 000	500 000	500 000	500 000
财务费用				
营业费用	1 050 000	700 000	700 000	1 750 000

项　　目	第一季度	第二季度	第三季度	第四季度
税　　金				
购置固定资产				
现金支出合计	2 510 000	2 000 000	2 720 000	3 770 000
现金余缺	1 140 000	1 440 000	720 000	1 050 000
现金余缺处理				
向银行借款				
归还银行				
短期证券投资				
出售短期证券投资				
期末现金余额	1 140 000	1 440 000	720 000	1 050 000

通过以上案例可以看出该企业的资金流动性良好，每个季度回款可以覆盖下一季度支出，并有一定结余，结余资金可用于偿还前期借款（如有），或进行短期投资获取更多收益。

该案例为简化版现金预算表，实操中现金预算表的编制比案例要复杂得多，销售收入、物资供应、物流时长、回款速度、各项成本变化、资金支持，以及筹资安排等细节都需要一一落实，确保数据相对准确，不至于偏差太大。数据偏差太大就偏离了做现金预算表的初衷。

由此可见，要做好现金预算并不容易，需要对企业的各项经营活动充分了解，并对企业现金管理建立科学合理的制度、便于操作的业务流程，以及资金风险控制的制度和流程等，只有这样，才能做好现金预算管理。

6.3.3　企业资金活动管理规范

企业资金活动主要分三大块：筹资活动、投资活动、营运活动。

筹资活动

筹资活动可理解为企业为筹集日常经营所需资金的行为，企业只有先获得日常经营所需资金，才能开展后续的投资活动和营运活动，因此，筹资活动是企业资金活动的起点。

　　企业资金筹集可以通过多种方法进行，在筹资之前，需要先对资金筹集做好相关计划，明确资金筹资金额、资本结构、筹资方式、筹资用途、筹资成本、风险把控等。

　　因此，企业想要做好资金筹集活动，需要梳理好资金筹集的相关管理流程与制度，建立标准流程。企业筹资活动、投资活动都可参照以下五个步骤：

　　第一步，提出筹资方案，并对筹资方案进行可行性评估，可从三个方面进行评估——①战略性评估。包括是否与企业发展战略相符合，筹资规模是否适当；②经济性评估。如筹资成本是否最低，资本结构是否恰当，筹资成本与资金收益是否匹配；③风险性评估。如筹资方案面临哪些风险，风险大小是否适当、可控，是否与收益匹配。

　　第二步，筹资方案审批，设置筹资方案审批的目的是通过审批制度批准最优的筹资方案。可采取分析授权审批制度，按照规定程序严格审批经过可行性论证的筹资方案，并对审核事项实行计提审议或联签制度，保证决策的科学性。

　　第三步，制定筹资计划。确定筹资方案并通过审批后，接下来就是着手制定筹资计划了，可根据筹资方案，结合当下经济金融形势，分析不同筹资方式的资金成本，正确选择筹资方式和筹资金额，保证筹资活动低成本、高效率以及科学性。

　　第四步，实施筹资。到了实施筹资阶段，应签署筹资协议，明确双方权利义务，并按照岗位分离与授权审批制度，各环节和各负责人正确履行审批监督责任，实施严密的筹资程序控制和岗位分离控制，并做好筹资记录登记，保证筹资活动正确、合法、有效进行。

　　第五步，筹资活动评价与责任追究。建立筹资活动评价与责任追究制度的目的是保证筹集资金的正确有效使用，维护筹资信用，相关控制措施可从五个方面着手：①促成各部门严格按照确定的用途使用资金；②监督检查，督促各环节严密保管未发行的股票、债券；③监督检查，督促正确计提、支付利息；④加强债务偿还和股利支付环节的监督管理；⑤评价筹资活动过程，追究违规人员责任。

投资活动

企业投资活动是筹资活动的延续，可理解为企业对外进行投资。对外投资可能为企业带来利润回报，也可能带来亏损，但不管是哪一种结果，都需要企业先留出资金进行投资。因此，企业在进行投资活动之前应对投资项目进行详细考察及分析，梳理投资活动流程及过程控制，确保企业投资活动项目的可行性及资金安全性。

投资活动按照标准流程可分为以下五个步骤。

第一步，提出投资方案，并对投资可行性进行评估。可从三个方面进行评估——①进行投资方案的战略性评估，包括是否与企业发展战略相符合；②评估投资规模、方向和时机是否适当；③对投资方案进行技术、市场、财务可行性研究，深入分析项目的技术可行性与先进性、市场容量与前景，以及项目预计现金流量、风险与报酬，比较或评价不同项目的可行性。

第二步，投资方案审批。审批的目的是通过审批制度批准最优的投资方案，应明确审批人对投资业务的授权批准方式、权限、程序和责任，不得越权，并且审批中应实行集体决策审议或者联签制度；与有关被投资方签署投资协议。

第三步，编制投资计划。确定投资方案并通过审批后，接下来就是制定投资计划了，应先核查企业当前资金额及正常生产经营预算对资金的需求量，积极筹措投资项目所需资金；然后制定详细的投资计划，并根据授权审批制度报有关部门审批。

第四步，实施投资方案。到了实施投资阶段，为了保证投资活动按计划合法、有序、有效进行，应做好这四点——①根据投资计划进度，严格分期，按进度适时投放资金，严格控制资金流量和时间；②以投资计划为依据，按照职务分离制度和授权审批制度，各环节和各责任人正确履行审批监督责任，对项目实施过程进行监督和控制，防止各种舞弊行为，保证项目建设的质量和进度要求；③做好严密的会计记录，发挥会计控制的作用；④做好跟踪分析工作，及时评价投资的进展，将分析和评价的结果反馈给决策层，以便及时调整投资策略或制定投资退出策略。

第五步，投资资产处置控制。保证投资资产的处理符合企业的利益——①投资资产的处置应该通过专业中介机构，选择相应的资产评估方法，客观评估投资价值，同时确定处置策略；②投资资产的处置必须经过董事会的授权批准。

营运活动

营运活动是指企业日常经营活动产生的资金支出。企业资金营运活动的目的是保持生产经营各环节资金供求动态平衡，保证企业资金合理安排到采购、生产、销售等各环节，做到资金收支管理在数量和时间上相互协调，实现资金合理循环和周转，提高资金使用效率。

因此，企业需要制定资金营运活动的管理控制流程来保障资金有效周转及资金安全。

①审批合法性。未经授权不得经办资金收付业务，并明确不同级别管理人员的权限；

②复核原始凭证的真实性和合法性。会计人员应对相关凭证进行真实性和合法性的复核，如有不符应拒绝付款，并向上级反映情况；

③收支数据完整性。应保证收入入账完整，支出手续完备，出纳根据审核后的相关收付款原始凭证收款和付款，并加盖戳记；

④记账真实性。出纳人员根据资金收付凭证登记日记账，会计人员根据相关凭证登记有关明细分类账，主管会计登记总分类账；

⑤对账。账证核对、账表核对与账实核对，确保账务真实性和财产安全；

⑥保管。授权专人保管资金，并定期、不定期进行资金盘点，确保财产安全与完整；

⑦银行账户管理。确认是否有账外账，防范小金库，加强业务管控；

⑧票据与印章管理。票据统一印制或购买；票据由专人保管，印章与空白票据分开管理，财务专用章与企业法人章分开管理，保证财产安全。

以上是关于企业筹资活动、投资活动以及营运活动过程中对资金管理的相关规范化操作，只有强化企业资金管理，控制资金风险，保障资金安全，才能发挥资金规模效益。良好的资金管理水平也反映企业的综合管理能力，有利于促进企业的综合平衡，使企业实现健康可持续发展。

更多资金管理控制规范可参考文件《企业内部控制应用指引第6号——资金活动》。

企业内部控制应用指引第 6 号——资金活动

第一章　总则

第一条　为了促进企业正常组织资金活动，防范和控制资金风险，保证资金安全，提高资金使用效益，根据有关法律法规和《企业内部控制基本规范》，制定本指引。

第二条　本指引所称资金活动，是指企业筹资、投资和资金营运等活动的总称。

第三条　企业资金活动至少应当关注下列风险：

（一）筹资决策不当，引发资本结构不合理或无效融资，可能导致企业筹资成本过高或债务危机。

（二）投资决策失误，引发盲目扩张或丧失发展机遇，可能导致资金链断裂或资金使用效益低下。

（三）资金调度不合理、营运不畅，可能导致企业陷入财务困境或资金冗余。

（四）资金活动管控不严，可能导致资金被挪用、侵占、抽逃或遭受欺诈。

第四条　企业应当根据自身发展战略，科学确定投融资目标和规划，完善严格的资金授权、批准、审验等相关管理制度，加强资金活动的集中归口管理，明确筹资、投资、营运等各环节的职责权限和岗位分离要求，定期或不定期检查和评价资金活动情况，落实责任追究制度，确保资金安全和有效运行。

企业财会部门负责资金活动的日常管理，参与投融资方案等可行性研究。总会计师或分管会计工作的负责人应当参与投融资决策过程。

企业有子公司的，应当采取合法有效措施，强化对子公司资金业务的统一监控。有条件的企业集团，应当探索财务公司、资金结算中心等资金集中管控模式。

第二章　筹资

第五条　企业应当根据筹资目标和规划，结合年度全面预算，拟定筹资方案，明确筹资用途、规模、结构和方式等相关内容，对筹资成本和潜在风险做出充分估计。

境外筹资还应考虑所在地的政治、经济、法律、市场等因素。

第六条　企业应当对筹资方案进行科学论证，不得依据未经论证的方案开展筹资活动。重大筹资方案应当形成可行性研究报告，全面反映风险评估情况。

企业可以根据实际需要，聘请具有相应资质的专业机构进行可行性研究。

第七条 企业应当对筹资方案进行严格审批，重点关注筹资用途的可行性和相应的偿债能力。重大筹资方案，应当按照规定的权限和程序实行集体决策或者联签制度。

筹资方案需经有关部门批准的，应当履行相应的报批程序。筹资方案发生重大变更的，应当重新进行可行性研究并履行相应审批程序。

第八条 企业应当根据批准的筹资方案，严格按照规定权限和程序筹集资金。银行借款或发行债券，应当重点关注利率风险、筹资成本、偿还能力以及流动性风险等；发行股票应当重点关注发行风险、市场风险、政策风险以及公司控制权风险等。

企业通过银行借款方式筹资的，应当与有关金融机构进行洽谈，明确借款规模、利率、期限、担保、还款安排、相关的权利义务和违约责任等内容。双方达成一致意见后签署借款合同，据此办理相关借款业务。

企业通过发行债券方式筹资的，应当合理选择债券种类，对还本付息方案作出系统安排，确保按期、足额偿还到期本金和利息。

企业通过发行股票方式筹资的，应当依照《中华人民共和国证券法》等有关法律法规和证券监管部门的规定，优化企业组织架构，进行业务整合，并选择具备相应资质的中介机构协助企业做好相关工作，确保符合股票发行条件和要求。

第九条 企业应当严格按照筹资方案确定的用途使用资金。筹资用于投资的，应当分别按照本指引第三章和《企业内部控制应用指引第11号——工程项目》规定，防范和控制资金使用的风险。

由于市场环境变化等确需改变资金用途的，应当履行相应的审批程序。严禁擅自改变资金用途。

第十条 企业应当加强债务偿还和股利支付环节的管理，对偿还本息和支付股利等作出适当安排。

企业应当按照筹资方案或合同约定的本金、利率、期限、汇率及币种，准确计算应付利息，与债权人核对无误后按期支付。

企业应当选择合理的股利分配政策，兼顾投资者近期和长远利益，避免分配过度或不足。股利分配方案应当经过股东（大）会批准，并按规定履行披露义务。

第十一条　企业应当加强筹资业务的会计系统控制，建立筹资业务的记录、凭证和账簿，按照国家统一会计准则制度，正确核算和监督资金筹集、本息偿还、股利支付等相关业务，妥善保管筹资合同或协议、收款凭证、入库凭证等资料，定期与资金提供方进行账务核对，确保筹资活动符合筹资方案的要求。

第三章　投资

第十二条　企业应当根据投资目标和规划，合理安排资金投放结构，科学确定投资项目，拟定投资方案，重点关注投资项目的收益和风险。企业选择投资项目应当突出主业，谨慎从事股票投资或衍生金融产品等高风险投资。

境外投资还应考虑政治、经济、法律、市场等因素的影响。

企业采用并购方式进行投资的，应当严格控制并购风险，重点关注并购对象的隐性债务、承诺事项、可持续发展能力、员工状况及其与本企业治理层及管理层的关联关系，合理确定支付对价，确保实现并购目标。

第十三条　企业应当加强对投资方案的可行性研究，重点对投资目标、规模、方式、资金来源、风险与收益等作出客观评价。

企业根据实际需要，可以委托具备相应资质的专业机构进行可行性研究，提供独立的可行性研究报告。

第十四条　企业应当按照规定的权限和程序对投资项目进行决策审批，重点审查投资方案是否可行、投资项目是否符合国家产业政策及相关法律法规的规定、是否符合企业投资战略目标和规划、是否具有相应的资金能力、投入资金能否按时收回、预期收益能否实现，以及投资和并购风险是否可控等。重大投资项目，应当按照规定的权限和程序实行集体决策或者联签制度。

投资方案需经有关管理部门批准的，应当履行相应的报批程序。

投资方案发生重大变更的，应当重新进行可行性研究并履行相应审批程序。

第十五条　企业应当根据批准的投资方案，与被投资方签订投资合同或协议，明确出资时间、金额、方式、双方权利义务和违约责任等内容，按规定的权限和程序审批后履行投资合同或协议。

企业应当指定专门机构或人员对投资项目进行跟踪管理，及时收集被投资方经审计的财务报告等相关资料，定期组织投资效益分析，关注被投资方的财务状况、经营成果、现金流量以及投资合同履行情况，发现异常情况，应当及时报告并妥善处理。

第十六条 企业应当加强对投资项目的会计系统控制，根据对被投资方的影响程度，合理确定投资会计政策，建立投资管理台账，详细记录投资对象、金额、持股比例、期限、收益等事项，妥善保管投资合同或协议、出资证明等资料。

企业财会部门对于被投资方出现财务状况恶化、市价当期大幅下跌等情形的，应当根据国家统一的会计准则制度规定，合理计提减值准备、确认减值损失。

第十七条 企业应当加强投资收回和处置环节的控制，对投资收回、转让、核销等决策和审批程序作出明确规定。

企业应当重视投资到期本金的回收。转让投资应当由相关机构或人员合理确定转让价格，报授权批准部门批准，必要时可委托具有相应资质的专门机构进行评估。核销投资应当取得不能收回投资的法律文书和相关证明文件。

企业对于到期无法收回的投资，应当建立责任追究制度。

第四章 营运

第十八条 企业应当加强资金营运全过程的管理，统筹协调内部各机构在生产经营过程中的资金需求，切实做好资金在采购、生产、销售等各环节的综合平衡，全面提升资金营运效率。

第十九条 企业应当充分发挥全面预算管理在资金综合平衡中的作用，严格按照预算要求组织协调资金调度，确保资金及时收付，实现资金的合理占用和营运良性循环。

企业应当严禁资金的体外循环，切实防范资金营运中的风险。

第二十条 企业应当定期组织召开资金调度会或资金安全检查，对资金预算执行情况进行综合分析，发现异常情况，及时采取措施妥善处理，避免资金冗余或资金链断裂。

企业在营运过程中出现临时性资金短缺的，可以通过短期融资等方式获取资金。资金出现短期闲置的，在保证安全性和流动性的前提下，可以通过购买国债等多种方式，提高资金效益。

第二十一条　企业应当加强对营运资金的会计系统控制，严格规范资金的收支条件、程序和审批权限。

企业在生产经营及其他业务活动中取得的资金收入应当及时入账，不得账外设账，严禁收款不入账、设立"小金库"。

企业办理资金支付业务，应当明确支出款项的用途、金额、预算、限额、支付方式等内容，并附原始单据或相关证明，履行严格的授权审批程序后，方可安排资金支出。

企业办理资金收付业务，应当遵守现金和银行存款管理的有关规定，不得由一人办理货币资金全过程业务，严禁将办理资金支付业务的相关印章和票据集中一人保管。

"多米"来总结

1. 亚马逊收入以实际配送货物为准确认收入（自发货模式以国内仓出库为准，海外仓模式以海外仓配送出库为准）。

2. 亚马逊后台管理报告：①亚马逊订单配送表；②亚马逊交易表；③亚马逊周期表；④亚马逊结算一览。

3. 头程物流费用可采用均摊或按重量比率均摊的方式核算。

4. 亚马逊利润计算公式为收入－支出＝利润，利润核算应细化到渠道和单品 SKU，核算出企业的渠道利润及单品毛利。

5. 企业资金管理的目的是做好企业在日常经营管理中的资金使用安排，避免出现资金供应问题，合理持有资金，提高资金使用效率。企业可使用现金收支法做好现金预算，并从企业的筹资活动、投资活动以及营运活动中规范资金的使用及管理。

第 7 章

跨境电商财务账务实操

7.1　建账

《中华人民共和国会计法》规定，各单位必须依法设置会计账簿，并保证其真实、完整。各单位必须根据实际发生的经济业务事项进行会计核算，填制会计凭证，登记会计账簿，编制会计报告。任何单位或者个人不得以任何方式授意、指使、强令会计机构、会计人员伪造、变造会计凭证、会计账簿和其他会计资料，提供虚假财务会计报告。

一般在企业刚成立或者企业成立了新的项目部门，需要单独建账核算，这时候会计人员就需要给企业建账。企业建账的目的不只是税务需要，更重要的是企业管理需要。一家企业如果连账目都不清晰，则侧面反映企业管理混乱，无合规经营意识，对企业发展缺乏长远规划。企业账目混乱或没有账目，即使项目很好，投资人也会绕道走。可见，一份清晰的财务账簿对公司管理具有重要意义。

企业建账有两种方式，一种是手工账，一种是 ERP 系统建账。在过去电脑不普及的年代主要靠会计人员手工记账，手工账人工成本高，且效率低，不便于查询。进入二十一世纪以来，随着电脑的普及，会计核算也实现了电算化，企业基本都上了财务 ERP 系统，大大提高了工作效率及节约了人工成本。

建账前准备工作：如果不是新公司建账（新公司建账初始数据为 0），在建账之前需要对企业基础信息做全面地收集与整理，包含资金流水数据、应收应付数据、存货数据、固定资产数据、其他应收应付款、股东投资等数据，并据此编制科目余额表。

7.1.1　建账的流程

第一步：打开财务账务软件（以金蝶软件为例），点击"新建账套"，出现"建账向导"点击"下一步"，如图 7-1 所示。

第二步：在"建账向导"中输入账套名称，比如"赚它一亿元电子商务有限公司"，然后点击"下一步"，如图 7-2 所示。

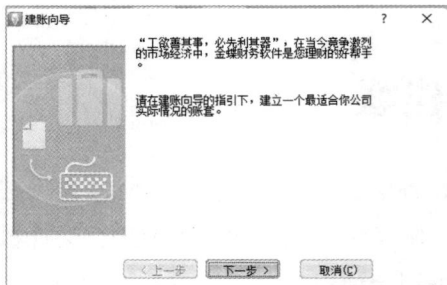

图 7-1　建账第一步电脑软件界面　　　图 7-2　建账第二步电脑软件界面

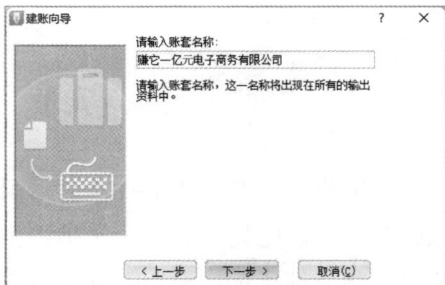

第三步：在"建账向导"中选择公司所属行业，系统会自动建立该行业的会计科目表，如果想要自己设立科目表可以勾选"不建立预设科目表"，点击"下一步"，如图 7-3 所示。

第四步：选择记账本位币，大多数企业一般以人民币作为记账本位币。《中华人民共和国会计法》规定，企业会计核算应以人民币为记账本位币。业务收支以人民币以外的货币为主的企业，也可以选择其中一种货币作为记账本位币，但是编制的财务报告应当折算为人民币。

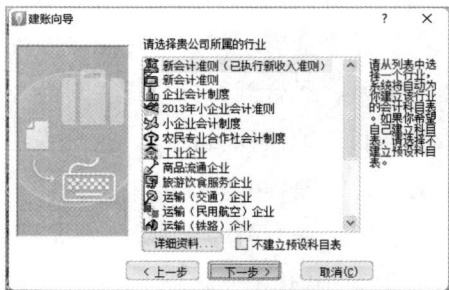

图 7-3　建账第三步电脑软件界面

企业记账本位币一经确定，不得随意变更。确定本位币后点击"下一步"，如图 7-4 所示。

第五步：确定会计科目结构，会计科目级数一般默认为 10 级，结构为4-2-2-2-2-2-2-2-2-2，确定后点击"下一步"，如图 7-5 所示。

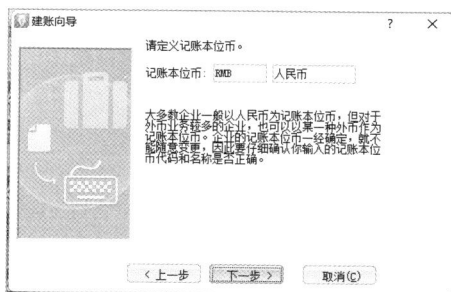

图 7-4 建账第四步确认本币电脑软件界面

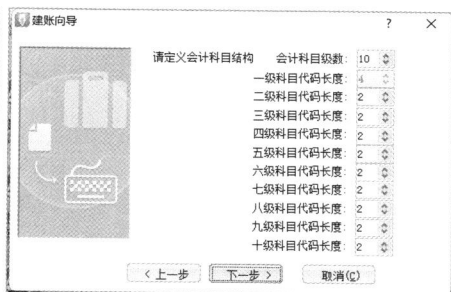

图 7-5 建账第五步确认会计科目结构
电脑软件界面

第六步：确定会计期间和账套启用时间，一般选择自然月份，会计年开始日期默认 1 月 1 日，账套启用时间根据企业实际情况选择即可，确定后点击"下一步"，如图 7-6 所示。

第七步：设置用户密码管理后，点击"下一步"，如图 7-7 所示。

第八步：完成以上所有操作后，点击"完成"，如图 7-8 所示。

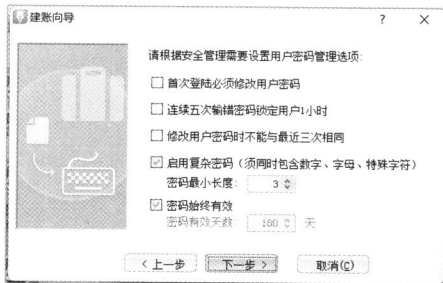

图 7-6 确认会计期间和账套启用时间
电脑软件界面

图 7-7 设置用户密码电脑软件界面

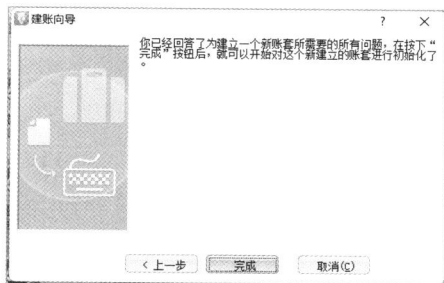

图 7-8 建账完成电脑软件界面

第九步：来到初始化页面，设置企业初始化信息。初始化信息页面包含：账套选项、币种、核算项目、会计科目、初始数据、启用账套等模块，如图 7-9 所示。

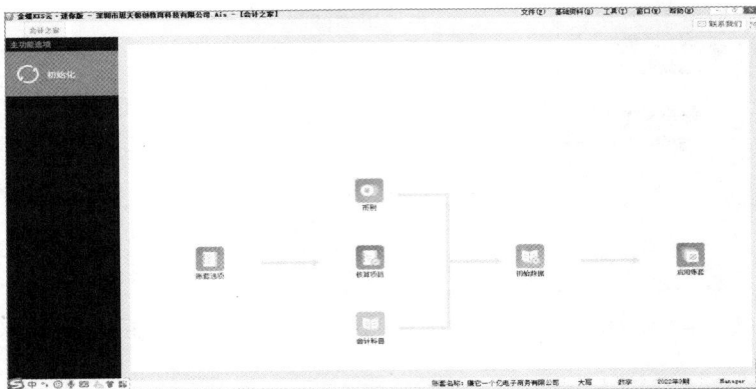

图 7-9　设置企业初始化信息电脑软件界面

账套信息主要是填写企业的基本信息，账套参数、凭证、账簿管理及账套密码设计等信息勾选，如图 7-10 所示。

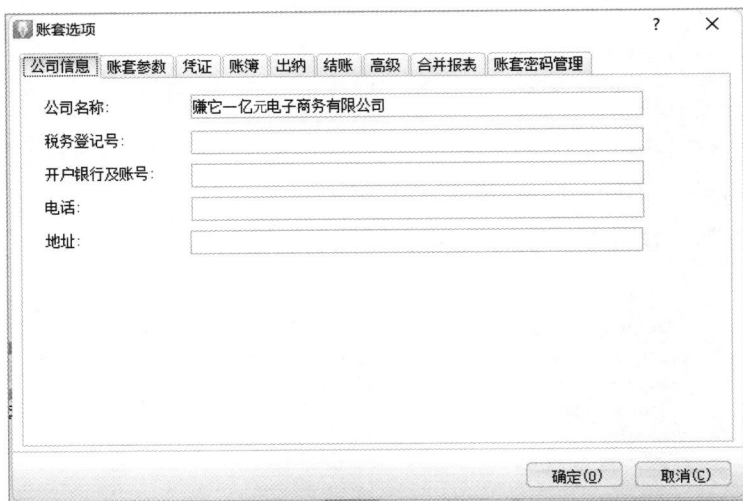

图 7-10　账套信息勾选电脑软件界面

如果除了人民币之外还有其他货币核算，可以在这里设置，点"增加"，输入币种代码和币种名称、汇率等信息，再点"增加"如图 7-11 所示。

核算项目主要是企业业务往来的客户 / 部门 / 职员 / 商品等的信息录入，单击"增加"按钮，输入详细信息后再单击"增加"按钮，如图 7-12 所示。

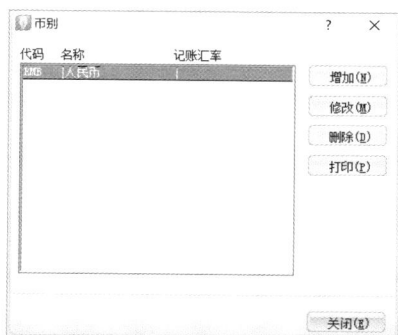

图 7-11 币种选择电脑软件界面

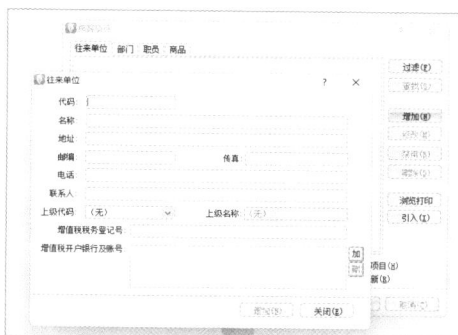

图 7-12 核算项目信息录入电脑软件界面

在会计科目模块可新增会计科目，包括一级和一级以上，一级科目的代码是四位数，二级科目的代码是往后加两位数。以新增二级科目为例，单击"增加"按钮，填入科目代码、科目名称等信息，比如新增银行存款二级科目，科目代码100201，科目名称招行基本户。如果还有一般户怎么填？二级科目可以填多个，科目代码100202，科目名称中行一般户，以此类推。信息填完后单击"增加"按钮，如图 7-13、图 7-14 所示。

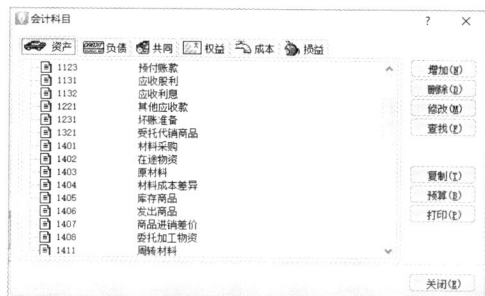

图 7-13 会计科目录入电脑软件界面

图 7-14 会计科目录入电脑软件界面

7.1.2 账套启用及设置

如果不是新建企业，需要在初始数据汇总录入各科目期初余额，也就是建账前整理的科目余额表数据，然后在"人民币"下拉框中选择"试算平衡表"，只有试算平衡表试算平衡了才能启用账套，如图7-15、图7-16所示。

图7-15　选择试算平衡界面

图7-16　试算平衡表已平衡界面

初始数据试算平衡后单击"启用账套"，启用账套后就可以开始做日常核算登记了，如图7-17所示。要注意的是，账套一旦启用，就不能返初始化了，所有在启用账套之前，必须确保已输入的信息正确。账套文件可以备份到云盘和本地，备份本地文件尽量不要选择C盘（系统盘），避免数据丢失。

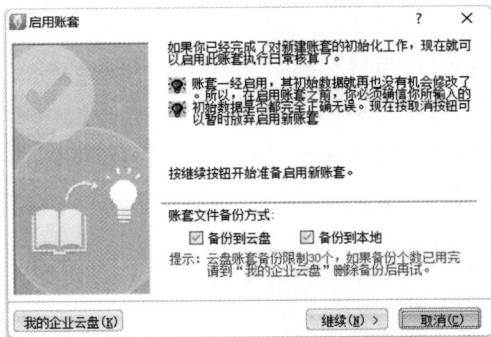

图7-17　启用账套界面

初始化工作全部处理完毕后，来到日常处理界面。日常处理界面有账务处理、发票管理、往来管理、报表、出纳管理、系统维护等模块，如图7-18所示。

图7-18　日常处理界面

首先来到系统维护模块，系统维护模块有币别、凭证字、结算方式、核算项目、会计科目、常用摘要、模式凭证等设置项目。

左边还有账套选项、套打设置、用户管理、修改密码、上机日志、科目合法性检查、凭证检查、科目预警设置、预警查询、账套备份、账套修复等项目，如图7-19所示。

图7-19 系统维护界面

在开始日常账务管理之前，需要先在系统维护中增加或管理用户，在系统维护左边点击"用户管理"，可以在用户管理界面新增组或新增用户，然后再对新增用户进行相应授权，可以按照企业实际情况来设置，如图7-20、图7-21所示。

图7-20 用户管理界面（1）

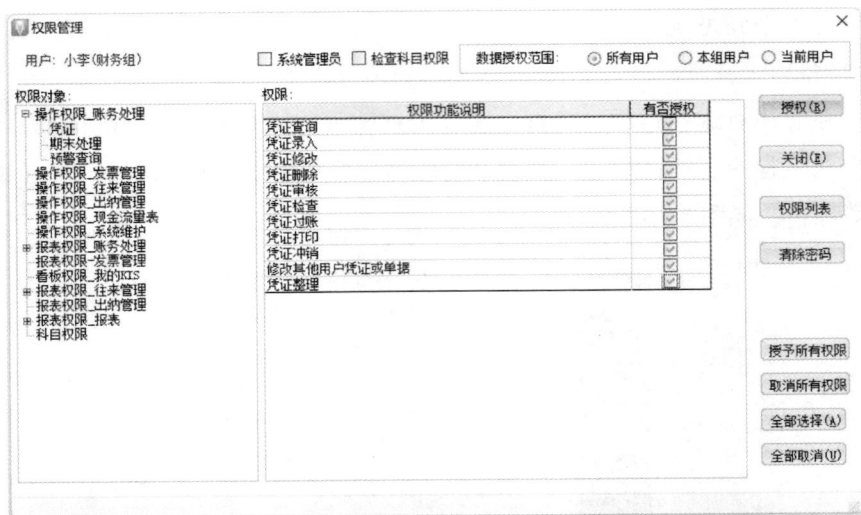

图 7-21　用户管理界面（2）

7.1.3　记账凭证填制流程

设置好系统维护相关信息后，就可以开始日常账务操作了，具体业务流程如下：

凭证录入→凭证审核→凭证过账→结转损益（自动转账、期末调汇）→期末结账，凭证查询功能供查询历史凭证信息，如图 7-22 所示。

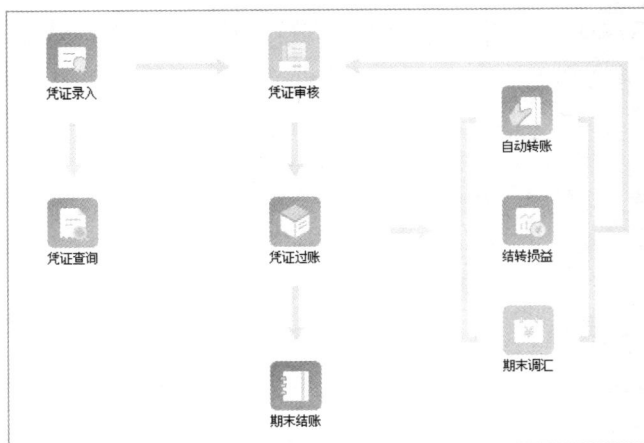

图 7-22　日常财务操作界面

凭证录入：以收到货款为例，借：银行存款—招行基本户—美金户 349 000，贷：应收账款 - ×××境外公司 348 400、财务费用—汇兑损益 600，涉及外币核算的，在币别、汇率框体中输入该币别的发生金额，系统会自动换算成人民币，如图 7-23 所示。借贷金额必须平衡，不平衡无法保存操作下一步。

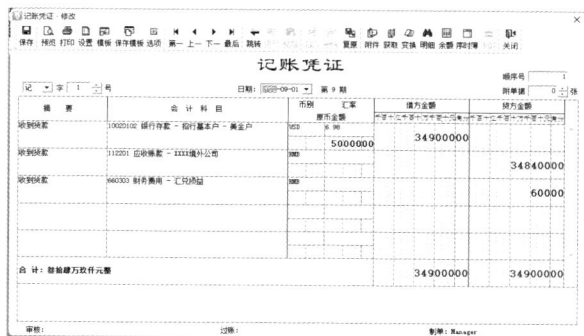

图 7-23　收到货款——记账界面

凭证审核：一般我们在账套中会勾选"过账前必须经过审核"，所以在过账前必须先经过审核，制单和审核可以是同一个人也可以非同一个人，具体看企业的用户管理权限设置。

单击"凭证审核"，来到"会计分录序时簿"，单击"审核 / 反审核"或"批审"，反审核是对已经完成审核的凭证进行取消审核，审批是指批量审核，凭证多就可以批量审核，如图 7-24、图 7-25 所示。

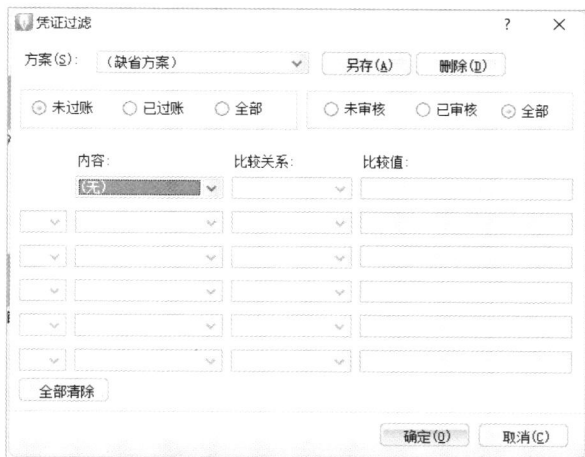

图 7-24　凭证审核界面

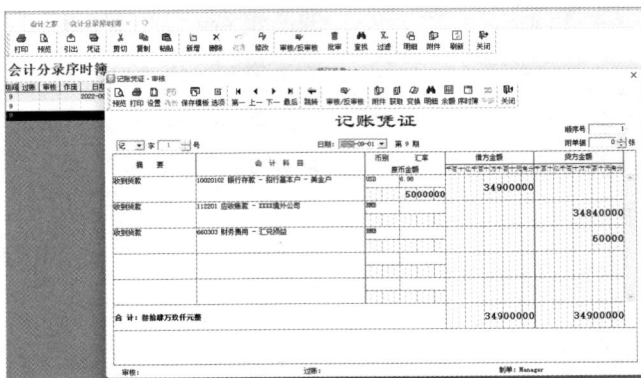

图 7-25　会计分录序时簿界面

凭证过账：凭证审核完成后才能过账，单击"凭证过账"→"前进"→"前进"→"完成"凭证过账后发现有错误，可以通过反过账进行调整，如图 7-26、图 7-27、图 7-28 所示。

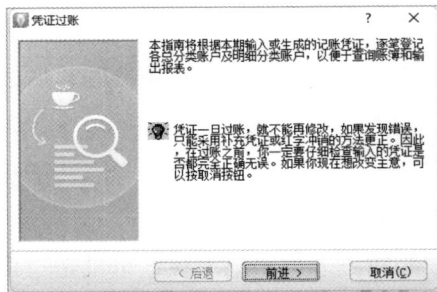

图 7-26　凭证过账界面（1）

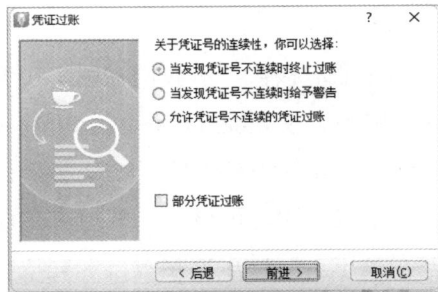

图 7-27　凭证过账界面（2）

结转损益：期末的时候，损益类各科目需要全部结转到"本年利润"中，所以在结账前必须结转损益。单击"结转损益"→"前进"→"前进"→"前进"→"完成"，形成损益结转凭证后再单击"凭证过账"，所有凭证必须过账完才能进行结账，如图 7-29、图 7-30、图 7-31、图 7-32 所示。

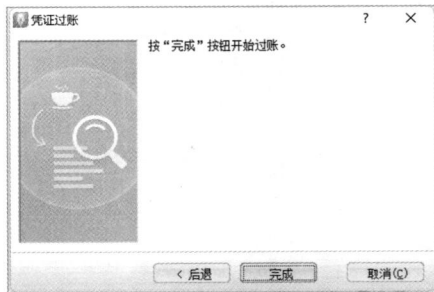

图 7-28　凭证过账界面（3）

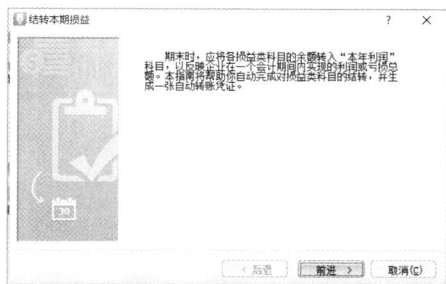

图 7-29 结转本期损益界面（1）

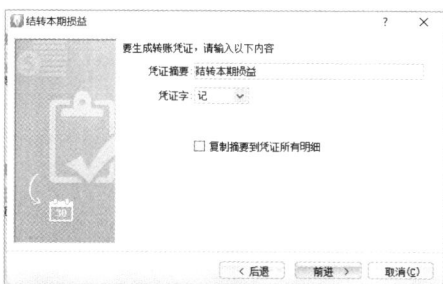

图 7-30 结转本期损益界面（2）

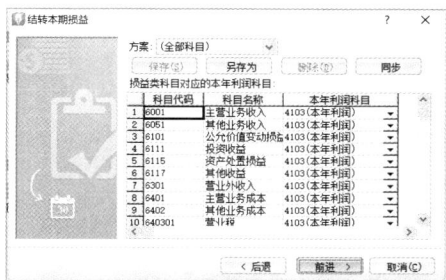

图 7-31 结转本期损益界面（3）

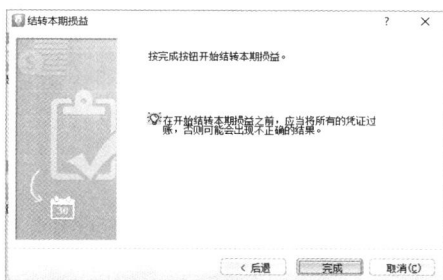

图 7-32 结转本期损益界面（4）

如果企业有外币核算，并勾选了"期末调汇"，企业结账之前应该将外币账户的期末余额以期末汇率进行折算，折算差额计入"财务费用 - 汇兑损益"科目。

点击"期末调汇"→"前进"→输入期末汇率→"前进"→选择汇兑损益会计科目代码后单击"前进"→生成转账凭证，单击"完成"，如图 7-33、图 7-34 所示。

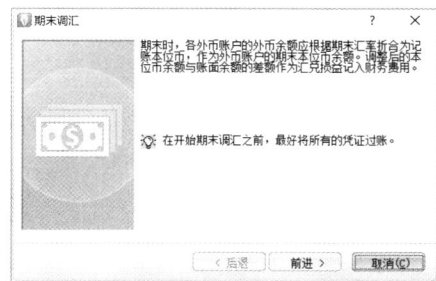

图 7-33 期末调汇界面（1）

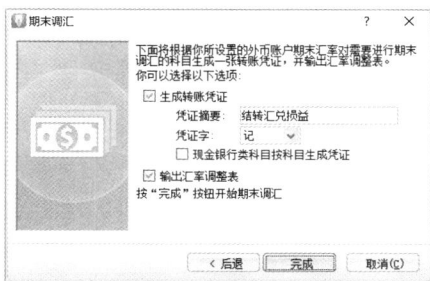

图 7-34 期末调汇界面（2）

期末结账，就是将本期期末余额结转到下期。只有所有凭证过账完毕之后才能结账；结转损益和期末调汇后的凭证也要先过账再结账。

单击"期末结账"→"前进"，选择期末结账，单击"完成"，如图 7-35 所示。

期末结账后发现有问题怎么办？

可以通过反结账、反过账来调整，反结账快捷键 Ctrl+12，反过账快捷键 Ctrl+11，如图 7-36 所示。

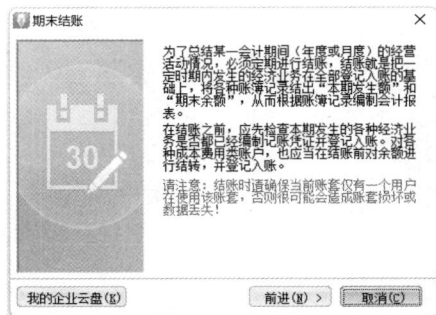

图 7-35　期末结账界面（1）　　　　图 7-36　期末结账界面（2）

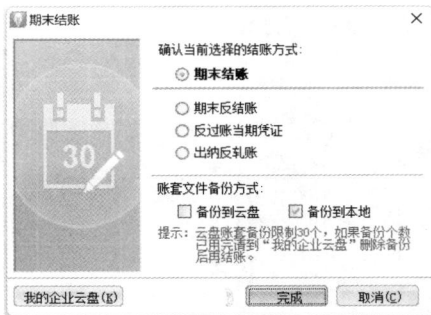

7.2　记账

记账是会计人员将企业一定会计期间发生的经济活动进行审核和记录，根据经济活动往来产生的流水记录和原始凭证编制会计凭证，并将数据进行分类和汇总，形成总分类账、明细分类账、日记账、备查账等账簿，以月度年度为周期出具财务报表的过程。

7.2.1　会计记账规范

原始凭证可以理解为原始证据，是企业经济活动发生的证明资料，比如企业货物购销合同、发票、送货单、入库单、报销单等。

财务人员应审核原始凭证的真实性和可靠性，比如发票是否盖章，信息是否正确，报销单是否经过相关人员的授权和签名，金额是否正确，数据填写是否规范等；对于不真实、不合法的原始凭证，会计人员有权不予受理，并向上级部门反映。

原始凭证信息确认无误后会计人员遵循"有借必有贷，借贷必相等"原则进行账务处理。

7.2.2 账务实操

接下来我们以"赚它一亿元电子商务有限公司"一个月发生的经济活动为依据，来实操企业账务处理全过程。

赚它一亿元电子商务有限公司成立于 2022 年 9 月 1 日，一般纳税人，注册资本 500 万元，股东为 A、B、C 三人，A 持有股份比例为 59%，出资 295 万元；B 持有股份比例为 20.5%，出资 102.5 万元；C 持有股份比例为 20.5%，出资 102.5 万元。注册资本已实缴到账。企业业务范围既有国内批发业务，也有跨境电商（亚马逊）销售业务及传统 B2B 外贸业务，产品为智能小风扇。国内采购后进入国内仓库，国内销售直接从国内仓发货；亚马逊业务则是先发到 FBA 海外仓，平台产生销售后 FBA 海外仓直接安排配送。

公司初创筹备资金包括公司注册服务费及委托办理对外贸易收发货人备案登记、海关备案、外汇备案、海外仓备案等合计 10 000 元，委托采购电脑 10 台，共 60 000 元，办公室押金 20 000 元，租金 10 000 元，预付供应商小风扇采购款首款 50 000 元（全款 169 500 元），其他办公用品采购支出 2 000 元，合计 152 000 元，全部由 A 股东个人垫付。

2022 年 9 月 1 日，公司营业执照办下来后，公司开始正常经营。公司初创，很重要的一件事情就是招兵买马。公司三位股东，B 负责管理国内业务和传统外贸业务、A 负责管理跨境电商业务、C 负责管理国内采购和供应链业务，岗位还缺人事、财务、采购专员、国内业务员、跨境电商运营、仓库人员等。缺人怎么办？那就招啊，这不，招聘就提上日程了，营业第一天花出去的第一笔钱就是给招聘网站的，支付招聘网站一年的招聘费用 10 000 元。

搞定招聘的事情之后，C 股东联系供应商采购之前谈妥的一批智能小风扇 5 000 台，采购价 30 元 / 台（不含税），货款 150 000 元，之前已预付首款 50 000 元，交货后支付尾款 100 000 元，合同约定 9 月 1 日到货。

货物送达后由 B 股东确认签收，A 股东从对公基本户支出 100 000 元货物采购尾款。

9 月 1 日：

①领取营业执照；

②支付招聘网站一年服务费 10 000 元，并取得增值税普通发票；

③收到供应商货物 5 000 台，已入库，取得增值税专用发票，并从基本户支付尾款 119 500；

④采购跨境 ERP 软件，支出 10 000 元，并取得增值税普通发票；

⑤报销 A 股东垫支款 152 000 元；

⑥发布招聘信息；

⑦收到股东投资款。

9 月 2 日：

①对外贸易经营备案登记、海关、外汇等备案已完成；

②安排空运发出 500 台智能小风扇至 FBA 海外仓，物流费用 12 000 元，物流商开票后安排付款；

③安排物流发出 1 000 台智能小风扇至 FBA 海外仓，物流费用 7 000 元，物流商开票后安排付款；

④面试。

9 月 5 日：

①仓库、人事、财务人员入职；

②国内贸易售出给 D 企业智能小风扇 1 000 台，不含税销售价 40 元 / 台，物流费 2 000 元，货款支付方式为首款 50% 合同签订后支付，尾款 50% 货物签收后支付；

③基本户收到 50% 货款，并开具增值税专用发票；

④采购财务软件，支出 5 000 元，并取得增值税普通发票；

⑤B、C 股东出差；

⑥面试。

9 月 6 日：

①采购、业务、运营人员入职；

②国内 D 企业收到货物，支付剩余 50% 尾款 22 600 元；

③收到国际物流（海运）费发票，基本户支付物流费 7 000 元；

④收到国际物流（空运）费发票，基本户支付物流费 12 000 元；

⑤基本户支付国内物流费 2 000 元。

9月7日：

①和境外某 E 企业签订购销协议，订购 20 000 台智能小风扇，含税销售额为 6 美元 / 件，走 FOB 价，境外客户预付 50% 货款，约定 20 号交货，当日汇率 6.916 0；

②向供应商采购智能小风扇 30 000 台，支付首款 400 000 元，剩余尾款到货后支付，预计 9 月 15 日交货，发票已开；

③采购中秋月饼一批，用作公司员工福利，基本户付款 2 000 元，发票未收到。

9月12日：

① B 股东报销招待费 2 000 元、交通费 500 元，并提交相应单据；

②收到中秋月饼采购发票（普票）。

9月13日：

①亚马逊 FBA 海外仓收到 500 台智能小风扇，已入库上架，开始售卖；

②收到境外客户预付 50% 货款，6 万美元入到基本户，当日汇率 6.892 8。

9月15日：

①收到供应商送来智能小风扇 30 000 台，并收到增值税专用发票，基本户支付尾款 617 000 元；

②货物验收入库后，仓库将送货单、入库单等原始单据给到财务部。

9月16日：

①国内贸易售出给 F 企业智能小风扇 2 000 台，不含税销售价 40 元 / 台，物流费 4 000 元，货款支付方式为首款 50% 合同签订后支付，尾款 50% 货物签收后支付；

②收到 F 企业购销 50% 首款 45 200 元，并开具增值税专用发票。

9月19日：

国内客户 F 企业收到智能小风扇 2 000 台，但是在商品验收的时候，发现物流运输过程中部分箱体受损，拒绝验收及付款，经双方协商后，决定给予 5% 的销售折让。

9 月 20 日：

①将境外销售货物交给物流商，货物报关出口，假设货物出口退税率为 13%，下月可申请出口退税；

②安排空运发出 500 台智能小风扇至 FBA 海外仓，物流费用 15 000 元，物流开票后安排付款。

9 月 26 日：

①基本户支出社保扣费 22 753.62 元，其中企业承担 15 494.22 元，员工个人承担 7 259.4 元；公积金扣费 7 200 元，企业和员工各承担 3 600 元。

②收到物流发票，基本户支付跨境物流费 15 000 元。

9 月 27 日：

①国内贸易销售给 G 企业智能小风扇 1 000 台，不含税销售价 40 元/台，物流费 2 000 元，货款支付方式为首款 50% 合同签订后支付，尾款 50% 货物签收后支付；

②收到 G 企业购销 50% 首款 22 600 元。

9 月 29 日：

G 企业收到 1 000 台智能小风扇，并支付剩余 50% 尾款。

9 月 30 日：

①确认 9 月份工资总额 64 275.865 元。

②确认 9 月份亚马逊店铺销售出库 300 台智能小风扇，亚马逊平台售价 15 美元/台，汇率取 9 月 1 日 6.8821，当月平台已确认订单金额有 16 517.04 元人民币，平台各项扣费合计 4 955.11 元人民币，已提现回款 11 561.93 元人民币。

③计提本月跨境物流费（先进先出法）。

会计凭证编制

9 月 1 日：

①领取营业执照。

无须编制凭证。

②支付招聘网站一年服务费 10 000 元，并取得增值税普通发票。

借：管理费用——办公费　　　　　　　　　　　　　　10 000

　　　贷：银行存款——招行基本户　　　　　　　　　　　　10 000

③收到供应商货物 5 000 台，已入库，取得增值税专用发票，并从基本户支付尾款 119 500。

借：物资采购　　　　　　　　　　　　　　　　　　 150 000

　　应交税费——增值税进项税额　　　　　　　　　 19 500

　　　贷：其他应付款——A 股东　　　　　　　　　　 50 000

　　　　　银行存款——招行基本户　　　　　　　　 119 500

借：库存商品——国内仓　　　　　　　　　　　　　 150 000

　　　贷：物资采购　　　　　　　　　　　　　　　 150 000

④采购跨境 ERP 软件，支出 10 000 元，并取得增值税普通发票。

借：管理费用——办公费　　　　　　　　　　　　　　 10 000

　　　贷：银行存款——招行基本户　　　　　　　　　 10 000

⑤报销 A 股东垫支款 152 000 元。

借：管理费用——代理服务费　　　　　　　　　　　　 10 000

　　管理费用——办公费　　　　　　　　　　　　　　 62 000

　　管理费用——房租　　　　　　　　　　　　　　　 10 000

　　其他应收款——房租押金　　　　　　　　　　　　 20 000

　　其他应付款——A 股东　　　　　　　　　　　　　 50 000

　　　贷：银行存款——招行基本　　　　　　　　　　 152 000

⑥发布招聘信息。

无须编制凭证。

⑦收到股东投资款。

借：银行存款——招行基本户　　　　　　　　　　 5 000 000

　　　贷：实收资本——A 股东　　　　　　　　　 2 950 000

　　　　　实收资本——B 股东　　　　　　　　　 1 025 000

　　　　　实收资本——C 股东　　　　　　　　　 1 025 000

9 月 2 日：

①对外贸易经营备案登记、海关、外汇等备案已完成。

无须编制凭证。

②安排空运发出 500 台智能小风扇至 FBA 海外仓，物流费用 12 000 元，物流开票后安排付款。

借：在途物资——FBA在途　　　　　　　　　　　15 000

　　贷：库存商品——国内仓　　　　　　　　　　　　15 000

③安排物流发出 1 000 台智能小风扇至 FBA 海外仓，物流费用 7 000 元，物流商开票后安排付款。

借：在途物资——FBA在途　　　　　　　　　　　30 000

　　贷：库存商品——国内仓　　　　　　　　　　　　30 000

9 月 5 日：

①仓库、人事、财务人员入职。

无须编制凭证。

②国内贸易售出给 D 企业智能小风扇 1 000 台，不含税销售价 40 元 / 台，物流费 2 000 元，货款支付方式为首款 50% 合同签订后支付，尾款 50% 货物签收后支付。

借：应收账款——国内 D 企业　　　　　　　　　45 200

　　贷：主营业务收入　　　　　　　　　　　　　　40 000

　　　　应交税费——应交增值税　　　　　　　　　 5 200

借：营业费用——国内物流费　　　　　　　　　　2 000

　　贷：银行存款——招行基本户　　　　　　　　　　2 000

借：主营业务成本　　　　　　　　　　　　　　30 000

　　贷：库存商品——国内仓　　　　　　　　　　　　30 000

③基本户收到 50% 货款，并开具增值税专用发票。

借：银行存款——招行基本户　　　　　　　　　22 600

　　贷：应收账款——国内 D 企业　　　　　　　　　22 600

④采购财务软件，支出 5 000 元，并取得增值税普通发票。

借：管理费用——办公费　　　　　　　　　　　5 000

　　贷：银行存款——招行基本户　　　　　　　　　　5 000

⑤B、C 股东出差。

无须编制凭证。

9 月 6 日：

①采购、业务、运营人员入职。

无须编制凭证。

②国内 D 企业收到货物，支付剩余 50% 尾款 22 600 元。

借：银行存款——招行基本户　　　　　　　　　　　　22 600

　　贷：应收账款——国内 D 企业　　　　　　　　　　　　22 600

③收到国际物流（海运）费发票，基本户支付物流费 7 000 元。

借：营业费用——跨境物流费　　　　　　　　　　　　7 000

　　贷：银行存款——招行基本户　　　　　　　　　　　　7 000

④收到国际物流（空运）费发票，基本户支付物流费 12 000 元。

借：营业费用——跨境物流费　　　　　　　　　　　　12 000

　　贷：银行存款——招行基本户　　　　　　　　　　　　12 000

（国际运输服务适用增值税零税率政策）

⑤基本户支付国内物流费 2 000 元。

借：营业费用——国内物流费　　　　　　　　　　　　2 000

　　贷：银行存款——招行基本户　　　　　　　　　　　　2 000

9 月 7 日：

①和境外某 E 企业签订购销协议，订购 20 000 台智能小风扇，含税销售额为 6 美元 / 件，走 FOB 价，境外客户预付 50% 货款，约定 20 号交货，当日汇率 6.916 0。

借：应收账款——国外 E 企业　　　　　　　　　　　　829 920

　　贷：主营业务收入　　　　　　　　　　　　　　　　829 920

（出口销售增值税适用于零税率政策）

②向供应商采购智能小风扇 30 000 台，支付首款 400 000 元，剩余尾款到货后支付，预计 9 月 15 日交货，发票已开。

借：物资采购　　　　　　　　　　　　　　　　　　900 000

　　应交税费——应交增值税　　　　　　　　　　　　117 000

　　贷：应付账款——A 供应商　　　　　　　　　　　　617 000

　　　　预付账款——A 供应商　　　　　　　　　　　　400 000

借：预付账款——A 供应商　　　　　　　　　　　　400 000

　　贷：银行存款——招行基本户　　　　　　　　　　　　400 000

③采购中秋月饼一批，用作公司员工福利，基本户付款 2 000 元，发票未收到。

借：其他应付款——其他　　　　　　　　　　　　　　　　　2 000

　　贷：银行存款——招行基本户　　　　　　　　　　　　　　　2 000

9 月 12 日：

① B 股东报销招待费 2 000 元、交通费 500 元，并提交相应单据。

借：营业费用——差旅费——招待费　　　　　　　　　　　　2 000

　　　　　　　　　　　——交通费　　　　　　　　　　　　　500

　　贷：银行存款——招行基本户　　　　　　　　　　　　　　2 500

②收到中秋月饼采购发票（普票）。

借：管理费用——福利费　　　　　　　　　　　　　　　　　2 000

　　贷：其他应付款——其他　　　　　　　　　　　　　　　　2 000

9 月 13 日：

①亚马逊 FBA 海外仓收到 500 台智能小风扇，已入库上架，开始售卖。

借：库存商品——FBA 海外仓　　　　　　　　　　　　　　15 000

　　贷：在途物资——FBA 在途　　　　　　　　　　　　　　15 000

②收到境外客户预付 50% 货款，6 万美元入到基本户，当日汇率 6.892 8。

借：银行存款——招行基本户　　　　　　　　　　　　　　413 568

　　财务费用——汇兑损益　　　　　　　　　　　　　　　1 392

　　贷：应收账款——国外 E 企业　　　　　　　　　　　　414 960

9 月 15 日：

①收到 A 供应商送来智能小风扇 30 000 台，并收到增值税专用发票，
基本户支付尾款 617 000 元。

借：应付账款——A 供应商　　　　　　　　　　　　　　　617 000

　　贷：银行存款——招行基本户　　　　　　　　　　　　　617 000

借：应付账款——A 供应商　　　　　　　　　　　　　　　400 000

　　贷：预付账款——A 供应商　　　　　　　　　　　　　　400 000

②货物验收入库后，仓库将送货单、入库单等原始单据给到财务部。

借：库存商品——国内仓库　　　　　　　　　　　　　　　900 000

　　贷：物资采购　　　　　　　　　　　　　　　　　　　900 000

9 月 16 日：

①国内贸易售出给 F 企业智能小风扇 2 000 台，不含税销售价 40 元 / 台，

物流费 4 000 元，货款支付方式为首款 50% 合同签订后支付，尾款 50% 货物签收后支付。

借：应收账款——国内 F 企业　　　　　　　　　　90 400
　　贷：主营业务收入　　　　　　　　　　　　　　80 000
　　　　应交税费——应交增值税　　　　　　　　　10 400
借：营业费用——国内物流费　　　　　　　　　　　4 000
　　贷：银行存款——招行基本户　　　　　　　　　 4 000
借：主营业务成本　　　　　　　　　　　　　　　 60 000
　　贷：库存商品——国内仓　　　　　　　　　　　60 000

②收到 F 企业购销 50% 首款 45 200 元，并开具增值税专用发票。

借：银行存款——招行基本户　　　　　　　　　　 45 200
　　贷：应收账款——国内 F 企业　　　　　　　　　45 200

9 月 19 日：

国内客户 F 企业收到智能小风扇 2 000 台，但是在商品验收的时候，发现物流运输过程中部分箱体受损，拒绝验收及付款，经双方协商后，决定给予 5% 的销售折让。

借：银行存款——招行基本户　　　　　　　　　　 40 680
　　主营业务收入　　　　　　　　　　　　　　　　4 000
　　应交税费——应交增值税　　　　　　　　　　　 520
　　贷：应收账款——国内 F 企业　　　　　　　　　45 200

9 月 20 日：

①将境外销售货物交给物流商，货物报关出口，假设货物出口退税率为 13%，下月可申请出口退税。

借：主营业务成本　　　　　　　　　　　　　　　600 000
　　贷：库存商品——国内仓　　　　　　　　　　　600 000

②安排空运发出 500 台智能小风扇至 FBA 海外仓，物流费用 15 000 元，物流开票后安排付款。

借：在途物资——FBA 海外仓　　　　　　　　　　 15 000
　　贷：库存商品——国内仓　　　　　　　　　　　15 000

9 月 26 日：

①基本户支出社保扣费 22 753.62 元，其中企业承担 15 494.22 元，员工个人承担 7 259.4 元；公积金扣费 7 200 元，企业和员工各承担 3 600 元。

借：管理费用——社保   7 259.4

  管理费用——公积金   3 600

  其他应收款——代扣社保   15 494.22

  其他应收款——代扣公积金   3 600

  贷：银行存款——招行基本户   29 953.62

②收到物流发票，基本户支付跨境物流费 15 000 元。

借：其他应付款——跨境物流   15 000

  贷：银行存款——招行基本户   15 000

9 月 27 日：

①国内贸易销售给 G 企业智能小风扇 1 000 台，不含税销售价 40 元 / 台，物流费 2 000 元，货款支付方式为首款 50% 合同签订后支付，尾款 50% 货物签收后支付。

借：应收账款——国内 G 企业   45 200

  贷：主营业务收入   40 000

    应交税费——应交增值税   5 200

借：营业费用——国内物流费   2 000

  贷：银行存款——招行基本户   2 000

借：主营业务成本   30 000

  贷：库存商品——国内仓   30 000

②收到 G 企业购销 50% 首款 22 600 元。

借：银行存款——招行基本户   22 600

  贷：应收账款——国内 G 企业   22 600

9 月 29 日：

G 企业收到 1 000 台智能小风扇，并支付剩余 50% 尾款。

借：银行存款——招行基本户   22 600

  贷：应收账款——国内 G 企业   22 600

9 月 30 日：

①确认 9 月份工资总额 64 275.865 元。

借：管理费用——工资   64 275.865

    贷：应付工资——工资   64 275.865

②确认 9 月份亚马逊店铺销售出库 300 台智能小风扇，亚马逊平台售价 15 美元 / 台，汇率取 9 月 1 日 6.882 1，当月平台已确认订单金额有 16 517.04 元人民币，平台各项扣费合计 4 955.11 元人民币，已提现回款 11 561.93 元人民币。

借：应收账款——亚马逊   30 969.45

    贷：主营业务收入   30 969.45

借：主营业务成本   9 000

    贷：库存商品——FBA 海外仓   9 000

借：银行存款——招行基本户   11 561.93

    营业费用——亚马逊平台扣费   4 955.11

    贷：应收账款——亚马逊   16 517.04

③计提本月跨境物流费（先进先出法）

借：营业费用——跨境物流费   7 200

    贷：其他应付款——跨境物流费   7 200

注意：我国税法规定，具有出口权的外贸企业出口非限制和禁止出口的货物，给予出口免税并退税政策。9 月份企业出口境外 E 企业及亚马逊货物适用于出口退免税政策，企业可于次月向税务局申请出口退税。

关于出口退税分录：

①计算出口退税额

借：其他应收款——出口退税   79 170

    贷：应交税费——应交增值税（出口退税）   79 170

②后续收到出口退税款

借：银行存款——招行基本户   79 170

    贷：其他应收款——出口退税   79 170

③确认无法取得退税款时

借：主营业务成本

    贷：应交税费——应交增值税（进项税额转出）

以上为"赚它一亿元电子商务有限公司"9 月份经济活动会计凭证编

制过程，在会计凭证中将相关信息进行归类、整理、分类后，形成财务报表。

财务报表主要指资产负债表、利润表、现金流量表。

7.3　报表

建账和记账完毕之后，将凭证审核、过账、结账，形成财务报表，并根据财务报表进一步进行分析。

财务报表是企业对外提供反映企业某一特定时期财务状况和某一特定期间经营成果、现金流量等会计信息的文件。

7.3.1　资产负债表

资产负债表是反映企业财务状况的报表。资产负债表就像一张照片，咔嚓一声拍下了截至某个当下（一般是一个月为周期）企业的整体营运情况及资产分布情况，相当于企业的"家底"，是"里子"，左边是企业的资产，右边是企业的负债和所有者权益。可以理解为资产负债表的左边是企业的所有资产，包括流动的（比如现金、银行存款、库存）和非流动的（没有那么快变现的固定资产、设备等）；右边是企业的资产资金来源，右边的上半部分是借来的钱（比如向家人朋友借的钱，供应商的未付货款、员工工资等），下半部分是自己的钱（自己投的钱和累积盈利未分红的钱）。

资产负债表的编制逻辑是：资产＝负债＋所有者权益。

资产项目

货币资金：货币资金包括库存现金、银行存款、其他货币资金等项目的科目余额表期末余额填列。

交易性金融资产：交易性金融资产包括债券、股票、基金等投资价值，根据科目余额表期末余额填列。

应收票据/应收账款：指应收未收的商业汇票、银行汇票以及应收未收的货款等项目，根据科目余额表期末余额填列。

预付账款：指预先支付的款项，比如还没有收到货物但提前预付了部分或全部货款，根据科目余额表期末余额填列。

其他应收款：指除了应收货款之外的其他应收、暂收等的总和，根据其他应收款、应收股利、应收利息等科目合计期末余额填列。

存货：存货包括物资采购、原材料、在途物资、库存商品、半成品、产成品、委托加工商品、委托代销商品、受托代销商品、包装物、低值易耗品等等资产，根据这些资产的总和减去存货跌价准备等账户的期末余额差额填列。

一年内到期的非流动资产：包括一年内到期的持有至到期投资、一年内可收回的长期应收款、可供出售金融资产、长期待摊费用等项目的期末余额填列。

待摊费用：指企业已经支出，但是在后面各期分摊的费用，根据科目余额表期末余额填列。

长期股权投资：指一年以上股权性质的对外投资，根据长期股权投资期末余额减去长期股权投资减值准备期末余额的差额填列。

长期应收款：指一年以上应收未收款的余额，根据科目余额表期末借方余额填列。

投资性房地产：指为赚取租金或增值而持有的房地产，根据投资性房地产期末余额减去投资性房地产累计折旧和投资性房地产减值准备后的差额填列。

固定资产：指使用时间在一年以上的非货币性资产，比如房屋、建筑物、机器设备等，根据固定资产期末余额减去固定资产减值准备、固定资产累计折旧和固定资产清理等账户余额后的差额填列。

在建工程：指企业尚未完成的改建、扩建等项目，根据在建工程、工厂物资的期末余额减去在建工程、工程减值准备账目期末余额后的差额填列。

无形资产：指没有实物形态的非货币性资产，比如商标、专利等，根据无形资产期末余额减去无形资产减值准备和无形资产累计摊销后的差额填列。

商誉：商誉是指能在未来给企业带来超额利润的一种无形的商业价值，可理解为能获得高于预期回报的投资，根据商誉期末余额减去商誉减值准备后的差额填列。

商誉指能在未来期间为企业经营带来超额利润的潜在经济价值，或一家企业预期的获利能力超过可辨认资产正常获利能力（如社会平均投资回报率）的资本化价。

长期待摊费用：指一年以上的已支付后期按月摊销的费用，根据长期待摊费用期末余额减去

一年摊销的数额后的差额填列。

负债项目

短期借款：指一年以内的借款，根据科目余额表期末余额填列。

应付票据 / 应付账款：指应付未付的商品汇票、银行汇票以及供应商货款等，根据科目余额表期末余额填列。

预收账款：指先收了钱，还没有提供货物或者服务的项目，根据科目余额表期末余额填列。

应付职工薪酬：指应付未付的职工薪酬，根据科目余额表期末余额填列。

应交税费：指应交未交增值税、消费税等，根据科目余额表期末余额填列。

其他应付款：指除了应付货款之外的其他企业或个人应付的总和，根据其他应付款、应付利息、应付股利等科目合计期末余额填列。

长期借款：指一年以上的借款，根据长期借款科目减去一年内到期的长期借款科目期末余额填列。

应付债券：指企业为筹集长期发展资金而发行的债券，根据长期债券账户期末余额减去一年内到期的应付债券数额后的差额填列。

长期应付款：指一年以上的应付未付款项，根据长期应付款期末余额减去一年内到期的长期应付款数额后的差额填列。

所有者权益项目

实收资本（或股本）：指股东实际投资的金额，根据期末余额填列。

资本公积：指企业在经营过程中由于接受捐赠、股本溢价以及法定财产重估增值等原因所形成的公积金，根据期末余额填列。

盈余公积：指企业从税后利润中提取的，用于其他内部特定用途的资金积累，根据期末余额填列。

未分配利润：指企业尚未分配的利润积累，根据期初未分配利润加上本年利润总额期末余额填列。

7.3.2 利润表

利润表是反映企业在一定会计期间内生产经营成果的报表。利润表相当于企业的"面子"，它能够非常直观地反映该周期内企业的经营成果是盈利了还是亏损了。盈利了说明项目赚钱，"面子"上好看，老板开心、投资人开心、股东开心、大家都开心；要是亏损了，一般都不好意思拿出来，因为"面子"上不太好看。

虽说企业盈利了"面子"上好看，但面子好看不代表"里子"也好看，"里子"主要体现企业的持续造血能力、现金流、运营能力等，这些信息在利润表里面是看不到的，需要结合资产负债表和现金流量表一起看。

比如某跨境电商老板看到利润表盈利了100万元，还没开心两分钟，一看资产负债表，发现赚的钱80%以上都压在货上，说明存货占资金量过大，资金压力大；再看一眼现金流量表，好家伙，本期的入账小于出账，经营性现金流负了40万元！突然就不开心了，这心情可不跟坐过山车似的？

关于企业经营性现金流负40万元的原因可以在资产负债表里面找，一般是用于备货支出了。

利润表的编制逻辑是：

营业利润 = 营业收入 – 营业成本 – 税金及附加 – 期间费用 + 其他收益；

利润总额 = 营业利润 + 营业外收入 – 营业外支出；

净利润 = 利润总额 – 所得税费用。

营业收入：包括主营业务收入和其他业务收入，根据主营业务收入净发生额加上其他业务收入净发生额合计数填列。

营业成本：指主营业务成本，如产品成本，根据主营业务成本净发生额加上其他业务成本净发生额合计数填列。

税金及附加：指城建税、教育费附加、地方教育附加等，根据税金及附加账户净发生额填列。

销售费用：为销售而产生的费用，如广告费用、平台扣费、物流费用、

VAT 税费等，根据销售费用账户净发生额填列。

管理费用：为企业经营管理而产生的费用，如工资、房租、办公用品采购等支出，根据管理费用账户净发生额填列。

财务费用：指企业为筹集生产经营资金而产生的费用，如银行手续费、利息费用、汇兑损益、现金折扣等，根据财务费用账户净发生额加上汇兑损益借方发生额减去汇兑损益贷方发生额后的净额填列。

研发费用：为产品升级改进、创新而发生的费用，如研发人员工资、研发物资采购支出等，根据研发费用账户净发生额填列。

其他收益：指不能直接计入收入和成本费用的其他政府补贴，如税收费用返还、社保返还等，根据其他收益账户净发生额填列。

营业外收入：指除主营业务和其他业务之外的非营业性收入，如政府补贴收入、罚款收入等，根据营业外收入账户的净发生额填列。

营业外支出：指除主营业务和其他业务之外的非营业性支出，如罚款支出、捐赠支出等，根据营业外支出的净发生额填列。

所得税费用：指营业利润乘以相应所得税率的费用，根据所得税账户净发生额填列。

7.3.3　现金流量表

现金流量表是反映企业的现金和现金等价物流入流出的报表。现金流量表根据资金用途和来源分为经营性现金流、投资性现金流及融资性现金流三大类，通过现金流量表可以看出企业一定会计周期内的资金流动情况以及预测企业未来的现金流量。

现金流量表的编制逻辑是：

期末现金余额 = 期初现金余额 + 本期现金净增加额；

本期现金净增加额 = 经营活动产生的现金流量净额 + 投资活动产生的现金流量净额 + 筹资活动产生的现金流量净额；

经营活动产生的现金流量净额 = 销售产成品、商品、提供劳务收到的现金 + 收到其他与经营活动有关的现金 – 购买原材料、商品、接收劳务支付的现金 – 支付的职工薪酬 – 支付的税费 – 支付其他与经营活动有关的现金；

投资活动产生的现金流量净额＝收回短期投资、长期债券投资和长期股权投资收到的现金＋取得投资收益收到的现金＋处置固定资产、无形资产和其他非流动资产收回的现金－短期投资、长期债券投资和长期股权投资支付的现金－购建固定资产、无形资产和其他非流动资产支付的现金；

筹资活动产生的现金流量净额＝取得借款收到的现金＋吸收投资者投资收到的现金－偿还借款本金支付的现金－偿还借款利息支付的现金－分配利润支付的现金。

经营活动产生的现金流量

销售商品、提供劳务收到的现金：指企业销售商品、提供劳务收到的资金，包括当期销售商品、提供劳务收到的资金以及前期销售商品、提供劳务在本期收回的资金，当期预收的款项，当期收回的应收票据等，按照当期因销售商品、提供劳务收到的资金总和减去坏账准备及因销售商品、提供劳务而产生的支出额的差额填列。

收到其他与经营活动有关的现金：指除了销售商品、提供劳务收到的现金之外的其他收到的和经营活动有关的现金，如借款收入，罚款收入、其他暂存收入等，根据实际收到的其他与经营活动有关的现金填列。

购买原材料、商品、接受劳务支付的现金：指企业为了实现销售活动而购买原材料、商品以及接受劳务支付的现金，如支付当期及前期供应商的应付未付款，本期的预付账款，本期支付的应付票据、其他业务成本支出等，按照当期购买原材料、商品、接受劳务支付的现金支出总额减去当期折旧费用、无形资产摊销及职工薪酬后的差额填列。

支付的职工薪酬：指当期支付给职工的工资、奖金、津贴、补贴、五险一金、福利费、代扣个税等等，根据当期实际支付的职工薪酬总额填列。

支付的税费：指当期缴纳的各种税费，包括增值税、消费税、所得税、附加税等，根据当期实际支付的税费总额填列。

支付其他与经营活动有关的现金：指除了购买原材料、商品、接收劳务支付的现金，支付的职工薪酬，支付的税费之外的其他和企业经营活动相关的支出。如租金支出、差旅费支出、其他企业日常管理支出等，根据实际支出的与企业生产经营有关的现金总额填列。

投资活动产生的现金流量

收回短期投资、长期债券投资和长期股权投资收到的现金：指收回企业对外投资收到的资金，对外投资包括：交易性金融资产、可供出售金融资产、持有至到期投资、投资性房地产、长期股权投资等，根据当期收回的短期投资、长期债券投资和长期股权投资实际投资款填列。

取得投资收益收到的现金：指通过长期股权投资和长期债券投资收到的投资收益，如现金股利、现金股息、分红款等，根据当期收到的投资收益总额填列。

处置固定资产、无形资产和其他非流动资产收回的现金：指企业通过出售、报废固定资产、无形资产和其他非流动资产而取得的资金，根据因处理相关资产收到的资金减去为处置资产而产生的费用的差额填列。

短期投资、长期债券投资和长期股权投资支付的现金：指企业对外投资支付的资金，包括交易性金融资产、可供出售金融资产、持有至到期投资、投资性房地产、长期股权投资等，根据当期实际支出的短期投资、长期债券投资和长期股权投资实际投资款填列。

购建固定资产、无形资产和其他非流动资产支付的现金：指企业为购置固定资产、无形资产及其他长期资产而支付的资金，根据实际支出额填列。

筹资活动产生的现金流量

取得借款收到的现金：指企业通过短期、长期借款取得的资金，根据实际收到借款总额填列。

吸收投资者投资收到的现金：指收到投资者投入的资金，包括以股票、债券等方式筹集的资金，根据当期筹集资金总额减去为发行股票、债券付出的相关费用（佣金、手续费、宣传费等）后的差额填列。

偿还借款本金支付的现金：指偿还短期借款、长期借款本金支出的资金，根据当期实际支出借款还款总额填列。

分配股利、利润或偿付利息支付的现金：指企业在当期支付的股利、利息以及利润分配等支出，根据当期实际支出额填列。

经营性现金流量可以理解为和企业经营活动相关的资金流入和流出，经营性现金流入主要为企业主营业务销售现金流入及其他企业现金流入；经营性现金流出主要作为支持主营业务销售而产生的资金流出，如商品采购支出、物流费支出、广告费支出、人工房租支出、税费支出等。经营性现金流量主要反映企业该周期内自身资产创造的现金流是否正向，经营性现金流和利润相关，可据此评估企业盈利能力。一般情况下，经营性现金流入大于经营性现金流出，企业现金流为正，说明企业自身经营活动的造血能力较强。

企业具有持续正向的造血能力非常重要，只有持续造出新鲜血液，企业才能保持活力，才能持续活下去，就像人体，人体血细胞分为三种，白细胞、红细胞和血小板，白细胞 10 小时左右更新造血，血小板 7 ~ 10 天左右更新造血，红细胞 3 ~ 4 月更新造血，为人体源源不断地提供新鲜血液。没有血液就没有生机，离死亡就不远了。

投资活动现金流包括投资活动现金流入和投资活动现金流出，是指企业长期资产（一年以上）的购入和处置产生的现金流入与流出，包括固定资产、无形资产的购置与处置，长期股权投资款的收回和对外投资支出，其他投资对外投资以及投资款收回等。投资活动相当于企业"放血"，就像成年人每年献一两次血可以增强身体的造血机能，促进新陈代谢，更有利于身体健康。企业适当的"放血"能增强企业的造血能力，多产业投资，总有几个做得好的，能给企业持续输送新鲜血液。当然这是好的情况，如果投资的项目都表现不佳，将会增加企业的资金风险。对外投资成果检验是需要一定时间的，并不是很快能看到成果。而且具有一定的风险，所以企业对外投资"放血"需谨慎。

筹资活动现金流量包括筹资活动现金流入和筹资活动现金流出，是指企业收到投资款（比如发行股票筹集资金）、借款等资金流入及偿还借款、支付股东股息红利等支出。筹资活动相当于给企业"输血"，主要反映企业从外部获取的资金以及支付的欠款分红等情况。对于发展中的中小企业来说，筹资活动非常重要，企业发展前期缺乏资金，可以通过对外筹资获取发展资金给企业提供新鲜血液，同时也可以调整企业的资本结构，让企业结构更多元并且能先活下去。

当然，企业不能一直靠筹资"输血"来维持经营，虽然这样也能活下去，但是会活得很艰难，一旦无法再输血，企业就面临资金链断裂风险。当企业渡过起步阶段的难关后需要通过经营活动持续造血来维持企业的发展，通过变卖资产和借款获取资金维持企业发展的方式不是长久之计。

通常投资人在接触项目的时候，会看企业的三大报表，尤其关注企业现金流量表，因为现金流量表很难作假，都是基于资金的流入流出编制的，并且可以看出企业的持续造血能力如何。对于那种利润表是正数，但是现金流量表经营性现金流净额负数，需要通过不断筹资和变卖资产维持经营的企业投资人会保持警惕。

由此可见，三张报表是企业经营的透视图，也代表企业的形象，形象好，投资人印象就好。因此，企业偶尔丢"面子"没关系，但是不能总丢，企业实力如何还得看"家底"厚不厚，"家底"厚才耐造。最后，企业是否有活力，还得看"造血"能力如何。

给企业的可持续发展建议：① 维持"面子"；② 做厚"家底"；③ 保持"活力"。

对于企业管理者而言，财务总监和企业领导者需要全面了解企业的经营情况，因此，财务人员做汇报，给出财务报表的同时还可以需要进一步编制财务分析报告以及业务经营分析报告。

财务分析报告应包含基本财务指标分析和综合财务指标分析。基本财务指标主要围绕五类比率展开分析，分别是反映偿债能力的指标、反映资产质量状况的指标、反映盈利能力的指标、反映经济增长状况的指标、反映获取现金能力的指标；综合财务指标为净资产收益率（ROE），采用杜邦分析法。

7.3.4　基本财务指标分析

反映偿债能力指标

偿债能力是指企业到期偿还债务的能力，是企业能否生存和可持续健康发展的重要指标，按照周期性长短可以分为短期偿债能力和长期偿债能力。短期偿债能力主要有流动比率、速动比率、现金比率等；长期偿债能力主要有资产负债率、产权比率等。

① 流动比率。

流动比率指企业流动资产 ÷ 流动负债的比率，该指标反映企业的短期偿债能力。流动比率越高，说明企业资产流动性越强，短期偿债能力也越强；流动比率越低，说明企业资产的流动性越弱，短期偿债能力越弱。但是也不绝对，不同行业经营方式不同，资产流动性也不一样，比如零售业的流动比率通常比服务业要高，因为零售业需要压货，资金投入较大。

公式：流动比率 = 流动资产 ÷ 流动负债

②速动比率。

速动比率是指企业速动资产 ÷ 流动负债的比率，该指标反映企业的短期偿债能力。速动资产指短期内可变现的资产，如货币资金、交易性金融资产、应收账款等，不包括存货及一年内到期的非流动资产等。速动比率越高，说明企业资产的流动性越强，短期偿债能力越强；速动比率越低，说明企业资产流动性越弱，短期偿债能力越弱。

公式：速动比率 = 速动资产 ÷ 流动负债

③现金比率。

现金比率是指企业现金及现金等价物 ÷ 流动负债的比率，该指标反映企业的短期偿债能力。企业现金及现金等价物包括货币资金、交易性金融资产等。现金比率越高，说明企业资产流动性越强，短期偿债能力越强；现金比率越低，说明企业资产流动性越弱，短期偿债能力越弱。

企业持有现金过多也说明企业财务杠杆较小，企业财务风险较低，同时也可能导致企业获利能力降低。

公式：现金比率 = 现金及现金等价物 ÷ 流动负债

④资产负债率。

资产负债率是负债总额 ÷ 资产总额的比值，该指标反映企业的长期偿债能力。资产负债率越高，企业长期偿债能力越弱；资产负债率越低，企业长期偿债能力越强，企业债权人的保障程度越高。

公式：资产负债率 = 负债总额 ÷ 资产总额 ×100%

⑤产权比率。

产权比率是负债总额 ÷ 所有者权益总额的比值，该指标反映企业的长期偿债能力，同时也能看出债权人提供资金和股东自有资金的结构是否合理。产权比率越高，说明企业长期偿债能力越弱；产权比率越低，说明企业长期偿债能力越强。

公式：产权比率＝负债总额 ÷ 所有者权益总额 ×100%

反映资产质量状况指标

资产质量的好坏一般以资产账面价值和可变现价值之间的差额来判断。高质量资产价值应该是大于或等于账面价值，低质量资产则是小于账面价值。企业可以通过应收账款周转率、存货周转率、流动资产周转率、总资产周转率等指标来反映企业资产质量的整体情况。

①应收账款周转率。

应收账款周转率也称应收账款周转次数，是营业收入 ÷ 应收账款平均额的比值，该指标反映企业应收账款的周转速度。营业收入为减去销售退回、折扣、折让的净额，应收账款平均额为期初加期末余额 ÷2 的平均额。应收账款周转次数越高，说明企业应收账款变现能力越强，坏账越少，企业应收账款管理水平越好；应收账款周转次数越低，说明企业应收账款变现能力越差，坏账越多，企业应收账款管理水平有待提高。

公式：应收账款周转率（次数）＝营业收入 ÷ 应收账款平均额

应收账款平均额 =（期初应收账款 + 期末应收账款）÷2

应收账款周转天数 =360÷ 应收账款周转率（次数）

②存货周转率。

存货周转率也称存货周转次数，是营业成本 / 存货平均余额的比值，该指标反映企业存货的周转速度。存货周转次数越多，说明企业存货周转越快，企业存货占用资金较少，销售能力越强；企业存货周转次数越少，说明企业存货周转越慢，企业存货占用资金越多，销售能力较弱。关于存货周转率指标在第五章有详细讲解，可返回复习。

公式：存货周转率（次数）＝营业成本 ÷ 存货平均余额

存货平均余额 =（期初存货 + 期末存货）÷2

存货周转天数 =360÷ 存货周转率（次数）

③流动资产周转率。

流动资产周转率是营业收入 ÷ 平均流动资产的比值，该指标反映企业流动资产的周转速度。对于企业来说流动资产周转率越高越好，该指标越高，说明企业流动资产周转速度越快，资金利用效率越高，企业盈利能力越强；

该指标越低，说明企业流动资产周转速度越慢，企业资金利用效率越低，同时也降低了企业盈利能力。

公式：流动资产周转率（次数）＝营业收入 ÷ 平均流动资产

平均流动资产＝（年初流动资产＋年末流动资产）÷2

④总资产周转率。

总资产周转率是营业收入 ÷ 平均资产总额的比值，总资产包括流动资产和非流动资产，该指标反映企业资产整体使用效率。总资产周转率越高，说明企业整体资金周转速度越快，资金利用效率越高，企业盈利能力越强；总资产周转率越低，说明企业整体资金周转速度越慢，资金利用效率越低，同时降低企业盈利能力。

公式：总资产周转率＝营业收入 ÷ 平均资产总额

平均资产总额＝（期初总资产＋期末总资产）÷2

反映盈利能力指标

盈利能力是指企业赚取利润的能力，一般用企业销售和利润的相关的指标来反映，如：营业利润率、总资产报酬率、净资产收益率、成本费用率、资本收益率、利润现金保障倍数等。

①营业利润率。

营业利润率是指利润总额 ÷ 营业收入的比值，该指标是反映企业获利能力的重要指标，该指标越高越好。营业利润率越高，说明企业从营业收入中获取的利润越多；营业利润率越低，说明企业从营业收入中获得的利润越少。营业利润率受销售价格、产品成本、数量、各项销售费用及外部市场环境等因素影响。

公式：营业利润率＝利润总额 ÷ 营业收入 ×100%

②总资产报酬率

总资产报酬率是企业净利润 ÷ 平均资产总额的比值，该指标反映企业全部资产的盈利能力，对于企业来说该指标越高越好。

公式：总资产报酬率＝净利润 ÷ 平均资产总额

平均资产总额＝（期初资产总额＋期末资产总额）÷2

③净资产收益率：净资产收益率是企业净利润 ÷ 平均净资产（平均所有者权益）的比值，该指标反映企业股东投资的盈利能力。净资产收益率

越高，说明企业股东投资的盈利能力越好；净资产收益率越低，则说明企业股东投资盈利能力越弱。但值得注意的是，外部负债增加会提高企业获利能力，从而提高企业净资产收益率，所以还需综合看待该指标。

公式：净资产收益率＝净利润 ÷ 平均净资产

平均净资产＝（期初所有者权益＋期末所有者权益）÷2

④成本费用利润率。成本费用利润率是企业利润总额／成本费用总额的比值，成本费用包含产品成本、营业费用、管理费用、财务费用，该指标反映企业经营支出能带来多少回报。成本费用利润率越大，说明企业利润越多，企业盈利能力越强。

公式：利润总额 ÷ 成本费用总额 ×100%

⑤资本收益率。

资本收益率是企业净利润 ÷ 平均资本的比值，平均资本指的是资本性投入及其资本溢价（实收资本、资本公积），该指标反映企业运用资本获得盈利的能力。资本收益率越高，说明企业自有投资的获利能力越强，投资者的投资风险越小；资本收益率越低，说明企业自有投资的获利能力越弱，将损害投资者的投资利益。通常人们也会用这个指标来衡量上市公司的股票价值，当一家公司的净利润持续大于公司平均资本，且资本收益率高于同行，那么这是一家赚钱的企业，更加容易吸引投资。

公式：资本收益率＝净利润 ÷ 平均资本 ×100%

平均资本＝（期初实收资本、资本公积＋期末实收资本、资本公积）÷2

⑥利润现金保障倍数。

利润现金保障倍数是企业经营现金净流量／净利润的比值，该指标反映当期净利润中的现金收益保障程度，据此对企业盈利能力质量进行评价。利润现金保障倍数越大，说明企业经营活动产生的净利润对现金的贡献越大，利润具有较高的变现能力；利润现金保障倍数越小，说明企业经营活动产生的净利润对现金的贡献越小，利润变现能力较弱。但由于经营性现金流入流出和企业经营策略相关，变动性较大，该指标还应结合企业实际经营情况进行分析。

公式：利润现金保障倍数＝经营现金净流量 ÷ 净利润 ×100%

反映经济增长状况指标

经济增长状况主要指企业的业务能力增长情况，通常用营业收入增长率、总资产增长率、营业利润增长率、资本保值增值率、资本积累率、技术投入比率等指标。

①营业收入增长率。

营业收入增长率是企业本年营业收入增长额÷上年营业收入的比值，该指标反映企业本年度营业收入比上年度的增长情况，可和企业往年历史数据进行比对，衡量企业营业水平、市场占有率、行业发展潜力等情况。

公式：营业收入增长率 = 本年营业收入增长额÷上年营业收入×100%

本年营业收入增长额 = 本年营业收入 - 上年营业收入

②总资产增长率。

总资产增长率是企业本年资产增长额÷年初资产总额的比值，该指标反映企业本年度资本比上年度的增长情况，用于评估企业资产的增长规模和增长速度。该指标越高，表明企业的资产经营规模扩张速度越快，在分析的时候，除了要关注企业的增长速度和增长规模，还应该关注增长质量，切忌盲目扩张。

公式：总资产增长率 = 本年资产增长额÷年初资产总额×100%

本年资产增长额 = 年末资产总额 - 年初资产总额

③营业利润增长率。

营业利润增长率是企业本年营业利润增长额÷上年营业利润总额的比值，该指标反映企业本年度营业利润比上年度的增长情况，用于评估企业业务获利能力增长及运营管理能力增长情况。该指标越高越好，表明企业业务获利能力不断提升。

公式：营业利润增长率 = 本年营业利润增长额÷上年营业利润总额×100%

本年营业利润增长额 = 本年营业利润 - 上年营业利润

④资本保值增值率。

资本保值增值率是期末所有者权益÷期初所有者权益的比值，该指标反映企业当年的盈利能力水平。企业的利润增加，所有者权益就会增加，资本保值增值率指标也越大。财务人员在分析的时候不能单看资本保值增值率指标，因为它还会受投资人投入资本和企业利润分配影响。

公式：资本保值增值率＝期末所有者权益÷期初所有者权益×100%

⑤资本积累率。

资本积累率是本年所有者权益增长额÷年初所有者权益的比值，该指标反映企业当年股东权益比上年度的增长情况，用于评估企业的资本积累能力和应对风险能力。资本积累率越高，说明企业的资本积累越多，企业应对风险和持续发展的能力越强。

公式：资本积累率＝本年所有者权益增长额÷年初所有者权益×100%

本年所有者权益增长额＝年末所有者权益－年初所有者权益

⑥技术投入比率：技术投入比率是企业本年度科技支出合计÷本年度营业收入净额的比值，该指标反映企业本年用于科技支出（主要是研发支出）的金额占本年度营业收入净额的比例，用于评估企业对研发方面的投入，从研发投入角度分析企业的可持续发展潜力。

公式：技术投入比率＝本年科技支出合计÷本年度营业收入净额×100%

反映获取现金能力指标

获取现金能力是指企业从经营活动中获取现金的能力，用于评价企业的盈利质量，主要有销售现金比率和全部资产现金回收率，上市公司可以用每股营业现金净流量评价。

①销售现金比率。

销售现金比率是企业经营活动现金流量净额÷销售收入的比值，该指标反映企业每元销售收入能带来多少经营活动现金流量净额。对于企业来说销售现金比率指标越大越好，指标越大，说明企业销售收入带来的经营性现金净流量越高，经营收入质量越高。

公式：销售现金比率＝经营活动现金流量净额÷销售收入×100%

②全部资产现金回收率。

全部资产现金回收率是经营活动现金流量净额÷平均总资产的比值，该指标反映企业全部资产产生经营活动现金流的能力。对于企业来说，全部资产现金回收率指标越大越好，指标越大，说明企业资产利用效率越高，为企业创造的现金流入越多，企业经营管理水平越高。

公式：全部资产现金回收率＝经营活动现金流量净额÷平均总资产×100%

7.3.5 杜邦分析法

计算公式：净资产收益率（ROE）= 净利润 ÷ 净资产

净利润：指税后利润；

净资产：指资产总额减去负债后的股东权益。

ROE 计算公式还可以分解为：

ROE= 销售净利率 × 资产周转率 × 权益乘数（杠杆比率）

ROE=（净利润 ÷ 销售收入）×（销售收入 ÷ 总资产）×（总资产 ÷ 净资产）

杜邦分析法是美国杜邦公司最先采用的，因此称为"杜邦分析法"，如图 7-37 所示。

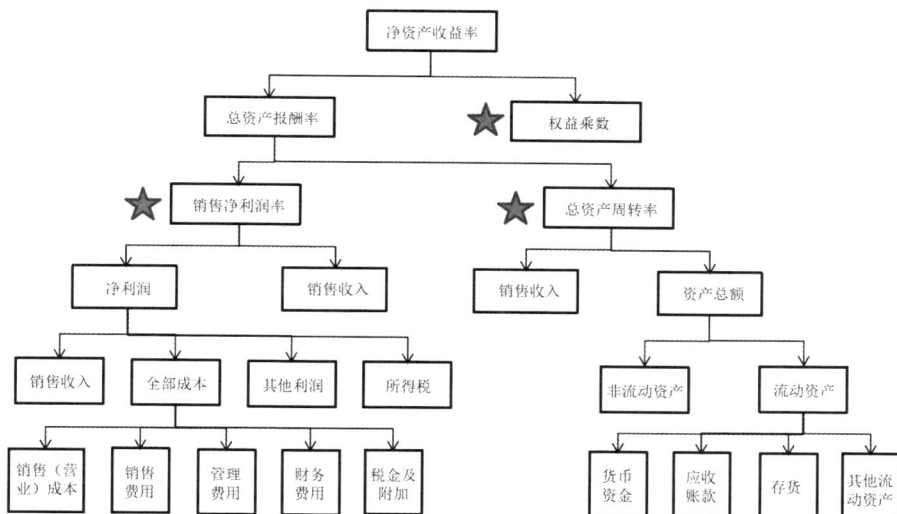

图 7-37 杜邦分析图

杜邦分析法是根据各个财务比率指标之间的内在联系，将 ROE 指标一步一步进行分解，全面系统地对企业财务状况进行综合分析。

杜邦分析图乍一看很复杂，特别是对非财务人士来说更是看得一头雾水，其实只要理解了杜邦分析法体系的逻辑，拆解起来并不复杂。

从杜邦分析图中可以看出，ROE 指标是综合性最强的财务指标，也是杜邦分析法系统的核心，该指标反映企业能给股东带来的投资回报能力，是由三个主要指标构成的，分别是销售净利润率、总资产周转率和权益乘数。

我们可以将杜邦分析图分为六级来看，一级一级向下拆解，如图7-38所示。

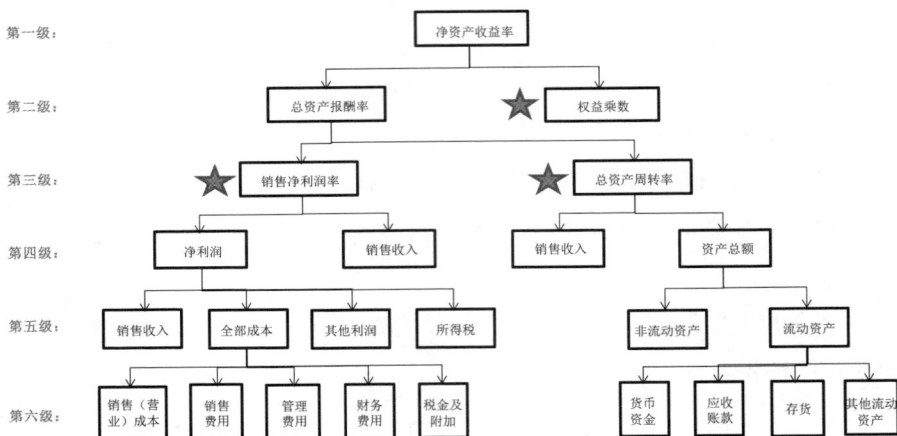

图7-38　杜邦分析图六级金字塔分级

第一级：金字塔顶尖，反映企业业务及财务经营状况的综合性指标。

净资产收益率是企业财务状况综合性指标，位于金字塔顶尖，下面的各项财务指标都是为了核算出企业净资产收益率，它的主要影响因素是总资产报酬率和权益乘数。巴菲特曾说，"如果只能选择一个指标来衡量公司经营业绩，那就选净资产收益率吧"，可见其对企业价值判断的重要性。

公式：ROE= 总资产报酬率 × 权益乘数

第二级：金字塔第五层，根据关键指标进一步提炼综合性指标。

①总资产报酬率是销售净利润率和总资产周转率的乘积，该指标反映企业在一定时期内获得的报酬总额和资产总额的比率，可用于评价企业运用全部资产的获利能力和资产运用效率的综合性指标，该指标越高，说明企业投入产出比效果越好。

公式：总资产报酬率 = 销售净利润率 × 总资产周转率

销售净利润率 = 净利润 ÷ 销售收入

总资产周转率 = 销售收入 ÷ 资产总额

也可以进一步拆解为：总资产报酬率 = 净利润 ÷ 资产总额

②权益乘数也称杠杆比率，指企业资产总额是股东权益总额的倍数，权益乘数越大，说明股东投入的资本占比越小，负债越多，企业财务杠杆

越大，对债权人的权益保护程度越低，企业财务风险越大。

企业的资产分两大类，一类是外部借款资金，一类是股东自己投入的钱，外部借入资金不是自己的，相当于借鸡生蛋，这钱迟早要还。

举个例子：某企业资本总额 120 万元，其中从银行借款 100 万元，股东投入 20 万元，用来投资赚了 1 000 万元，减掉还给银行的 100 万元和自己的本金 20 万元，净赚 880 万元，相当于投入 20 万元，搏了 1 000 万元的生意，权益乘数是 6（120÷20），这生意简直不要太划算。但先别高兴得太早，投资有收益会有风险，赚了钱当然好，那要是赔了钱呢？假设从银行借款 100 万元用于投资，自己本金 20 万元，结果亏了 100 万元，把银行借款全亏光了，企业资不抵债，偿还不了银行借款，那么银行可能会扣下企业抵押物，比如房子、车子。

公式：

权益乘数 = 总资产 ÷ 所有者权益总额

进一步分解：权益乘数 = 总资产 ÷（总资产 – 负债总额）

进一步分解：权益乘数 =1 ÷（1 – 资产负债率）

再进一步分解：权益乘数 =1+ 产权比率

第三级：金字塔第四层，根据其他核心数据提炼出关键指标。

①销售净利润率，指的是净利润占销售收入的百分比，该指标用于衡量企业在一定时期的销售收入获取能力，可理解为每销售一块钱能获得多少净利润，可通过销售净利润率评估企业产品的盈利水平，决定是否要继续投入生产还是及时止损。

公式：

销售净利润率 = 净利润 ÷ 销售收入

②总资产周转率，指的是一定周期内销售收入和资产总额的比值，该指标用于评价企业全部资产的营运质量和利用效率。总资产周转率越大，说明企业总资产周转越快，库存周转速度越快，企业销售能力越强，带来的利润回报也越多。

公式：

总资产周转率 = 销售收入 ÷ 资产总额

总资产周转天数 =360 ÷ 总资产周转率（次）

第四级：金字塔第三层，根据已分类数据进一步提炼得出的总销售、总利润、总资产数据。

①净利润，指扣除企业所得税的税后利润。

净利润 = 销售收入 + 其他利润 - 全部成本 - 所得税

②销售收入，指企业主营业务销售收入。

③资产总额，指企业的所有资产，包括流动资产（一年内可快速变现资产）和非流动资产（一年或一年以上不能变现或消耗资产）。

第五级：金字塔第二层，经过归纳整理的能反映企业收入、成本、利润的基础数据。

①销售收入，指企业主营业务销售收入。

②全部成本，包括固定成本（人工、房租等固定开支）和变动成本（随着销售增长而增长的成本，如产品成本、头程物流费、平台扣费、广告费用、业务员提成等等）。

③其他利润，指除主营业务以外的企业业务收入或营业外收入产生的利润。

④所得税，根据营业利润乘以相应所得税率得出的应交所得税额。

⑤非流动资产，指在一年内可以快速变现的资产，比如货币资金、应收账款、存货等。

⑥流动资产，指在一年或一年以上不能变现或消耗的资产，比如固定资产、长期股权投资等。

第六级：金字塔底层，企业经营基本数据。

①销售（营业）成本，指主营业务销售产品成本；

②销售费用，指为促进销售而产生的费用，比如头程物流费、平台各项扣费、站外广告费用等；

③管理费用，指为维持企业日常管理工作支付的费用，比如人工、房租、日常办公用品采购费用等；

④财务费用，指企业为筹集资金而发生的各项费用，比如借款利息、银行手续费、现金折扣、汇兑损益等；

⑤税金及附加，指企业经营主营业务应负担的消费税、城市维护建设税、教育费附加等；

⑥货币资金，指企业可以快速流通的货币形态资金，包括现金、银行存款和其他货币资金（如银行汇票存款、银行本票存款）；

⑦应收账款，指企业当期应收未收到的货款；

⑧存货，指企业的库存资产，包括原材料、在产品、产成品、库存商品（国内仓、海外仓）、在途商品等；

⑨其他流动资产，是指除货币资金、应收账款、存货之外的其他短期内可以流通的资产，比如应收账款、其他应收款、预付账款等。

财务业务经营分析报告是基于企业业务数据编制的报告，内容应包含各渠道的销售、成本、费用、利润情况，以及库存周转率、ROI、人均效率等指标。在跨境电商行业，库存周转率指标和 ROI 指标尤为重要。

库存周转率指标反映企业存货的周转速度、资金回款速度以及销售速度，还反映企业的运营能力和供应链水平。库存周转率在第五章有详细讲解，有需要可返回复习。

投资回报率（ROI），百度百科的解释是指企业从一项投资性商业活动的投资中得到的经济回报，是衡量一个企业盈利状况所使用的比率，也是衡量一个企业经营效果和效率的一项综合性的指标，可以理解为企业投资一个项目赚到了多少钱，或者没赚钱，可以用 ROI 指标来反映。

ROI 的计算公式

ROI= 净利润 ÷ 投资总额 ×100%

分子是净利润，利润总额可以是月度利润、季度利润、年度利润，或者单个项目利润、单个店铺利润、单个站点利润，甚至是单个产品利润等等，也可以理解为"投资的回报"。

分母是投资总额，投资总额是指投入的总成本，包括产品成本、头程物流成本、站外广告费用、平台费用、VAT 税费等等变动费用和人工房租等等固定费用，也可以理解为"企业的投资总额"。

一分耕耘一分收获，你的收获 ÷ 你的投入就得出了 ROI，这个指标很适合用来评估企业项目的综合盈利能力。

从公式可以看出，企业可以通过提高分子利润总额以及降低分母投资总额来提高投资回报率，提高利润总额可以通过提高运营能力、提高售价、降低成本等措施来实现。降低投资总额也可以通过降低成本来实现。

ROI 越高说明项目盈利能力越好，值得继续投入；反之则说明项目盈利能力差，应谨慎投资或停止投资。

举个例子，某跨境电商企业销售 ABC 三款产品，A 产品全年营业额 2 000 万元，销量 100 000 件，变动成本合计 1 750 万元；B 产品全年营业额 4 000 万元，销量 400 000 万件，变动成本合计 3 000 万元；C 产品全年营业额 1 000 万元，销量 50 000 件，变动成本合计 900 万元。全年固定成本 360 万元，固定成本按销售额比例摊到 ABC 三款产品中 A 产品承担 102.852 万元，B 产品承担 205.704 万元，C 产品承担 51.444 万元。计算 ABC 三款产品的 ROI 指标，以及是否需要继续加大投产。

A 产品：净利润 147.148 ÷ 总投入 1 852.852 × 100%=7.94%；

B 产品：净利润 794.296 ÷ 总投入 3 205.704 × 100%=24.78%；

C 产品：净利润 48.556 ÷ 总投入 951.444 × 100%=5.1%。

从 ROI 指标角度 B 产品 > A 产品 > C 产品，B 产品最优，A 产品和 C 产品 ROI 指标相差不算太大，都没有亏损，但是从销量和成本角度上来说，A 产品和 C 产品售价一样，C 产品单位成本比 A 产品高，且销量不如 A 产品，综合利润率低于 A 产品，可以将 C 产品逐步淘汰，集中产能生产 B 产品和 A 产品。

ROI 指标和 ROE 指标长得很像，ROI 和 ROE 指标都是用于反映企业的赚钱能力，不同的是 ROI 反映项目的投资回报情况，没有加杠杆。ROE 又称股东权益报酬率，ROE 反映的是股东的投资回报情况，并且加了杠杆。加了杠杆是指企业从外部借了钱用于生产经营，企业的资金来源除了股东自有资金和累积留存收益外还有对外借款。外部借款会带来两方面的影响，一方面是更多资金投入生产经营通常会给企业带来更多盈利，另一方面是资金杠杆过大增加企业财务风险，因此，ROE 净资产收益率存在杠杆影响。企业 ROE 越高，说明股东净资产盈利能力越强资金使用效率越强。

可理解为反映项目投资回报情况看 ROI 指标，反映股东投资回报情况看 ROE。

以"赚它一亿元电子商务有限公司"2022 年财务报表为例，见表 7-1、表 7-2、表 7-3。

表 7-1　赚它一亿元电子商务有限公司资产负债表　　　金额：元

资　　产	年初数	期末数	负债和所有者权益 （或股东权益）	年初数	期末数
流动资产：			流动负债：		
货币资金		4 209 456.31	短期借款		0
短期投资		0	应付票据		0
应收票据		0	应付账款		0
应收股利		0	预收账款		0
应收利息		0	应付工资		64 275.865
应收账款		429 412.41	应付福利费		0
其他应收款		118 264.22	应付股利		0
预付账款		0	应交税金		−37 050
应收补贴款		0	其他应交款		0
存货		321 000	其他应付款		−26 800
待摊费用		0	预提费用		0
一年内到期的长期债券投资			预计负债		0
其他流动资产			一年内到期的长期负债		
流动资产合计		5 078 132.94	其他流动负债		
长期资产：					
长期股权投资		0	流动负债合计		425.865
长期债券投资		0	长期负债：		
长期投资合计		0	长期借款		0
固定资产：			应付债券		0
固定资产原价		0	长期应付款		0
减：累计折旧		0	专项应付款		0
固定资产净值		0	其他长期负债		
减：固定资产减值准备		0	长期负债合计		0

续上表

资　产	年初数	期末数	负债和所有者权益（或股东权益）	年初数	期末数
固定资产净额		0	递延税项：		
工程物资		0	递延税款贷项		
在建工程		0	负债合计		425.865
固定资产清理		0			
固定资产合计		0	所有者权益（或股东权益）		
无形资产及其他资产			实收资本（或股本）		5 000 000
无形资产		0	减：已归还投资		0
研发支出		0			
长期待摊费用		0	实收资本（或股本）净额		5 000 000
其他长期资产			资本公积		0
无形资产及其他资产合计		0	盈余公积		0
			其中：法定公益金		
递延税款：			未分配利润		77 707.075
递延税款借项			所有者权益（或股东权益）合计		5 077 707.075
资产总计		5 078 132.94	负债和所有者权益（或股东权益）总计		5 078 132.94

表 7-2　赚它一亿元电子商务有限公司利润表　　　　　金额：元

项　　目	行次	本　月　数	本年累计数
一、主营业务收入	1	1 016 889.45	1 016 889.45
减：主营业务成本	4	729 000.00	729 000.00
主营业务税金及附加	5	0.00	0.00
二、主营业务利润（亏损以"-"号填列）	10	287 889.45	287 889.45
加：其他业务利润（亏损以"-"号填列）	11	0.00	0.00
减：营业费用	14	24 655.11	24 655.11

续上表

项　　目	行次	本 月 数	本年累计数
管理费用	15	184 135.27	184 135.27
财务费用	16	1 392.00	1 392.00
三、营业利润 (亏损以 "-" 号填列)	18	77 707.08	77 707.08
加：投资收益 (亏损以 "-" 号填列)	19	0.00	0.00
补贴收入	22	0.00	0.00
营业外收入	23	0.00	0.00
减：营业外支出	25	0.00	0.00
加：以前年度损益调整	26		0.00
四、利润总额 (亏损以 "-" 号填列)	27	77 707.08	77 707.08
减：所得税	28		
五、净利润 (亏损以 "-" 号填列)	30	77 707.08	77 707.08

表 7-3　赚它一亿元电子商务有限公司现金流量表

项　　目	行次	本月数	本年累计
一、经营活动产生的现金流量：	1		
销售产成品、商品、提供劳务收到的现金	2	601 409.93	601 409.93
收到其他与经营活动有关的现金	3	—	
购买原材料、商品、接受劳务支付的现金	4	1 240 500	1 240 500.00
支付的职工薪酬	5	29 953.62	29 953.62
支付的税费	6		
支付其他与经营活动有关的现金	7	121 500	121 500.00
经营活动产生的现金流量净额	8	−790 543.69	−790 543.69
二、投资活动产生的现金流量：	9	—	
收回短期投资、长期债券投资和长期股权投资收到的现金	10	—	
取得投资收益收到的现金	11		
处置固定资产、无形资产和其他非流动资产收回的现金净额	12	—	
短期投资、长期债券投资和长期股权投资支付的现金	13	—	

续上表

项　目	行次	本月数	本年累计
购建固定资产、无形资产和其他非流动资产支付的现金	14		—
投资活动产生的现金流量净额	15		—
三、筹资活动产生的现金流量：	16		—
取得借款收到的现金	17		
吸收投资者投资收到的现金	19	5 000 000.00	5 000 000.00
偿还借款本金支付的现金	20		
偿还借款利息支付的现金	21		
分配利润支付的现金	22		
筹资活动产生的现金流量净额	23	5 000 000.00	5 000 000.00
四、现金净增加额	24	4 209 456.31	4 209 456.31
加：期初现金余额	25	0.00	0.00
五、期末现金余额	26	4 209 456.31	4 209 456.31

　　根据"赚它一亿元电子商务有限公司"的财务报表我们可以计算出该企业相关财务指标。

　　从资产负债表中我们可以看到"赚它一亿元电子商务有限公司"资金总额为 5 078 132.94 元，其中货币资金 4 209 456.31 元，资金占比 82.89%；应收账款 429 412.41 元，资金占比 8.46%；其他应收款 118 264.22 元，资金占比 2.33%；存货 321 000 元，占比 6.32%；没有外部负债。由此可见，该企业偿债能力极佳。

　　其中存货，国内仓 270 000 元，FBA 仓库 6 000 元，FBA 在途 45 000 元。

　　见表 7-4：本期主营业务收入为 1 016 889.45 元，产品成本为 729 000 元，占比 71.69%，营业费用 24 655.11 元，占比 2.42%；管理费用 184 135.27 元，占比 18.11%；财务费用 1 392 元，占比 0.14%。总成本占比 92.36%，所得税 1 942.68 元，净利润 75 764.4 元，净利率 7.45%。

表 7-4　赚它一亿元电子商务有限公司利润表分析（1）　　　　　金额：元

项　目	行次	本月数	利　率
一、主营业务收入	1	1 016 889.45	

续上表

项　目	行次	本月数	利　率
减：主营业务成本	4	729 0000.00	71.69%
主营业务税金及附加	5	0.00	0
二、主营业务利润（亏损以"-"号填列）	10	287 889.45	28.31%
加：其他业务利润（亏损以"-"号填列）	11	0.00	0
减：营业费用	14	24 655.11	2.42%
管理费用	15	184 135.27	18.11%
财务费用	16	1 392.00	0.14%
三、营业利润（亏损以"-"号填列）	18	77 707.078	7.64%
加：投资收益（亏损以"-"号填列）	19	0.00	0
补贴收入	22	0.00	0
营业外收入	23	0.00	0
减：营业外支出	25	0.00	0
加：以前年度损益调整	26		0
四、利润总额（亏损以"-"号填列）	27	77 707.08	7.64%
减：所得税	28	1 942.68	0.19%
五、净利润（亏损以"-"号填列）	30	75 764.40	7.45%

并进一步分析渠道营业利润情况，见表7-5：本期主营业务收入为1 016 889.45元，其中国内销售156 000元，占比15.34%；国外 B2B 销售829 920元，占比81.61%。跨境电商销售30 969.45元，占比3.05%。国内销售边际贡献23 500元，边际贡献率15.06%；国外 B2B 销售边际贡献229 920元，边际贡献27.7%；跨境电商销售边际贡献9 814.34元，边际贡献率31.69%。国内销售净利润 -4 837.51 净利润率 -3.1%；国外 B2B 销售净利润76 541.92元，净利润率9.22%；跨境电商净利润4 059.99元，净利润率13.11%。

表7-5　渠道营业利润情况　　　　　　　　　　　　金额：元

项　目	国内销售	国外 B2B	跨境电商	合　计　额
主营业务收入	156 000.00	829 920.00	30 969.45	1 016 889.45
主营业务成本	120 000.00	600 000.00	9 000.00	729 000.00

续上表

项　　目	国内销售	国外 B2B	跨境电商	合　计　额
营业利润	36 000	229 920	21 969.45	287 889.45
营业利润率	23.08%	27.70%	70.94%	28.31%
营业费用	12 500	0	12 155.11	24 655.11
边际贡献	23 500	229 920	9 814.34	263 234.34
边际贡献率	15.06%	27.70%	31.69%	25.89%
固定费用	28 461.55	151 415.46	5 650.25	185 527.27
所得税	-124.04	1 962.61	104.10	1 942.68
净利润	-4 837.51	76 541.92	4 059.99	75 764.40
净利率	-3.10%	9.22%	13.11%	7.45%

由此可见，当月企业国内销售情况并不理想，亏损 3.1%；国外 B2B 销售和跨境电商销售利润都为正数，但不同的是，虽然国外 B2B 销售总额和利润都比跨境电商要高，但是边际贡献率和净利率却低于跨境电商渠道指标。虽然目前国外 B2B 销售占了 81.61%，是利润的主要支撑来源，但是国外 B2B 销售具有较大不确定性，并不是每个月都有稳固的订单来源，企业应在做好国内销售（根据当期数据，国内销售量超过 4 140 件时可以盈利）和国外 B2B 销售的前提下，投入更多资源做好跨境电商渠道。

通过现金流量表可以看出企业的经营性现金流量净额 – 790 543.69 元，我们要去分析为什么经营性现金流量净额会负 790 543.69 元。我们可以把资产负债表和现金流量表拿出来一起看，会发现原来在存货和应收账款里面，存货增加会导致经营性现金流出增加，应收账款增加则说明该部分现金没有流入，会导致现金流量净额减少。

因此，三份报表需要结合起来看，单看不够全面。

由于该企业运营时间仅一个月，没有历史数据对比，更多财务指标缺乏数据支撑，难以全面展示财务报告各项指标的分析过程。更多相关财务指标计算方法请参考本章财务基础指标及财务综合指标计算公式。

为了方便大家更好地理解财务报告分析思路，下面以安克创新科技

2022 年度财务报告为例进行分析以供大家参考。

7.3.6　安克创新 2022 年财务报表

安克创新合并资产负债表、合并利润表、合并现金流量表分别见表 7-6、表 7-7、表 7-8。

表 7-6　安克创新合并资产负债表

金额：元

项　　目	附　注	2022 年 12 月 31 日	2021 年 12 月 31 日	2020 年 12 月 31 日
流动资产：				
货币资金	七、1	945 552 358.75	1 162 544 150.39	712 651 624.25
交易性金融资产	七、2	1 720 218 971.58	1 163 737 503.08	1 662 877 741.89
衍生金融资产	七、3	604 708.85	—	—
应收账款	七、4	1 222 432 555.06	1 091 712 074.58	867 665 466.90
预付款项	七、5	69 100 025.50	80 964 439.70	40 496 142.41
其他应收款	七、6	45 804 429.71	33 758 998.89	22 206 379.31
其中：应收利息		—	—	—
应收股利		—	—	—
存货	七、7	1 479 790 685.48	2 061 256 519.79	1 589 292 318.50
其他流动资产	七、8	1 525 401 831.23	1 479 308 020.15	1 515 355 554.51
流动资产合计		7 008 905 566.16	7 073 281 706.58	6 410 545 227.77
非流动资产：				
长期股权投资	七、9	366 408 641.41	271 015 036.71	210 305 142.25
其他非流动金融资产	七、10	992 497 259.19	471 667 516.46	133 639 198.82
投资性房地产	七、11	13 380 101.52	14 277 091.55	22 330 411.42
固定资产	七、12	100 468 415.87	82 025 122.12	54 279 691.45
使用权资产	七、13	105 179 209.80	148 536 334.70	—
无形资产	七、14	20 395 982.98	14 867 430.06	12 424 758.07
长期待摊费用	七、15	34 555 913.23	23 775 073.17	8 165 043.87
递延所得税资产	七、16	249 181 936.70	199 643 802.74	128 167 863.14
其他非流动资产	七、17	1 241 015 842.32	175 142 806.58	2 896 537.35

续上表

项　　目	附　注	2022 年 12 月 31 日	2021 年 12 月 31 日	2020 年 12 月 31 日
非流动资产合计		3 123 083 303.02	1 400 950 214.09	572 208 646.37
资产总计		10 131 988 869.18	8 474 231 920.67	6 982 753 874.14
流动负债：				
短期借款	七、18	158 990 278.48	43 063 569.89	112 647 200.00
应付票据	七、19	56 357 602.41	198 433 461.45	37 926 360.70
应付账款	七、20	729 120 626.62	677 516 674.34	528 511 517.82
合同负债	七、21	93 681 808.13	28 006 235.28	22 646 916.43
应付职工薪酬	七、22	391 854 499.25	293 365 973.70	208 872 547.46
应交税费	七、23	87 954 639.64	132 758 576.40	169 398 838.23
其他应付款	七、24	349 420 598.40	318 934 167.52	181 205 345.69
其中：应付利息				
应付股利				
一年内到期的非流动负债	七、25	161 829 484.20	71 837 552.68	5 261 235.20
其他流动负债	七、26	114 492 379.59	84 279 181.99	63 739 560.76
流动负债合计		2 143 701 916.72	1 848 195 393.25	1 330 209 522.29
非流动负债：				
长期借款	七、27	610 700 000.00	99 817 612.01	4 805 936.00
应付债券	七、28	3 141 480.00	5 541 500.00	8 853 040.00
其中：优先股		—	—	—
永续债		—	—	—
租赁负债	七、29	47 995 042.35	83 728 950.84	—
长期应付职工薪酬	七、30	181 470 283.66	192 186 252.21	108 960 293.34
预计负债	七、31	72 832 741.62	14 740 494.72	2 335 188.62
递延收益	七、32	27 987 441.62	29 946 450.50	31 905 459.38
递延所得税负债	七、16	100 072 141.32	57 966 053.51	31 716 563.72
非流动负债合计		1 044 199 130.57	483 927 313.79	188 576 481.06
负债合计		3 187 901 047.29	2 332 122 707.04	1 518 786 003.35

续上表

项　目	附　注	2022 年 12 月 31 日	2021 年 12 月 31 日	2020 年 12 月 31 日
所有者权益：				
股本	七、33	406 427 207.00	406 427 207.00	406 427 207.00
资本公积	七、34	2 994 691 875.43	3 029 529 695.95	3 022 442 263.52
其他综合收益	七、35	− 6 354 852.77	− 16 669 447.36	− 3 903 794.02
盈余公积	七、36	203 213 603.50	203 213 603.50	203 213 603.50
未分配利润	七、37	3 244 783 397.65	2 426 921 643.67	1 770 336 172.21
归属于母公司所有者权益合计		6 842 761 230.81	6 049 422 702.76	5 398 515 452.21
少数股东权益		101 326 591.08	92 686 510.87	65 452 418.58
所有者权益合计		6 944 087 821.89	6 142 109 213.63	5 463 967 870.79
负债和所有者权益总计		10 131 988 869.18	8 474 231 920.67	6 982 753 874.14

表 7-7　安克创新合并利润表

项　目	附　注	2022 年度	2021 年度	2020 年度
一、营业总收入		14 250 519 798.29	12 574 203 308.96	9 352 629 343.29
其中：营业收入	七、37	14 250 519 798.29	12 574 203 308.96	9 352 629 343.29
二、营业总成本		13 288 280 783.82	11 730 238 166.86	8 423 699 497.91
其中：营业成本	七、38	8 730 994 681.47	8 082 322 973.45	5.679 617 332.08
税金及附加	七、39	6 645 629.02	5 170 672.69	4 411 057.25
销售费用	七、40	2 937 801 137.13	2 444 566 278.29	1.819 027 357.82
管理费用	七、41	465 265 813.70	374 156 335.93	282 511 260.34
研发费用	七、42	1 080 462 829.88	778 430 652.22	567 402 295.09
财务费用	七、43	67 110 692.62	45 591 254.28	70 730 195.33
其中：利息费用		12 309 051.10	10 605 638.54	2 248 226.79
利息收入		13 764 311.26	8 373 367.04	10 483 554.23
加：其他收益	七、44	43 354 027.93	53 157 186.44	40 140 149.74
投资收益（损失以 " − " 号填列）	七、45	118 426 736.27	258 235 357.01	73 806 211.82

续上表

项　　目	附　注	2022 年度	2021 年度	2020 年度
其中：对联营企业和合营企业的投资收益		13 771 545.35	19 791 175.09	13 250.496.29
公允价值变动收益（损失以"-"号填列）	七、46	278 885 117.78	42 841 004.98	65.473 256.19
信用减值损失（损失以"-"号填列）	七、47	-6 551 928.68	-19 278 655.41	-21 984 510.60
资产减值损失（损失以"-"号填列）	七、48	-121 750 569.29	-86 616 241.29	-79 447 447.46
资产处置收益（损失以"-"号填列）	七、49	-75 556.75	21 052.11	3 696.21
三、营业利润（亏损以"-"号填列）		1 274 526 841.73	1 092 324 845.94	1 006 921 201.28
加：营业外收入	七、50	3 557 880.48	7 396 512.49	1 339 186.99
减：营业外支出	七、51	10 286 320.99	14 892 403.79	18 708 538.64
四、利润总额（亏损总额以"-"号填列）		1 267 798 401.22	1 084 828 954.64	989 551.849.63
减：所得税费用	七、52	82 937 765.74	60 401 727.86	94 682.513.39
五、净利润（净亏损以"-"号填列）		1 184 860 635.48	1 024 427 226.78	894 869.336.24
（一）按经营持续性分类				
1.持续经营净利润（净亏损以"-"号填列）		1 184 860 635.48	1 024 427 226.78	894 869 336.24
2.终止经营净利润（净亏损以"-"号填列）				
（二）按所有权归属分类				
1.归属于母公司股东的净利润		1 144 003 519.58	981 727 237.06	855 932 830.11
2.少数股东损益		41 857 115.90	42 699 989.72	38 936 506.13
六、其他综合收益的税后净额	七、35	10 202 209.61	-12 765 653.34	-46 782 194.22

续上表

项　目	附　注	2022 年度	2021 年度	2020 年度
归属母公司所有者的其他综合收益的税后净额		10 314 594.59	-12 765 653.34	-46 782 194.22
（一）不能重分类进损益的其他综合收益			—	
（二）将重分类进损益的其他综合收益		10 314 594.59	-12 765.653.34	-46 782 194.22
1. 权益法下可转损益的其他综合收益		1 108 624.12	15 467.16	1 688 486.04
2. 外币财务报表折算差额		8 601 261.62	-12 781 120.50	-45 093 708.18
归属于少数股东的其他综合收益的税后净额		-112 384.98		
七、综合收益总额		1 195 062 845.09	1 011 661 573.44	848 087 142.02
归属于母公司所有者的综合收益总额		1 153 318 114.17	968 961 583.72	809 150 635.89
归属于少数股东的综合收益总额		41 744 730.92	42 699 989.72	38 936 506.13
八、每股收益：				
（一）基本每股收益		2.81	2.42	2.25
（二）稀释每股收益		2.81	2.42	2.25

表 7-8　安克创新合并现金流量表

项　目	附　注	2022 年度	2021 年度	2020 年度
一、经营活动产生的现金流量：				
销售商品、提供劳务收到的现金		12 583 847 190.54	11 131 303 992.81	7 718 448 831.06
收到的税费返还		679 465 087.93	498 596 971.14	369 711 529.07
收到其他与经营活动有关的现金	七、52(1)	71 904 497.11	70 377 112.59	48 856 299.73
经营活动现金流入小计		13 335 216 775.58	11 700 278 076.54	8 137 016 659.86

续上表

项　目	附　注	2022 年度	2021 年度	2020 年度
购买商品、接受劳务支付的现金		8 173 638 058.69	8 182 824 751.53	5 420 143 258.20
支付给职工以及为职工支付的现金		1 494 196 755.01	1 054 668 620.90	642 174 779.34
支付的各项税费		589 201 586.41	597 000 731.08	390 179 054.32
支付其他与经营活动有关的现金	七、52(2)	1 654 254 891.46	1 416 741 359.43	1 496 718 461.62
经营活动现金流出小计		11 911 291 291.57	11 251 235 462.94	7 949 215 553.48
经营活动产生的现金流量净额	七、53(1)	1 423 925 484.01	449 042 613.60	187 801 106.38
二、投资活动产生的现金流量：				
收回投资收到的现金		2 000 000.00	18 831 220.85	12 002 653.20
取得投资收益收到的现金		114 450 549.58	234 564 913.01	59 896 862.56
处置固定资产、无形资产和其他长期资产收回的现金净额		212 824.75	98 975.44	98 128.15
收到其他与投资活动有关的现金	七、52(3)	5 293 861 732.40	9 465 818 607.99	7 167 423 008.53
投资活动现金流入小计		5 410 525 106.73	9 719 313 717.29	7 239 420 652.44
购建固定资产、无形资产和其他长期资产支付的现金		1 144 162 340.55	207 129 494.05	30 234 186.94
投资支付的现金		163 817 344.33	402 824 744.61	19 012 087.41
支付其他与投资活动有关的现金	七、52(4)	5 994 206 739.23	8 718 578 475.04	10 182 974 546.11
投资活动现金流出小计		7 302 186 424.11	9 328 532 713.70	10 232 220 820.46
投资活动产生 /(使用)的现金流量净额		-1 891 661 317.38	390 781 003.59	-2 992 800 168.02

续上表

项　　目	附　注	2022 年度	2021 年度	2020 年度
三、筹资活动产生的现金流量：				
吸收投资收到的现金		—		2 575 685 344.05
其中：子公司吸收少数股东投资收到的现金		—		1 500 000.00
取得借款收到的现金		1 285 544 756.09	427 995 817.44	234 166 380.00
发行债券收到的现金		—		13 010 600.00
筹资活动现金流入小计		1 285 544 756.09	427 995 817.44	2 822 862 324.05
偿还债务支付的现金		598 812 719.11	397 544 889.00	114 782 486.61
分配股利、利润或偿付利息支付的现金		347 486 622.12	346 375 098.19	2 360 892.65
其中：子公司支付给少数股东的股利、利润		16 719 003.51	15 414 063.54	
支付其他与筹资活动有关的现金	七、52(5)	142 121 414.23	45 481 002.76	8 802 136.40
筹资活动现金流出小计		1 088 420 755.46	789 400 989.95	125 945 515.66
筹资活动(使用)产生的现金流量净额		197 124 000.63	−361 405 172.51	2 696 916 808.39
四、汇率变动对现金及现金等价物的影响		51 931 562.15	−35 248 169.65	−53 605 155.41
五、现金及现金等价物净增加/(减少)额	七、52(1)	−218 680 270.59	443 170 275.03	−161 687 408.66
加：年初现金及现金等价物余额		1 147 290 462.56	704 120 187.53	865 807 596.19
六、年末现金及现金等价物余额	七、53(4)	928 610 191.97	1 147 290 462.56	704 120 187.53

　　安克创新财务报表中将 2020 年、2021 年和 2022 年的数据放在一起，这样做的目的是方便经营管理者作对比，查看当年比往年的营业情况，并根据重要数据做进一步分析解读。

　　比如营业收入方面，有按地区区分、按渠道区分、按营收构成区分、按占营业收入或利润超过 10% 的部分从行业、产品、地区、销售模式等进行分析，并对头部客户进行分析，并对企业现金流、供应商、各项费用情况、研发投入情况进行分析，能够较全面地反映企业的经营情况，帮助管理者及投资人更好地了解企业。

①分地区收入情况。

安克的主要市场是北美和欧洲，这两处占比达 70% 左右，日本、中东、中国大陆等国家和地区收入占比 30% 左右，具体见表 7-9。

表 7-9　安克创新分地区收入情况

	2022 年 1-12 月		2021 年 1-12 月		2020 年 1-12 月	
	收入金额（万元）	占比	收入金额（万元）	占比	收入金额（万元）	占比
北美	725 317.65	50.90%	634 081.8	50.43%	501 928.98	53.67%
欧洲	282 898.4	19.85%	254 237.15	20.22%	182 327.25	19.49%
日本	179 560.43	12.60%	173 199.08	13.77%	137 269.78	14.68%
中东	76 182.29	5.35%	56 136.78	4.46%	43 699.29	4.67%
中国大陆	52 114	3.66%	41 957.28	3.34%	14 248.59	1.52%
其他	108 979.21	7.65%	97 808.24	7.78%	55 789.04	5.97%
合计	1 425 051.98	100.00%	1 257 420.33	100.00%	935 262.93	100.00%

②分渠道收入情况。

安克是基于"线上 + 线下"的全渠道销售格局，向全球消费者销售自有品牌产品，线上平台以亚马逊为主，其他平台包括速卖通、eBay 等，还有独立站，具体见表 7-10。

表 7-10　安克创新分渠道收入情况

销售渠道	销售模式	平台名称	2022 年		2021 年		2020 年	
			收入（万元）	占总营业收入比	收入（万元）	占总营业收入比	收入（万元）	占总营业收入比
线上	第三方平台	亚马逊	797 334.59	55.95%	687 327.56	54.66%	577.411.04	61.74%
		其他	80 351.28	5.64%	73 270.10	5.83%	38 068.86	4.07%
	自有平台	独立站	67 632.85	4.75%	39 378.97	3.13%	21 451.76	2.29%
	线上收入小计		945 318.72	66.34%	799.976.63	63.62%	636 931.66	68.10%
线下	线下收入小计		479 733.26	33.66%	457 443.70	36.38%	298 331.27	31.90%
合计			1 425 051.98	100.00%	1 257 420.33	100.00%	935 262.93	100.00%

③营业收入构成。

2022年安克各类产品营收排比：充电类产品＞智能创新类产品＞无线音频类产品＞其他，营收占比48.25%＞30.82%＞19.8%＞1.13%；主要销售来源于线上和境外，境外营收占比96.34%，线上营收占比68.34%，线下营收占比33.66%。安克创新营业收入构成情况见表7-11。

表7-11　安克创新营业收入构成情况　　　　　　　　金额：元

	2022年		2021年		2020年	
	金额	占营业收入比重	金额	占营业收入比重	金额	占营业收入比重
营业收入合计	14 250 519 798.29	100.00%	12 574 203 308.96	100.00%	9 352 629 343.29	100.00%
分行业						
消费电子业	14 250 519 798.29	100.00%	12 574 203 308.96	100.00%	9 352 629 343.29	100.00%
分产品						
充电类产品	6 876 255 027.33	48.25%	5 552 476 323.66	44.16%	4 143 628 643.42	44.31%
智能创新类产品	4 391 492 992.62	30.82%	4 103 516 381.70	32.63%	3 059 459 719.69	32.71%
无线音频类产品	2 821 921 515.96	19.80%	2 852 154 043.08	22.68%	2 121 462 014.42	22.68%
其他	160 850 262.38	1.13%	66 056 560.52	0.53%	28 078 965.76	0.30%
分地区						
境外	13 729 379 845.33	96.34%	12 154.630 495.17	96.66%	9 210 143 413.49	98.48%
境内	521 139 952.96	3.66%	419 572 813.79	3.34%	142 485 929.80	1.52%
分销售模式						
线上	9 453 187 218.00	66.34%	7 999 766 266.26	63.62%	6 369 316 657.43	68.10%
线下	4 797 332 580.29	33.66%	4 574 437 042.70	36.38%	2 983 312 685.86	31.90%

④占公司营业收入或营业利润10%以上的行业、产品、地区、销售模式的情况。

安克毛利率最高的产品是充电类产品，毛利率41.86%，智能创新类

35.36%，无线音频类 37.69%；

境外销售和线上销售毛利率高于境内销售和线下销售毛利率，境外38.84%，境内35.98%，线上43.23%，线下29.87%。安克创新占公司营业收入或营业利润 10% 以上的行业、产品、地区、销售模式情况见表 7-12。

表 7-12　占公司营业收入或营业利润 10% 以上的行业、产品、地区、销售模式的情况

金额：元

分行业	营业收入	营业成本	毛利率	营业收入比上年同期增减	营业成本比上年同期增减	毛利率比上年同期增减
消费电子业	14 250 519 798.29	8 730 994 681.47	38.73%	13.33%	8.03%	3.01%
分产品	0.00	0.00				
充电类产品	6 876 255 027.33	3 997 802 191.31	41.86%	23.84%	15.58%	4.15%
智能创新类产品	4 391 492 992.62	2 838 653 322.38	35.36%	7.02%	4.65%	1.46%
无线音频类产品	2 821 921 515.96	1 758 226 705.16	37.69%	-1.06%	-5.53%	2.94%
其他	160 850 262.38	136 312 462.62	15.26%	143.50%	173.48%	-9.28%
分地区						
境外	13 729 379 845.33	8 397 360 488.24	38.84%	12.96%	7.90%	2.87%
境内	521 139 952.96	333 634 193.23	35.98%	24.21%	11.36%	7.39%
分销售模式						
线上	9 453 187 218.00	5 366 711 321.72	43.23%	18.17%	15.88%	1.12%
线下	4 797 332 580.29	3 364 283 359.75	29.87%	4.87%	-2.52%	5.31%

⑤主要销售客户和主要供应情况。

了解公司大客户销售情况，包括金额、占比等，以及了解供应商采购情况，包括采购金额、采购占比等等，可据此看出合作紧密度。安克创新具体客户情况见表 7-13、表 7-14、表 7-15、表 7-16。

表 7-13　安克创新主要销售客户情况

前五名客户合计销售金额（元）	1 920 413 105.20
前五名客户合计销售金额占年度销售总额比例	13.48%
前五名客户销售额中关联方销售额占年度销售总额比例	0

表 7-14　安克创新前五大客户情况

序　　号	客户名称	销售额（元）	占年度销售总额比例
1	客户一	779 489 119.90	5.47%
2	客户二	467 466 023.50	3.28%
3	客户三	272 216 109.80	1.91%
4	客户四	213 796 927.80	1.50%
5	客户五	187 444 924.20	1.32%
合　计		1 920 413 105.20	13.48%

表 7-15　安克创新主要供应商情况

前五名供应商合计采购金额（元）	2 298 233 415.80
前五名供应商合计采购金额占年度采购总额比例	28.49%
前五名供应商采购额中关联方采购额占年度采购总额比例	0

表 7-16　安克创新前五名供应商情况

序　　号	供应商名称	采购额（元）	占年度采购总额比例
1	供应商一	811 145 312.31	10.05%
2	供应商二	433 843 019.46	5.38%
3	供应商三	367 552 611.59	4.56%
4	供应商四	348 474 037.26	4.32%
5	供应商五	337 218 435.18	4.18%
合　计		2 298 233 415.80	28.49%

⑥各项费用情况。

了解企业各项费用支出及费用占比情况，包括销售费用、管理费用、财务费用、研发费用等，具体见表 7-17。

表 7-17　安克创新各项费用情况　　　　　　　　　金额：元

	2022 年	2021 年	同比增减	重大变动说明
销售费用	2 937 801 137.13	2 444 566 278.29	20.18%	主要系品牌建设投入与工资薪酬的增长

续上表

	2022 年	2021 年	同比增减	重大变动说明
管理费用	465 265 813.70	374 156 335.93	24.35%	主要系人员数量增加导致工资薪酬增加
财务费用	67 110 692.62	45 591 254.28	47.20%	主要系交易手续费增加以及汇率波动加大造成的汇兑损失增加所致
研发费用	1 080 462 829.88	778 430 652.22	38.80%	主要系平均研发人员数量和平均工资增加导致工资薪酬增加

⑦研发投入情况。

了解企业研发项目的开发情况，包括开发人员、投入金额、开发进度等等。

安克非常重视研发，2022 年比 2021 年增加 215 位研发人员，研发费用投入也是逐年增加，2022 年比 2021 年增加投入 130 232 177.7 元，具体见表 7-18、表 7-19、表 7-20。

表 7-18　安克创新研发项目情况

主要研发项目名称	项目目的	项目进展	拟达到的目标	预计对公司未来发展的影响
便携式储能和户用储能关键技术研发	开发以便携式储能电源、便携式家电、户用光伏发电设备，户用电源存储和智能管理设备等移动能源产品	率先实现了氮化镓和磷酸铁锂材料在产品中应用技术突破，阶段性推出 757 便携式电源、767 便携式电源等产品	持续推出适配全球用户在新能源领域移动和家庭使用需求的、技术领先的产品，并实现商业成功	丰富产品品类，优化用户体验，是公司入局消费级新能源行业的重要项目
智能家用机器人关键技术研发	开发以智能家用清洁服务功能为首的机器人产品	已推出升级款扫拖一体机产品 eufy clean X9 pro，配备恒定动态压力的双涡轮动力系统，支持自回充、拖布自清洁等功能，拥有 5500 pa 超强吸力	持续推出更先进的智能家用清洁机器人产品，实现产品突破创新	丰富产品品类，优化用户体验，持续提升产品智能化水平，助力公司长期发展

续上表

主要研发项目名称	项目目的	项目进展	拟达到的目标	预计对公司未来发展的影响
基于多模态自学习架构的家庭安防 AI 系统	开发智能家用安防摄像头相关系列产品	报告期内推出多款创新性产品,如智能双摄门铃系列和最新一代旗舰智能安防摄像头 eufyCam 3 系列等	让家庭用户在使用安防产品过程中 AI 功能越用越准,全方位守护消费者家庭安全	丰富产品品类,构建创新家庭安防产品矩阵,助力公司长期发展

表 7-19 安克创新研发人员情况

项 目	2022 年	2021 年	变动比例
研发人员数量(人)	1 820	1 605	13.40%
研发人员数量占比	0.503 4	0.454 4	4.90%
研发人员学历			
本科	1 292	1 089	18.64%
硕士	312	267	16.85%
博士	11	12	-8.33%
研发人员年龄构成			
30 岁以下	647	646	0.15%
30~40 岁	1 065	880	21.02%
40 岁以上	108	79	36.71%

表 7-20 安克创新近三年研发费用投入情况

项 目	2022 年	2021 年	2020 年
研发投入金额(元)	1 080 462 829.88	778 430 652.22	567 402 295.09
研发投入占营业收入比例	7.58%	6.19%	6.07%
研发支出资本化的金额(元)	0	0	0
资本化研发支出占研发投入的比例	0	0	0
资本化研发支出占当期净利润的比重	0	0	0

⑧现金流对比。

可以看出，2022 年安克的经营性现金流净额为 1 423 925 484.01 元，较上半年同期增加 217.10%，主要系优化经营活动现金管理所致；投资活动产生的现金流量净额为人民币 −1 891 661 317.38 元。较上年同期减少 584.07%，主要系本期购买理财产品以及支付购建固定资产无形资产和其他长期资产的现金所致；筹资活动产生的现金流量净额为人民币 197 124 000.63 元，较上年同期增加 154.54%，主要系本期增加银行借款所致。主要为支付 2020 年度分红款产生资金净流出。安克创新 2020—2022 年现金流对比见表 7-21。

表 7-21 安克创新 2020—2022 年现金流对比　　　　　金额：元

项　　目	2022 年	2021 年	同比增减
经营活动现金流入小计	13 335 216 775.58	11 700 278 076.54	13.97%
经营活动现金流出小计	11 911 291 291.57	11 251 235 462.94	5.87%
经营活动产生的现金流量净额	1 423 925 484.01	449 042 613.60	217.10%
投资活动现金流入小计	5 410 525 106.73	9 719 313 717.29	−44.33%
投资活动现金流出小计	7 302 186 424.11	9 328 532 713.70	−21.72%
投资活动产生的现金流量净额	−1 891 661 317.38	390 781 003.59	−584.07%
筹资活动现金流入小计	1 285 544 756.09	427 995 817.44	200.36%
筹资活动现金流出小计	1 088 420 755.46	789 400 989.95	37.88%
筹资活动产生的现金流量净额	197 124 000.63	−361 405 172.51	−154.54%
现金及现金等价物净增加额	−218 680 270.59	443 170 275.03	−149.34%

大家可以参考安克创新的报表分析方法，安克最新财报也可在巨潮咨询网站查询。除此之外，我们还可以运用 SWOT 分析法、PEST 分析法、波特五力模型分析法、需求分析、成本效益分析等等方式来更加综合全面地对企业进行业财融合经营分析。

SWOT 分析：分析企业的优势、劣势、机会和威胁，以确定业务发展的最佳方向。

PEST 分析：分析政治、经济、社会和技术因素对企业的影响，以确定市场趋势和业务机会。

波特五力模型分析：分析行业中的竞争者、潜在竞争者、供应商、买家和替代品的威胁，以确定市场竞争格局。

需求分析：通过市场研究和调查，了解客户需求和偏好，以确定产品或服务的开发和定位策略。

"多米" 来总结

1. 新公司建账没有前期数据直接启用即可，有前期数据的企业需要先编制科目余额表，账套启用前先录入初始数据试算平衡后方可启用账套。

2. 日常账务操作流程：凭证录入→凭证审核→凭证过账→结转损益（自动转账、期末调汇）→期末结账。

3. 资产负债表反映企业当下的财务状况，是企业的"家底"；利润表反映企业一定期间的生产经营成果，是企业的"面子"；现金流量表反映企业一定时期内现金流动情况，是企业的"血液"，也是企业的动力之源。

4. 基本财务指标分析包括：反映偿债能力指标＋反映资产质量状况指标＋反映盈利能力指标＋反映经济增长状况指标＋反映获取现金能力指标。

反映偿债能力指标：①流动比率；②速动比率；③现金比率；④资产负债率；⑤产权比率。反映资产质量状况指标：①应收账款周转率；②存货周转率；③流动资产周转率；④总资产周转率。

反映盈利能力指标：①营业利润率；②总资产报酬率；③净资产收益率；④成本费用利润率；⑤资本收益率；⑥利润现金保障倍数。

反映经济增长状况指标：①营业收入增长率；②总资产增长率；③营业利润增长率；④资本保值增值税率；⑤资本积累率；⑥技术投入比率。

反映获取现金能力指标：①销售现金比率；②全部资产现金回收率。

5. 杜邦分析法是围绕ROE指标展开，ROE指标是综合性最强的财务指标。

公式：ROE＝销售净利率 × 资产周转率 × 权益乘数（杠杆比率）

6. 财务业务经营分析报告应包含企业销售、成本、费用、利润等情况，可按渠道、按产品、按客户等等展开详细分析，并提炼出核心的财务指标，其中库存周转率指标和ROI指标尤为重要。库存周转率指标反映企业存货流动情况，侧面反映企业供应链管理水平及销售能力；ROI指标反映企业投资项目的回报率情况，检验项目的盈利能力。

读 者 意 见 反 馈 表

亲爱的读者：

感谢您对中国铁道出版社有限公司的支持，您的建议是我们不断改进工作的信息来源，您的需求是我们不断开拓创新的基础。为了更好地服务读者，出版更多的精品图书，希望您能在百忙之中抽出时间填写这份意见反馈表发给我们。随书纸制表格请在填好后剪下寄到：北京市西城区右安门西街8号中国铁道出版社有限公司大众出版中心 王佩 收（邮编：100054）。此外，读者也可以直接通过电子邮件把意见反馈给我们，E-mail地址是：505733396@qq.com。我们将选出意见中肯的热心读者，赠送本社的其他图书作为奖励。同时，我们将充分考虑您的意见和建议，并尽可能地给您满意的答复。谢谢！

- -

所购书名：＿＿＿＿＿＿＿＿＿＿＿＿＿＿＿＿＿＿＿＿＿＿

个人资料：

姓名：＿＿＿＿＿＿＿ 性别：＿＿＿＿＿＿ 年龄：＿＿＿＿＿＿ 文化程度：＿＿＿＿＿＿＿

职业：＿＿＿＿＿＿＿＿ 电话：＿＿＿＿＿＿＿＿ E-mail：＿＿＿＿＿＿＿＿

通信地址：＿＿＿＿＿＿＿＿＿＿＿＿＿ 邮编：＿＿＿＿＿＿＿＿

- -

您是如何得知本书的：

□书店宣传 □网络宣传 □展会促销 □出版社图书目录 □老师指定 □杂志、报纸等的介绍 □别人推荐
□其他（请指明）＿＿＿＿＿＿＿＿＿＿＿＿＿＿＿＿＿＿＿＿＿

您从何处得到本书的：

□书店 □邮购 □商场、超市等卖场 □图书销售的网站 □培训学校 □其他

影响您购买本书的因素（可多选）：

□内容实用 □价格合理 □装帧设计精美 □带多媒体教学光盘 □优惠促销 □书评广告 □出版社知名度
□作者名气 □工作、生活和学习的需要 □其他

您对本书封面设计的满意程度：

□很满意 □比较满意 □一般 □不满意 □改进建议

您对本书的总体满意程度：

从文字的角度 □很满意 □比较满意 □一般 □不满意
从技术的角度 □很满意 □比较满意 □一般 □不满意

您希望书中图的比例是多少：

□少量的图片辅以大量的文字 □图文比例相当 □大量的图片辅以少量的文字

您希望本书的定价是多少：

本书最令您满意的是：

1.

2.

您在使用本书时遇到哪些困难：

1.

2.

您希望本书在哪些方面进行改进：

1.

2.

您需要购买哪些方面的图书？对我社现有图书有什么好的建议？

您更喜欢阅读哪些类型和层次的书籍（可多选）？

□入门类 □精通类 □综合类 □问答类 □图解类 □查询手册类

您在学习计算机的过程中有什么困难？

您的其他要求：